종교인
과
신앙인

신앙담론집

김 사무엘

義齊堂

목 차

머리말

종교인 1	"본능으로 아는 그것"을 고집하다가 멸망하는 자들	6
신앙인 1	진리의 말씀 안에서 아는 것을 믿고 예배하는 자들	12
종교인 2	가인의 길로 행하는 자들	18
신앙인 2	아벨의 믿음을 이어받은 자들	26
종교인 3	하나님의 이름을 팔아서 자기의 욕망을 채우는 자들	34
신앙인 3	하나님의 뜻에 순종하는 자들	42
종교인 4	고라의 패역을 좇아 당을 짓는 자들	48
신앙인 4	하늘 위의 것들을 사모하는 자들	56
종교인 5	성화 교리의 덫에 갇힌 자들	62
신앙인 5	단번에 거룩함을 얻은 자들	70
종교인 6	율법 앞에서 교만한 자들	76
신앙인 6	율법 앞에서 심히 죄인 된 사람들	90
종교인 7	자기의 의를 쌓으며 자랑하는 자들	104
신앙인 7	자기의 의를 다 잃어버린 자들	112

| 종교인 8 | 궁창 아랫물에 중독되어 멸망하는 자들 | 122 |
| 신앙인 8 | 궁창 위의 물만 마시는 자들 | 142 |

| 종교인 9 | 가만히 들어온 자들 | 170 |
| 신앙인 9 | 물과 피의 원형복음으로 거듭난 의인들 | 180 |

| 종교인 10 | 회개 기도로 죄 사함을 받으려는 기독죄인들 | 192 |
| 신앙인 10 | 단번에 영원한 죄 사함을 받은 의인들 | 212 |

| 종교인 11 | 무화과 나뭇잎으로 치마를 해 입는 성화론자들 | 244 |
| 신앙인 11 | 하나님께서 주신 가죽옷을 입은 자들 | 260 |

| 종교인 12 | 예정설이라는 거짓 교리의 늪에 빠져 죽어 가는 자들 | 274 |
| 신앙인 12 | 그리스도 안에서 모두에게 예정된 구원을 얻은 자들 | 286 |

| 맺는 말씀 | 당신은 양입니까, 염소입니까? | 306 |

머 리 말

    많은 사람들이 예수님을 믿습니다. 그러나 거의 대부분의 기독교인들은 "사람들에게 잘 보이려고" 외식적(外飾的)인 종교생활을 하면서 자신들은 올바른 믿음 생활을 한다고 착각하고 있습니다. "사람들에게 잘 보이려고" 신앙생활을 하는 그런 이들은 기독교 종교인들이며 참된 신앙인이 아닙니다. 예수님은 마태복음 6장에서 종교인들과 참 신앙인의 마음 중심이 어떻게 다른지를 극명하게 대비시켜서 가르쳐 주십니다.

    "**사람에게 보이려고 그들 앞에서 너희 의를 행치 않도록 주의하라 그렇지 아니하면 하늘에 계신 너희 아버지께 상을 얻지 못하느니라**"(마 6:1).

    하나님은 우리의 은밀한 마음 중심을 살펴보시는 분입니다. "**하나님 앞에서**"(Coram Deo), 하나님을 경외함으로, 그의 말씀을 믿고 따라가는 자가 참 **신앙인**입니다. 주님은 외식하는 바리새인들을 향해서, 사람들에게 잘 보이려고 신앙생활을 하지 말고 은밀한 중에 모든 것을 보시는 하나님 앞에서 신앙생활을 하라고 권면하셨습니다. 사람들에게 잘 보이려고 "**사람 앞에서**"(Coram hominibus) 신앙생활을 하는 자는 **기독교 종교인**에 불과합니다.

    오늘날의 기독교 안에는 종교인들만 우글우글합니다. 그들은 하나님을 믿고 경배한다고 말은 하지만 사실은 자기들의 욕망을 좇으며 자기들의 의를 내세웁니다. 세속화된 기독교에 속한 종교인들은 자기들이 가장 올바른 믿음의 길을 걷고 있는 줄 확신하지만, 실상은 광명의 천사로 가장한 사단에게 철저하게 속고 있습니다.

그들은 영적인 소경이면서 다른 소경들을 인도하겠다고 별난 짓거리들을 다 합니다. 그들은 자기가 지옥에 떨어질 비참한 존재인 줄은 전혀 깨닫지 못하고서 자기들이 가장 잘 믿고 있다고 확신하니 참으로 안타까운 일입니다.

저는 하나님께서 **"지혜와 계시의 정신"**(엡 1:17)을 그들에게 주셔서 그들이 하나님의 말씀을 밝히 깨닫게 되기를 간절히 바랍니다. 그래서 그들이 자기의 비참한 근본 모습을 깨닫고 하나님께로부터 **"죄 사함으로 말미암는 구원"**(눅 1:77)의 은혜를 입게 되기를 진정으로 소망합니다.

하나님께서 이 책을 읽는 모든 이들에게 **"지혜와 계시의 정신"**을 주셔서 말씀 안에서 하늘에 속한 모든 신령한 은혜들을 풍성히 누리기를 바랍니다. 그리고 베뢰아(Berea) 사람들처럼 말씀을 경외하고 순수하게 믿는 사람들, 즉 진리를 찾는 사람들(Truth seekers)이 일어나서 아직도 죄의 감옥에 갇혀 있는 영혼들을 살리는 하나님의 귀한 일꾼들로 기름부음을 받게 되기를 기도합니다.

2018년 12월 20일
저자 김 사무엘 목사

종교인 1

"본능으로 아는 그것"을 고집하다가 멸망하는 자들

"이 사람들은 무엇이든지 그 알지 못하는 것을 훼방하는도다 또 저희는 이성 없는 짐승 같이 본능으로 아는 그것으로 멸망하느니라 화 있을찐저 이 사람들이여, 가인의 길에 행하였으며 삯을 위하여 발람의 어그러진 길로 몰려 갔으며 고라의 패역을 좇아 멸망을 받았도다"(유 1:10-11).

가인(Cain)은 기독교 종교인들의 시조(始祖)이며 그들의 전형(典型)입니다. 하나님께서 가인과 그의 제물을 받지 않으신 것처럼 기독교 종교인들도 하나님께 열심으로 제물을 드리지만 하나님께서는 그들의 믿음을 받지 않습니다. 그런데 대부분의 기독교인들은 가인의 길을 가면서도 자신들이 멸망의 길을 가고 있다는 사실조차 깨닫지 못하고 있으니 참으로 안타깝습니다. 성경은 그런 종교인들을 가리켜 **"가만히 들어온 사람"**(유 1:4)들이며, **"무엇이든지 그 알지 못하는 것을 훼방하는 자들"**이고, **"본능으로 아는 그것으로 멸망하는 자들"**(유 1:10)이라고 지적합니다.

기독교 종교인들은 **"본능으로 아는 그것"**을 **"진리"**라고 확신하기 때문에 **"진리를 아는 지식"**(히 10:26)에 이르지 못합니다. 그들은 진리를 배척하고 진리를 좇는 자들을 핍박하면서 그렇게 하는 것이 하나님을 기쁘시게 한다고 확신합니다. 거듭나기 전의 사도 바울(Paul)의 이름은 사울(Saul)이었습니다. 청년 사울은 유대교에 대한 자부심과 하나님께 대한 열정이 대단했었습니다. 그는 분기탱천(憤氣撑天)해서 하나님의 교회를 핍박했고 예수 그리스도를 믿음으로 좇는 성도들을 잡아들여 가두었으며 그들을 죽이는데 찬동했습니다. 그는 조선시대의 추노꾼처럼 교회의 성도들을 잡아들이려고 대제사장의 허락을 받아 국경선 너머 멀리 다메섹(Damascus)까지 성도들을 추격했습니다.

그 당시 사울의 신앙노선은 율법주의(Legalism)였습니다. 율법주의는 **"본능으로 아는 그것"**인 "인과응보"(因果應報)의 원리를 좇아가는 신념체계(belief system)입니다. **"본능으로 아는 그것"**이란 무엇입니까? 우리는 체포되어 압송되는 범죄자들이 TV 카메라 앞에서 **본능적**으로 자기의 얼굴을 가리는 것을 종종 봅니다. 범죄한 아담이 **본능적**으로 어떤 일을 했습니까? 범죄한 아담은 먼저 부끄러워하며 숲에 숨었고 무화과 나뭇잎으로 치마를 만들어서 자기의 수치스러운 모습을 가리려고 했습니다.

오늘날에도 종교인들도 첫째로 수많은 교인들로 이루어진 종교의 숲에 자기 몸을 숨깁니다. 비슷한 부류의 기독죄인들(Christian sinners) 속에 숨어 있으면 자기의 죄(수치)가 가려질 것 같습니까? 그들은 또 날마다 회개 기도를 드림으로써 새로운 무화과 나뭇잎으로 치마를 지어 입습니다. 그런데 무화과 나뭇잎으로 만든 치마로 과연 자신의 수치를 가릴 수 있습니까? 나뭇잎 옷이 하루나 견디어 줍니까? 새벽 기도회나 모든 예배에 빠지지 않고 참석하고, 율법을 잘 지키는 방정(方正)한 품행으로 세상 사람들의 칭송을 받으며, 자기 목숨까지 희생하면서 "예닮(예수 닮기) 운동"을 하고, 자기 소유를 다 팔아 빈자(貧者)들에게 나눠주고, 남을 위해 불속에 뛰어든다고 해도―그것들로는 결코 자기의 죄를 없애거나 가릴 수 없습니다.

"**본능적으로**" 죄를 부끄러워하는 인간은 "착하게 살아야 구원을 받는다"라고 "**본능적으로**" 생각합니다. 사람들은 "**본능적으로**" 죄를 지으면서도, "죄를 지으면 하늘의 벌을 받고 착하게 살면 하늘의 상을 받는다"라는 고정관념을 갖고 있습니다. "**본능으로 아는 그것**"(유 1:10)은 "**인과응보**"(因果應報)**의 원리**입니다. 그리고 모든 종교는 이 원리 위에 세운 신념체계(belief system)에 불과합니다. 흥부전이나 심청전에서 보듯이, 인과응보의 원리는 "**권선징악**"(勸善懲惡)**의 신념**을 추구하게 합니다. "착하게 살면 복을 받고 악행을 하면 하늘이 벌을 내린다"라는 본능적 관념이 모든 사회의 종교와 도덕의 근간을 이루고 있습니다. 기독교 종교인들도 "**본능으로 아는 그것**"인 인과응보(因果應報)의 원리를 좇고 있습니다. 많은 기독교인들이 율법을 잘 지켜야 천국에 간다는 본능적인 고정관념에 사로잡혀 있습니다. 그래서 그들은 "**땅의 소산**"(창 4:3), 즉 자신의 의와 공로로 제사를 드린 가인(Cain)의 노선을 따라갈 수밖에 없습니다.

율법을 잘 지키며 죄를 짓지 않으려고 노력하는 것이 잘못은 아닙니다. 율법 자체는 거룩하며 의로우며 선한 것입니다(롬 7:12). 그런데 과연 하나님 앞에서 사람이 착하게 살아서, 즉 율법을 지켜서 자기의 죄를 가릴 수 있습니까? 사람이 율법주의의 노선을 충성스럽게 따르면 과연 하나님께로부터 죄 사함을 받고 하나님의 자녀가 될 수 있습니까? 성경은 사람이 율법을 잘 지켜서는 결코 하나님 앞에서 의롭게 될 수 없다고 선포합니다. 사람이 의인으로 인정받는 것은 오직 하나님 편에서 우리의 모든 죄를 온전히 없애 놓았다는 진리의 복음을 믿음으로만 가능하다고 성경은 말씀하니다(롬 3:28, 갈 2:16).

저는 젊었을 때에 제 나름대로 선하고 의로운 삶을 살아 보겠다고 무진 애를 썼습니다. 거지를 집에 데려와서 목욕을 시켜서 함께 밥을 먹기도 하고, 골목길에 쓰러져 있던 가출 소년을 양자(養子)로 삼기도 했습니다. 저는 교회가 빛과 소금의 역할을 못하고 사회의 지탄을 받는 이유는 직업 종교인들이 교회를 지배하면서 교회가 세속화(世俗化)되었기 때문이라고 확신했었습니다. 그래서 저는 "초대교회 공동체"를 지향하며 저의 가진 것을 내어놓고 더불어 살아가는 공동체 교회를 세우고 인도했었습니다. 당시에 대학 교수로 재직하고 있었는데, 저는 거룩한 삶을 살고자 매달 초 3일간은 "십일조 금식"으로 시작했었습니다. 매일 강의를 하고 지역사회연구소장 등 여러 보직도 감당하면서 3일간을 온전히 금식하는 것은 결코 쉬운 일이 아니었습니다.

그러나 저는 매달 초 3일 동안 금식을 하지 않을 수 없었습니다. 그때에 제가 무엇 때문에 금식하면서 기도했겠습니까? "어찌하든지 하나님 앞에서 죄를 짓지 않고, 율법의 규례들을 잘 지키며 빛과 소금의 삶을 살아서 하나님께 영광을 돌릴 수 있게 해 주십시오"라는 것이 제 금식 기도의 제목이었습니다. 그렇게 저는 제 가슴을 치며 진솔한 회개 기도를 드림으로 날마다 무화과 나뭇잎으로 치마를 만들어 입었습니다. 그래서 많은 사람의 칭송을 받았습니다. 그러나 정직하게 말씀드리자면, 사실 저는 저의 의를 세우고자 했던 것에 불과했습니다. 제가 부지런히 짜 입는 무화과 나뭇잎 치마가 다른 사람들의 치마보다 더 훌륭하다고 자랑하기 위해서 저는 "공동체 교회 운동"을 지향했던 것입니다. 그런데 저는 제가 외식(外飾)하는 바리새인처럼 점점 더 깊이 종교인의 늪에 빠져

들어 가고 있는지도 몰랐고 제 마음에는 죄만 쌓여 갔습니다.

저는 잘 포장된 죄 덩어리였습니다. 하나님께서는 그런 저에게 아무짝에도 쓸모없는 나뭇잎 치마를 벗어버리라고 말씀하셨습니다. 그래야만 하나님께서는 저의 죄가 영원토록 온전히 가려지는 가죽옷을 입혀 주실 수 있었기 때문입니다. 예수님은 소경의 눈을 뜨게 하시려고 그를 마을 밖으로 데리고 나가셨습니다. 우리도 진정 거듭나려면 **"본능으로 아는 그것"** 이 지배하는 종교의 마을에서 벗어나야 합니다. 주님은 외식하는 바리새인들에게 **"화(禍) 있을진저!"** 라고 책망하셨습니다. **"본능으로 아는 그것"** 을 좇아 율법주의의 노선을 고집하는 자들은 지옥에 들어갈 것이라는 경고의 말씀입니다. **"주여 주여 우리가 주의 이름으로 선지자 노릇하며 주의 이름으로 귀신을 쫓아내며 주의 이름으로 많은 권능을 행치 아니하였나이까?"** 하며 항변하는 종교인들에게 주님은 **"내가 너희를 도무지 알지 못하니 불법을 행하는 자들아 내게서 떠나가라"** (마 7:23)고 준엄하게 판결하십니다.

예수님께서 **"사람이 물과 성령으로 나지 아니하면 하나님 나라에 들어갈 수 없느니라"** (요 3:5)고 말씀하셨을 때에, 니고데모는 그 말씀이 무슨 뜻인지를 전혀 깨닫지 못했습니다. 니고데모가 그랬듯이, 종교인들은 사람이 어떻게 거듭나는지를 알지 못합니다. 그래서 **"이 사람들은 무엇이든지 그 알지 못하는 것을 훼방하는도다"** (유 1:10)라고 하신 말씀대로, 그들에게 진리의 원형복음인 **"물과 피의 복음"** 을 전해 주면 그들은 하나님의 말씀이 그러한가 상고해 보지도 않고 무조건 이단이라고 비난합니다.

성자(聖子) 하나님이신 예수 그리스도께서는 **"물과 피로 임"** (요일 5:6)하셔서 우리를 모든 죄에서 온전히 구원해 주셨습니다. 주님께서는 십자가의 피로만 구원의 역사를 베푸신 것이 아닙니다. 주님께서는 요단강에 임하셔서 인류의 대표자인 세례 요한에게 안수의 형식으로 세례를 받으심으로 세상 죄를 단번에 담당하셨습니다. 그래서 예수님은 세례를 받으신 이튿날에 **"보라 세상 죄를 지고 가는 하나님의 어린양이로다"**(요 1:29)라는 증거를 받으셨습니다. **"물과 피의 복음"**이 진리의 **원형복음**입니다. 누구든지 **"물과 피의 복음"**을 온전히 믿으면 **"죄 사함으로 말미암는 구원"**(눅 1:77)을 받습니다. 믿음으로 거듭나야 비로소 영적인 눈이 열려서 하나님의 뜻을 밝히 깨닫게 됩니다. 물과 피의 복음을 믿음으로 거듭난 자라야 비로소 자신이 지금까지 영적 소경이었던 것도 인정하게 됩니다. 그리고 자기가 율법 행위에 묶여 있던 소경이었으면서도 다른 소경들을 인도하겠다고 설쳐댔던 것이 얼마나 부끄럽고 잘못된 일이었는지도 깨닫게 됩니다.

가인의 노선과 아벨의 노선—이 두 길 중에서 어떤 길을 선택하느냐에 따라서 당신이 천국의 영생에 들어가는지 혹은 지옥의 영벌(永罰)에 떨어지는지가 결정됩니다. 당신은 지금 어느 길 위에 서 있습니까? 당신은 여전히 외식(外飾)하는 종교인의 노선을 고집하면서 영원히 꺼지지 않는 지옥의 심판을 달게 받으렵니까? 아니면 천국의 영생을 얻기 위해서 하나님께서 기뻐하시는 믿음의 길로 나오시겠습니까?

"죄의 삯은 사망"(롬 6:23)입니다. 마음에 죄가 있으면 지옥의 심판을 면할 길이 없습니다. 마음에 죄가 있는 사람은 하나님의 말씀을 경외하고 돌이켜서 **"죄 사함으로 말미암는 구원"**(눅 1:77)의 길로 나오시기를 바랍니다.

아멘.

신앙인 1
진리의 말씀 안에서
아는 것을 믿고 예배하는 자들

"너희는 알지 못하는 것을 예배하고 우리는 아는 것을 예배하노니 이는 구원이 유대인에게서 남이니라"(요 4:22).

맹신(盲信)이라는 말은 "덮어놓고 믿는다," 즉 "내용을 알아보지도 않고 무조건 믿는다"라는 뜻입니다. 알지도 못하는 것을 맹목적으로 믿고 예배하는 자들이 바로 맹신자(盲信者)들입니다. 요한복음 4장에는 타는 목마름을 해갈하려고 날마다 야곱의 우물에서 물을 길어다가 마시는 수가(Sychar) 성(城)의 여인이 등장합니다. 육신의 목마름이야 이 땅의 우물물로 그럭저럭 해갈할 수 있었겠지만, 그녀의 영적 갈증은 결코 땅의 물, 즉 종교가 주는 교훈으로는 해결될 수 없었습니다. "우리의 영혼이 다시는 목마르지 않게 할 영적인 물은 없을까? 우리 조상들은 이 산에서 드리는 예배가 참된 예배라고 하고 우리들의 믿음이 정통(正統)이라고 하는데, 과연 무엇이 정통의 신앙일까?" 그녀는 종교라는 우물물로 그럭저럭 살아가는 맹신적 종교인들 가운데서 늘 영적 의문을 품고 살아왔습니다.

예수님께서는 야곱의 우물가로 가셔서 진리의 말씀으로 그녀를 만나 주셨습니다. 인생의 모든 영적 갈증은 오직 주님께서 먹여 주시는 진리의 말씀으로만 영원히 해갈(解渴)될 수 있습니다. 주님께서 주시는 물은 땅의 물이 아니라 **"궁창 위의 물"**(창 1:7)입니다.

"궁창 위의 물"인 "물과 피의 복음"을 마신 자는 그 원형복음의 말씀이 마음에 생수의 근원(根源)이 되어 다시는 목마르지 않는 은혜를 누리게 됩니다. 에덴에서 발원(發源)한 물이 사방으로 흘러서 온 땅을 적시고 생명이 넘치게 했듯이, 주님께로부터 흘러나온 진리의 복음을 마신 자의 마음은 "물 댄 동산 같겠고 물이 끊어지지 아니하는 샘"(사 58:11)같이 풍성한 은혜와 영원한 생명을 누리게 됩니다.

종교인들은 이런 은혜가 있다는 사실조차 모릅니다. 그들은 그저 날마다 열심으로 자기 교단에서 파놓은 우물물에 찾아가서 "궁창 아래의 물"(창 1:7)을 길어다 마시면서 그럭저럭 살아가고 있습니다. 그들은 영적인 갈증이 없고 또 다시는 목마르지 않는 영원한 해갈(解渴)의 축복을 갈구하지도 않습니다. 그래서 열심한 종교인일수록 새벽 기도, 금식 기도, 철야 기도, 구역 예배, 부흥회, 봉사 활동, 바자회, 십일조, 감사헌금, 건축헌금, 특별헌금, 일천번제 헌금, 각종 절기(節期) 행사 참석 등등으로 늘 피곤한 삶을 삽니다. 종교인들의 눈은 늘 충혈되어 있고 마음에는 진정한 안식이 없습니다.

그러나 그 사마리아 여인은 날마다 땅의 물을 길러 나와야만 하는 피곤한 일에서 해방되고 싶었습니다. 그래서 예수님께서 "내가 주는 물을 먹는 자는 영원히 목마르지 아니하리니 나의 주는 물은 그 속에서 영생하도록 솟아나는 샘물이 되리라"라고 말씀하시자, 그녀는 "주여 이런 물을 내게 주사 목마르지도 않고 또 여기 물 길러 오지도 않게 하옵소서" 하고 자신의 고된 삶을 고백하며 참된 영적 해갈을 간절히 구했습니다.

예수님께서는 그 여인에게 "가서 네 남편을 불러오라"라고 말쓸하셨습니다. 영원한 생명의 물을 **"달고 간절하게"** 마시려면 먼저 자신이 얼마나 추악한 죄인인지를 인정해야 합니다. 그래서 예수님께서는 그 여인의 죄가 드러나게 하셨습니다. 그 여인은 이미 다섯 남자와 살았었고 지금 같이 살고 있는 남자도 자기의 남편이 아니었습니다. 그 여인은 수가(Sychar)라는 성읍에서 그야말로 소문난 음녀였습니다. 처녀들은 "이 사람이면 나를 행복하게 해 주겠다"라고 여길 때에 어떤 남자와 결혼을 합니다. 그리고 자기의 결혼 생활이 견딜 수 없게 불행하다고 여겨지면 이혼을 하고 또 다른 남자를 구합니다. 사실 우리도 이 여인과 같이 참 신랑이신 예수님보다는 세상의 것들을 더 사랑해서 이 세상의 것들과 바람을 피우고 간음하며 살지 않았습니까? 돈, 명예, 권력, 쾌락, 지위, 예술, 사상—사람들은 이런 것들만 있으면 행복하겠다고 생각하고 이런 세상의 가치들과 결혼을 합니다. 이런 땅의 것들과 결혼해서 살면 참된 만족과 행복을 누릴 수 있습니까?

사람들은 그런 헛된 희망을 가지고 이 세상의 것들을 추구하며 살아보지만 참된 만족은커녕 영적인 갈증만 더 커집니다. 그래서 사람들은 땅의 것들이 아닌 영적인 만족을 찾아서 이 종교 저 교단을 전전하기도 합니다. 그런데 모든 종교집단들이 다들 자신들만이 정통이라고 주장하기 때문에 사람들은 수가성의 여인처럼 더 헷갈립니다. 수가성의 여인은, **"우리 조상들은 이 산에서 예배하였는데 당신들의 말은 예배할 곳이 예루살렘에 있다 하더이다"**(요 4:20) 하고 자기가 들은 바를 주장했습니다.

예수님은 그 여인에게, 또 동일한 영적 질문을 품고 있는 우리들에게 말씀하셨습니다: **"여자여 내 말을 믿으라 이 산에서도 말고 예루살렘에서도 말고 너희가 아버지께 예배할 때가 이르리라**

너희는 알지 못하는 것을 예배하고 우리는 아는 것을 예배하노니 이는 구원이 유대인에게서 남이니라 아버지께 참으로 예배하는 자들은 신령과 진정으로 예배할 때가 오나니 곧 이때라 아버지께서는 이렇게 자기에게 예배하는 자들을 찾으시느니라 하나님은 영이시니 예배하는 자가 신령과 진정으로 예배할찌니라"(요 4:21-24).
종교인들은 **"알지 못하는 것"**을 예배합니다. 그들은 예수님의 이름을 부르며 하나님께 예배를 드리지만 실상은 예수님이 누구신지, 예수님이 자기들의 죄를 어떻게 완벽하게 없애 놓으셨는지를 모릅니다. 그들은 자기들의 목사가 무슨 말을 하던지 그저 무조건 "아멘"으로 화답(和答)합니다. 그들은 "성경은 덮어놓고 믿는" 맹신자(盲信者)에 불과합니다.

 "알지 못하는 것"을 예배하는 맹신자(盲信者)들과는 대조적으로, 주님께서 주신 **"물과 피의 복음"**을 마시고 거듭난 신앙인들은 **"아는 것"**을 예배합니다. 그들은 죄 사함을 받고 성령을 선물로 받은 자들이기에 하나님께 **"신령과 진정으로 예배"**를 드립니다. **"하나님은 영이시니 예배하는 자가 신령과 진정으로 예배할찌니라"** 하신 부분의 『흠정역』(欽定譯, King James Version) 성경을 직역하면 다음과 같습니다: "하나님은 성령이시니 하나님을 경배하는 자들은 영 안에서 그리고 진리 안에서 예배를 드려야 한다" (God is a Spirit: and they that worship him must worship him in spirit and in truth. KJV). 누구든지 진리의 복음을 믿음으로 죄 사함을 받아야만 성령을 선물로 받고 성령과 진리 안에서 하나님께 예배를 드릴 수 있습니다.

 거듭나지 못한 종교인들은 **"신리의 사랑을 받지 아니하여 구원함을 얻지 못한 자들"**(살후 2:10)입니다. 진리가 무엇인지도 모르는 종교인들이 어떻게 "진리 안에서(in truth)" 예배를 드릴 수 있겠습니까? 또한 **물과 피의 복음**을 믿음으로 죄 사함을 받아야만 성령을 선물로 받습니다(행 2:38). 그런데 기독죄인들(Christian sinners)은 마음에 죄가 있어서 영이 죽어 있는데, 어떻게 영으로(in spirit) 예배를 드릴 수 있겠습니까? 우리의 격언에 "수박 겉핥기"란 말이 있습니다. 일생 동안 수박의 겉을 핥는다고 수박의 맛을 알겠습니까? 수박을 쪼개서 그 속살을 맛본 자라야 수박의 맛을 알 수 있습니다. 거듭나지 못한 기독죄인들은 열심으로 종교생활을 하지만 하나님 아버지와 예수 그리스도를 제대로 알 수도 없고 결코 영생의 구원에 이르지 못합니다.

진리의 복음으로 거듭난 참된 신앙인들만이 하나님을 압니다: "**자녀들아 내가 너희에게 쓰는 것은 너희 죄가 그의 이름으로 말미암아 사함을 얻음이요 아비들아 내가 너희에게 쓰는 것은 너희가 태초부터 계신 이를 앎이요 청년들아 내가 너희에게 쓰는 것은 너희가 악한 자를 이기었음이니라 아이들아 내가 너희에게 쓴 것은 너희가 아버지를 알았음이요 아비들아 내가 너희에게 쓴 것은 너희가 태초부터 계신 이를 알았음이요 청년들아 내가 너희에게 쓴 것은 너희가 강하고 하나님의 말씀이 너희 속에 거하시고 너희가 흉악한 자를 이기었음이라**"(요일 2:12-14).

사마리아 땅 수가성의 여인은 **야곱의 우물물**을 마시고 있다는 사실에 큰 자부심을 가지고 있었습니다. 그녀는 그 우물이 역사와 전통이 있는 우물이라는 확신을 가지고 지금까지 살아왔습니다. 그러나 그 우물물은 결코 영원히 목마르지 않는 참된 안식을 주지는 못했습니다. "**궁창 아래의 물**"(창 1:7)에는 더러운 세균들과 땅의 해로운 성분들이 녹아 있습니다. 하나님의 말씀에 사람의 주장을 섞은 교훈과 교리는 결코 우리 마음의 모든 죄를 단번에 영원토록 없애 주지 못합니다.

그러나 주님께서 주시는 **"궁창 위의 물"**은 우리의 모든 죄를 단번에 영원토록 씻어 주고 우리의 영혼에 영원히 목마르지 않는 구원의 은혜를 입혀 줍니다. 예수님을 그토록 오랫동안 믿고도 아직 마음에 죄가 있어서 영적으로 목말라하는 사람은 예수님께서 주시는 진리의 샘물을 마셔야 합니다. 주님은 당신의 긍휼을 바라며 나오는 자들, 즉 심령이 가난한 자들에게 생명의 물을 마음껏 마시게 하시는 사랑의 하나님입니다.

그렇다면 당신은 야곱의 우물가를 떠나지 못할 이유가 있겠습니까? 그 우물물을 마시고 당신의 마음의 죄가 흰 눈과 같이 깨끗하게 씻어졌습니까?

"여호와께서 말씀하시되 오라 우리가 서로 변론하자 너희 죄가 주홍 같을찌라도 눈과 같이 희어질 것이요 진홍 같이 붉을찌라도 양털 같이 되리라 너희가 즐겨 순종하면 땅의 아름다운 소산을 먹을 것이요 너희가 거절하여 배반하면 칼에 삼키우리라 여호와의 입의 말씀이니라"(사 1:18-20).

자, 저와 함께 주님께서 주시는 생수의 말씀이 무엇인지 변론해 봅시다. 저는 모든 종교인들이 야곱의 우물가를 떠나서 주님께서 주시는 생수의 복음을 마음껏 마시고 **"죄 사함으로 말미암는 구원"**(눅 1:77)을 받게 되기를 간절히 바랍니다.

아멘.

종교인 2
가인의 길로 행하는 자들

"화 있을찐저 이 사람들이여, 가인의 길에 행하였으며 삯을 위하여 발람의 어그러진 길로 몰려 갔으며 고라의 패역을 좇아 멸망을 받았도다"(유 1:11).

가인(Cain)과 아벨(Abel)은 성경에 처음 등장하는 대조적 인물들로서, 그들은 종교인과 신앙인의 두 전형(典型)입니다. 그리고 오늘날의 기독교는 절대다수의 가인족(族)과 극소수의 아벨족(族)으로 구성되어 있습니다. 가인의 노선(路線)을 따라가는 종교인들은 화를 당할 자들이라고 성경은 경고합니다. 가인이 과연 무엇을 잘못했길래 하나님께로부터 **"화 있을찐저"**라는 저주의 선언을 받게 되었을까요? 저는 청소년기에 창세기의 말씀을 읽으면서, "가인은 도대체 무엇을 잘못했길래 하나님께서 그의 제사를 받지 않으셨을까?" 하는 의문이 있었습니다. "아니, 가인은 농부였으니 당연히 땅의 소산으로 제물을 삼아서 하나님께 제사를 드렸을 것이고, 아벨은 양을 치는 목동이었으니 양의 첫 새끼와 그 기름으로 제사를 드렸는데, 도대체 가인이 무엇을 잘못했다고 하나님께서 가인과 그의 제물은 받지 않으셨나?" 하는 의문을 저는 풀 길이 없었습니다.

그래서 저는 자료도 찾아보고 교회의 선배들이나 교역자들에게 묻기도 했었습니다. 그러나 저는 그들로부터 명쾌한 대답을 듣지 못했습니다. 그들이 들려준 대답은 기껏해야 "제사는 하나님께 정성껏 드려야 하는데, 가인은 정성을 담지 않고 형식적으로 제사를 드려서 하나님의 노여움을 샀다"라는 대답이 고작이었습니다. "과연 가인은 정성이 부족했다는 이유로 하나님께로부터 '**화 있을찐저**'라는 저주를 받게 되었을까? 그렇다면 왜 하나님께서 그 이유를 명확하게 밝혀 주시지 않았을까?"—이런 의문이 해결되지 않은 채로 저는 그저 성경을 읽고 또 읽었습니다. 그러나 제가 거듭나서 그 이유를 스스로 깨닫기 전까지는 누구에게서도 그 답을 얻지 못했습니다. 사람이 거듭나기 전에는 모두가 영적인 소경이어서 **"영이요 생명"**(요 6:63)인 하나님의 말씀을 제대로 이해할 수 없습니다. 그러니 거듭나지 못한 자들에게 물어보아서 성경의 의문을 풀려고 한 것 자체가 어리석은 일이었습니다. 지금도 인터넷으로 "가인과 아벨의 제사"를 검색해 보면, 이 주제에 대한 수많은 주장들을 대할 수 있습니다. 그러나 거기서 발견하는 답변들은 하나같이 "장님이 코끼리 만지는 듯"한 이야기들뿐입니다.

시작장애인들이 모여서 코끼리를 만져 보고 각기 깨달은 코끼리의 모습을 나름대로 주장한다면 얼마나 웃기는 일이 일어나겠습니까? 어떤 장님은 코끼리의 다리를 더듬어 안아보고는 "이 코끼리라는 물건은 기둥입니다. 확실합니다!"라고 말할 것입니다. 다른 장님은 배를 더듬어 보았습니다. "아니요, 이 코끼리라는 물건은 꺼칠하고 평평한 것이 틀림없이 벽입니다!" 하고 언성을 높일 것입니다. 또 한 장님은 코끼리의 코를 만져 봤습니다. "아니요! 무슨 소리들을 하는 겁니까? 이 코끼리란 물건은 굵은 호스 같은 것인데, 이놈이 힘차게 움직이면서 호스 끝에서 뜨겁고 센 바람이 들고나고 하네요! 거 참, 코끼리라는 놈은 희한한 물건이네!"라고 고개를 갸우뚱할 것입니다. 마지막 장님은 더듬거리며 코끼리에게 다가가

다가 코끼리의 꼬리를 잡았습니다. 그리고는, "아니 다들 무슨 소리를 하는 거예요? 내가 보니 코끼리라는 물건은 쉴 새 없이 흔들어대는 채찍 같은 물건이 틀림없소!"라고 주장할 것입니다.

성경은 거듭나지 못한 기독교인을 영적인 소경에 비유합니다. 그러니 영적인 소경들이 성경을 자기 나름대로 해석하면 "장님이 코끼리 만지듯" 하는 엉터리 주장들이 나올 수밖에 없습니다. 성경을 제대로 알지 못하면서 자기의 엉터리 주장을 강변하는 목회자와 성경 교사들이 많습니다. 거듭나지 못한 설교자들은, **"가인같이 하지 말라 저는 악한 자에게 속하여 그 아우를 죽였으니 어쩐 연고로 죽였느뇨 자기의 행위는 악하고 그 아우의 행위는 의로움이니라"**(요일 3:12)는 말씀에 근거해서, 아벨은 하나님 앞에서 의로운 행위를 많이 했고 가인은 악한 행위를 많이 했기에 하나님께서 가인의 제사는 받지 않으셨다고 주장합니다. 그들은 결국 율법의 행위에 구원의 근거를 두는 율법주의자들입니다.

그런데 과연 요한일서에서 말씀한 선과 악이 그들의 도덕적 행위를 지적하는 말씀일까요? 율법의 기준으로 볼 때, 아벨은 선했고 가인은 악했기 때문에 하나님의 축복과 저주가 결정되었을까요? 가인이나 아벨이나 동일하게 범죄한 아담의 자식들이 아닙니까? 그렇다면 이 두 사람 모두 **"행악의 종자"**(사 1:4)이며, 마음에 12가지 죄를 가지고 태어나서 평생에 미친 마음을 품고 행위로, 입술로, 마음으로, 눈으로 죄를 짓는 자들이 아닙니까? 예수님은 간음 중에 붙잡힌 여인을 끌고 와서 정죄의 판결을 요구하던 사람들에게, **"너희 중에 죄 없는 자가 먼저 돌로 치라"**(요 8:7)고 말씀하셨습니다. 여러분이 그 자리에 있었다면, 여러분은 그 여인을 정죄하고 다른 사람보다 먼저 돌로 그 여인을 칠 수 있었겠습니까? 모든 인간은 근본 죄 덩어리입니다. 행위적 측면에서는 누가 더 선하고 누가 더 악하다고 말할 수 없습니다.

어떤 바리새인은 성전 앞에서 당당하게 팔을 높이 들고 **"하나님이여 나는 다른 사람들 곧 토색, 불의, 간음을 하는 자들과 같지 아니하고 이 세리와도 같지 아니함을 감사하나이다"**(눅 18:11)라고 기도했습니다. 위선(僞善)의 나뭇잎 옷으로 자기의 수치를 가리고 거룩한 척하는 바리새인들은 자기들이 도덕적으로 선하고 훌륭하다고 착각하는 종교인들입니다. 그들은 자기의 행위는 거룩하고 선하며 세리나 창녀들의 행위는 추악하다고 여겼습니다. 그러나 예수님은 **"내가 진실로 너희에게 이르노니 세리들과 창기들이 너희보다 먼저 하나님의 나라에 들어가리라"**(마 21:31)고 말씀하셨습니다. 그러므로 율법의 기준에서 볼 때 가인은 행위가 악해서 지옥의 판결을 받았고, 아벨은 행위가 선해서 하나님께로부터 축복을 받은 것이 아닙니다.

선악을 알게 하는 나무의 실과를 따먹은 인간은 하나님과 다른 선악의 기준을 갖게 되었습니다. 그래서 범죄한 아담은 먼저 무화과 나뭇잎으로 자기의 벗은 몸을 가리려고 했습니다. 그것은 인간이 스스로 선행에 힘쓰고 죄를 짓지 않으려고 노력해서 자기의 수치(죄)를 가려 보려고 했다는 뜻입니다. 그런다고 마음의 죄가 없어집니까? 그런 무화가 나뭇잎으로 만든 치마로 자기의 모든 죄가 가려집니까? 하나님 앞에서 온갖 희생과 봉사와 금욕생활과 회개기도를 많이 하고 남을 구하기 위해서 불속에 뛰어든다고 해서 자기의 마음에 가득한 죄가 가려집니까? 그것은 소위 "눈 가리고 아웅"하는 것입니다. 자기의 눈에는 자기의 수치가 잠시 가리어진 것 같지만, 하루가 채 지나기도 전에 거덜난 나뭇잎 치마를 바라보면서 "이런 무화과 나뭇잎 치마로는 결코 내 수치를 가릴 수 없다"라는 사실을 자기 스스로도 인정하게 됩니다.

스스로의 행위로는 죄를 없앨 수 없다면, 당신은 빨리 하나님께 항복하고 나와서 하나님의 긍휼을 바라야 합니다. "하나님, 저는 죄덩어리입니다. 저는 아무리 죄를 짓지 않으려고 노력해도, 아무리 회개 기도를 하고 거룩하게 살려고 작심을 해도 여전히 마음과 행위로 죄를 짓습니다. 주님, 저를 불쌍히 여겨 주옵소서!" 주님께서는 우리의 입에서 이런 고백이 나오기를 기다리고 계십니다. 하나님은 우리가 자기의 의를 들고 나가서 자랑하며 드리는 자기 의의 제사를 원하시지 않습니다. 하나님은 지옥에 갈 우리에게 당신의 아들을 보내 주셔서 베푸신 구원의 사랑을 우리가 알고 믿어서 우리가 그 은혜를 감사하는 제사를 드리기를 원하십니다.

인간 스스로 죄를 짓지 않으려고 노력해서 구원을 얻을 길이 있었다면 굳이 하나님께서 당신의 외아들을 우리의 대속제물(代贖祭物)로 이 땅에 보내실 필요가 있었겠습니까? 범죄한 아담의 후손인 우리는 결코 거룩함에 이를 수 없는 자들이기에, 하나님 아버지께서는 당신의 외아들 예수 그리스도를 우리에게 보내 주셨습니다. "**모든 사람이 죄를 범하였으매 하나님의 영광에 이르지 못하더니 그리스도 예수 안에 있는 구속으로 말미암아 하나님의 은혜로 값 없이 의롭다 하심을 얻은 자 되었느니라**"(롬 3:23-24)고 하신 말씀이 바로 그 뜻입니다.

가인의 불법 제사와 아벨의 의로운 제사

가인은 "**땅의 소산(所産)**"으로 제사를 드렸습니다. 성경에서

"땅"이나 "흙"은 인간의 육신을 의미합니다. 우리는 근본 죄 덩어리여서 우리의 육신을 다스려서 아무리 죄를 짓지 않으려고 노력해도 우리는 죄를 지을 수밖에 없는 존재들입니다. 우리는 자기의 근신과 노력으로는 결코 하나님의 나라에 들어갈 수 없는 자들입니다. 그런데도 가인은 자기의 공로를 들고 하나님 앞에 나가서 하나님께로부터 인정을 받으려고 했습니다. **"만물보다 거짓되고 심히 부패한 것은 마음"**(렘 17:9)입니다. 사람의 마음이 똥보다 더 더럽고 부패합니다. 그런데 똥을 재료로 삼아서 음식을 만들었다면 그런 음식을 당신인들 먹겠습니까? 그처럼 하나님께서 도저히 받으실 수 없는 제물을 고집스럽게 들이미는 것은 하나님 앞에서 큰 잘못이며 죄악입니다. 자기의 공로를 제물로 들고 하나님께 나간 것이 바로 가인의 잘못입니다.

반면에 아벨은 **"양의 첫 새끼와 그 기름"**(창 4:4)으로 제사를 드렸습니다. 그는 자기가 죄 덩어리인 것을 하나님 앞에서 정직하게 시인하고 하나님의 구원의 복음을 믿음으로 감사의 제사를 드렸습니다. "하나님 저는 지옥에 가야 마땅한 자입니다. 저도 바르게 살기를 원하지만 제 육신은 죄만 짓는 죄 덩어리입니다. 저 스스로는 도저히 죄에서 벗어날 수 없습니다. 저를 불쌍히 여겨 주시옵소서. 하나님께서 지옥에 가야 할 저와 같은 자들을 불쌍히 여겨 주셔서 장차 우리의 구세주를 어린양으로 보내 주실 것을 믿습니다. 그 어린양이 안수의 형식으로 세례를 받아서 우리의 모든 죄를 담당하시고 대속의 죽음으로 저를 모든 죄에서 구원해 주실 것을 믿습니다. 감사합니다! 하나님!"—이러한 믿음으로 아벨은 **"양의 첫 새끼와 그 기름"**(창 4:4)으로, 즉 하나님의 맏아들이신 예수님의 **"한 영원한 제사"**(히 10:12)를 믿음으로 하나님께 감사의 제사를 드렸습니다. 그리고 하나님께서는 믿음으로 드린 아벨의 제사를 기뻐하시며 받으셨습니다.

아담을 통해서 하나님의 구원의 말씀을 들은 두 자식은 각기 상반된 제사를 드렸습니다. 아벨은 말씀에 순종해서 하나님께서 기뻐하시는 믿음의 제사를 드렸고, 가인은 자기의 생각을 좇아서 자기의 의(義)와 공로를 들고 나가서 하나님께 제사를 드렸습니다. 하나님의 말씀을 믿지 않는 것이 죄악입니다. 진리의 복음 말씀에 순종하지 않는 것이 사망에 이르는 죄이고 지옥에 가는 죄입니다.

아벨의 제사는 하나님께서 받으시고 가인의 제사는 받지 않으신 것은 그들의 믿음이 근본적으로 달랐기 때문입니다. 그리고 그들의 믿음의 차이는 스스로 자신을 어떻게 인식하는가 하는 데서 비롯되었습니다. 바울은 자신의 비참한 근본 모습을 바라보면서, **"오호라 나는 곤고한 사람이로다 이 사망의 몸에서 누가 나를 건져 내랴"**(롬 7:24) 하고 탄식했습니다. 사도 바울처럼 우리도 "하나님 저는 지옥에 가야 마땅한 죄 덩어리입니다. 저에게는 선한 것이 조금도 없습니다. 저는 우상을 숭배하는 자이고, 마음으로 늘 간음하는 자이고, 도둑질하는 자이고, 부모를 거역하는 자이고, 위선자이고, 악독한 자이며, 교만한 자이고, 속이는 자입니다. 저는 쓰레기보다도 더 더러운 자입니다. 하나님, 저를 불쌍히 여겨 주시옵소서!"라고 고백할 때에, 하나님께서는 우리에게 **"양의 첫 새끼와 그 기름"**으로 계시된 영원한 속죄의 복음을 들려주셔서 우리가 그 진리의 복음을 믿음으로 죄 사함을 받게 하십니다.

양의 첫 새끼이신 하나님의 아들 예수님께서 육신을 입고 이 땅에 오셔서, **"물과 피"**로 우리를 온전히 구원하셨습니다. **"물과 피와 성령으로 임"**(요일 5:6)하신 예수님께서 어떻게 우리의 모든 죄를 단번에 없애 주셨는지를 알고 믿을 때에, 주님께서는 **"소자야 안심하라 네 죄 사함을 받았느니라"**(마 9:2)고 선포하시며 우리에게 **"죄 사함으로 말미암는 구원"**(눅 1:77)의 은혜를 입혀 주십니다. 하나님께서는 진리의 복음으로 우리 마음의 죄를 다 씻어 주셔서 죄인을 의인으로 거듭나게 하십니다. 이러한 능력의 역사가 **"물과 성령으로 거듭나는 은혜"**입니다. 아벨은 하나님의 구원의 도(道)를 믿음으로 거듭났던 의인입니다. 그리고 우리도 아벨의 믿음을 좇아서 하나님께 의로운 제사를 드리는 의인들이 되었습니다.

"믿음으로 아벨은 가인보다 더 나은 제사를 하나님께 드림으로 의로운 자라 하시는 증거를 얻었으니 하나님이 그 예물에 대하여 증거하심이라 저가 죽었으나 그 믿음으로써 오히려 말하느니라"(히 11:4).

할렐루야! 아멘!

신앙인 2
아벨의 믿음을 이어받은 자들

"믿음으로 아벨은 가인보다 더 나은 제사를 하나님께 드림으로 의로운 자라 하시는 증거를 얻었으니 하나님이 그 예물에 대하여 증거하심이라 저가 죽었으나 그 믿음으로써 오히려 말하느니라"(히 11:4).

아벨(Abel)은 아담의 둘째 아들입니다. "아벨"이라는 이름은 히브리어로 "헤벨"(הֶבֶל, Hevel)인데, 이는 "숨" 또는 "공허"라는 뜻입니다. 아담과 하와는 첫아들을 낳고서 "가인"(Cain)이라고 이름을 지었습니다. "가인"은 "얻었다"라는 뜻으로 가인은 육신적으로 튼실했던 반면에, 아벨은 태어날 때부터 불면 꺼질 듯이 부실했던 것 같습니다. 그들이 장성해서도 가인은 힘든 일을 감당해야 하는 농부(農夫)가 되었고, 아벨은 양을 치는 목자(牧者)가 되었다는 사실도 이러한 유추를 뒷받침합니다. 아무튼 아벨은 자기가 얼마나 연약한 존재인지를 아는 자였습니다. 아벨은 자신이 한 줌의 "숨"에 불과하며, 자신의 육신의 생명도 얼마 안 돼서 죽어야 하는 허무한 존재인 줄을 절실하게 인정하는 자였습니다.

추운 겨울 아침에 뜰에 나가서 심호흡을 하면 우리의 날숨은 잠시 하얀 입김으로 보이다가 곧 사라집니다. 짧은 생애를 마감하면 우리의 존재 자체가 한 줌의 입김처럼 허무하게 사라지는 것이 우리 인생입니다. 그리고 누구든지 아벨처럼 자기가 얼마나 허무한 존재이고 악하며 연약한지를 깨달아야 영생(永生)을 사모하며 하나님의 은혜를 갈구하게 됩니다. 그런 자만이 하나님 앞에 나아가서, "하나님! 저는 머지않아 지옥에 갈 수밖에 없는 비참하고 더러운 자입니다. 저를 불쌍히 여겨 주십시오. 저는 도저히 죄에서 벗어날 수 없는 죄 덩어리입니다. 저를 모든 죄에서 깨끗하게 씻어 주셔서 영원한 하나님의 나라에 들어가게 해 주세요"하고 하나님의 구원을 간절히 바라게 됩니다. 하나님은 이렇게 당신의 긍휼을 바라고 나오는 자들을 절대로 외면하지 않고 구원의 상을 베푸십니다. 하나님을 믿는다는 것은 **"반드시 그가 계신 것과 또한 그가 자기를 찾는 자들에게 상 주시는 이심을 믿는"**(히브리서 11:6) 것입니다.

"자기 자신을 어떠한 존재로 인식하느냐?" 하는 것이 각자의 구원에 있어서 매우 중요합니다. 자신이 조금만 더 조심하면 죄를 짓지 않고 율법을 잘 지켜서 얼마든지 의로운 열매를 많이 맺을 수 있다고 믿는 자들은 가인(Cain)의 노선을 따라 **종교인**이 됩니다. 그들은 자기의 노력으로 얻은 땅의 소산, 즉 자신의 의(옳음)와 공로를 들고 하나님께 나아가서 자신을 과시하고 자랑합니다: "하나님, 이거 보이시죠? 내가 이렇게 하나님 앞에서 훌륭하게 살고 있습니다. 제가 새벽 기도, 금식 기도, 철야 기도, 각종 헌금, 봉사활동, 선교활동, 사회활동……어느 것 하나 누구에게도 뒤지지 않게 실천하고 있는 것을 하나님도 다 아시죠? 내가 드리는 의의 제사를 받으시고 나를 축복해 주십시오." 오늘날의 기독교에는 이러한 현대판 바리새인들이 넘쳐나고 있어서 기독교는 점점 더 종교화되고 있습니다.

주님께서 지적하신 바리새인과 세리의 기도를 비교해 봅시다.

"또 자기를 의롭다고 믿고 다른 사람을 멸시하는 자들에게 이 비유로 말씀하시되 두 사람이 기도하러 성전에 올라가니 하나는

바리새인이요 하나는 세리라 바리새인은 서서 따로 기도하여 가로되 하나님이여 나는 다른 사람들 곧 토색, 불의, 간음을 하는 자들과 같지 아니하고 이 세리와도 같지 아니함을 감사하나이다 나는 이레에 두 번씩 금식하고 또 소득의 십일조를 드리나이다 하고 세리는 멀리 서서 감히 눈을 들어 하늘을 우러러 보지도 못하고 다만 가슴을 치며 가로되 하나님이여 불쌍히 여기옵소서 나는 죄인이로소이다 하였느니라 내가 너희에게 이르노니 이 사람이 저보다 의롭다 하심을 받고 집에 내려갔느니라 무릇 자기를 높이는 자는 낮아지고 자기를 낮추는 자는 높아지리라 하시니라"(눅 18:9-14).

자기 자신을 여기 등장한 세리와 동일시(identify)하느냐, 아니면 자기가 바리새인처럼 너무나 신앙생활을 잘하고 있으며 저런 세리와는 근본적으로 수준이 다른 존재라고 믿느냐가 매우 중요합니다. 여러분은 어느 편입니까? 바리새인과 세리—이 둘 중에서 자기 자신을 누구와 동일시(identify)하느냐에 따라서 여러분 각자가 장차 천국의 영생(永生)에 들어가느냐 아니면 지옥의 영벌(永罰)에 들어가느냐가 결정됩니다.

우리는 하나님 앞에서 정직해야 합니다. 그리고 정직한 자는 자기가 얼마나 악하고 연약하며 부족한 존재인지를 시인합니다. "하나님, 저는 죄 덩어리입니다. 제 마음에는 탐욕이 가득하며, 마음으로 늘 간음하고, 마음으로 살인하는 자입니다. 저는 하나님보다 세상을 더 사랑하는 우상숭배자입니다. 아무리 흠이 없이 살려고 각오를 해도 하루를 지내는 동안에도 온갖 더러운 죄를 다 짓기 때문에 제 영혼은 죄로 만신창이가 되고 맙니다. 하나님, 저를 불쌍히 여겨 주시옵소서. 저는 구제불능의 죄인입니다." 이렇게 자기의 의지와 노력으로는 도저히 자기의 죄를 가릴 수 없다는 사실을 부인할 수 없기에 긍휼을 베풀어 달라고 하나님께 간청하는 자들에게, 하나님께서는 죄 사함을 얻게 하는 **"하나님의 의"**(롬 1:17)를 입혀 주십니다. 아벨처럼 자기의 의를 깨뜨려서 버린 자만이 하나님의 완전한 의를 얻을 수 있습니다.

율법을 결코 지킬 수 없다고 자백한 자들에게 임하는 하나님의 의

우리는 율법을 결코 지킬 수 없습니다. 그래서 사도 바울은 선언합니다. "우리가 알거니와 무릇 율법이 말하는 바는 율법 아래 있는 자들에게 말하는 것이니 이는 모든 입을 막고 온 세상으로 하나님의 심판 아래 있게 하려 함이니라 그러므로 율법의 행위로 그의 앞에 의롭다 하심을 얻을 육체가 없나니 율법으로는 죄를 깨달음이니라"(롬 3:19-20).

하나님께서는 우리들이 율법을 잘 지켜서 자기의 의와 공로를 쌓아서 그것들을 들고 하나님께 나오라고 우리에게 율법을 주신 것이 아닙니다. 하나님께서는 우리가 **죄 덩어리인 것을 스스로 깨닫게 하려고** 우리에게 **율법**을 주셨습니다. 우상을 섬기지 말라고 말씀하셨는데, **"탐심은 우상숭배니라"**라는 말씀 앞에 정직하게 서 보십시오. 그러면 당신은 우상숭배자가 아닙니까? **"또 간음치 말라 하였다는 것을 너희가 들었으나 나는 너희에게 이르노니 여자를 보고 음욕을 품는 자마다 마음에 이미 간음하였느니라"**(마 5:27-28)는 말씀 앞에 정직하게 자기의 마음을 비춰 보십시오. 그러면 저와 여러분은 날마다 간음하는 자가 아닙니까?

성경은 "대저 우리는 다 부정한 자 같아서 우리의 의는 다 더러운 옷 같으며 우리는 다 쇠패함이 잎사귀 같으므로 우리의 죄악이 바람같이 우리를 몰아가나이다"(사 64:6)라고 말씀합니다. 자기의 의가 헌 옷과 같이 더럽고 악취가 나는 "거짓된 선"(위선, 僞善)에 불과하다는 사실을 인정하는 자만이 **하나님의 의**를 믿음으로 취해서 입게 됩니다. 아담과 하와가 범죄한 후에 제일 처음 무엇을 했습니까? 자기들의 손으로 무화과 나뭇잎을 엮어 치마를 만들어 입음으로써 자기들의 수치를 가려보려고 하지 않았습니까? 그러나 그런 헛된 시도로는 아담과 하와가 자기들의 죄(수치)를 결코 가릴 수 없습니다. 아담이 만들어 입었던 **나뭇잎 옷**은 인간 스스로 자기의 죄를 가려보려는 **"종교적 행위"의 상징**입니다. 자기의 의와 공로를 쌓아서 그것으로 자기의 죄를 덮어 보려던 가인의 제사도 **나뭇잎 옷**과 같은 헛된 종교행위에 불과합니다. 가인의 길은 오늘날 기독교 종교인들이 피곤해하면서도 어쩔 수 없이 끌려가고 있는 불행한 길입니다.

하나님께서는 아담과 하와가 스스로 만들어 입었던 무화과 나뭇잎 치마를 벗기시고, 그 대신 하나님께서 손수 만드신 **가죽옷**을 그들에게 입히셨습니다. 이는 장차 예수 그리스도께서 하나님의 어린양으로 이 땅에 오셔서 자신을 인류의 대속제물로 내어 주심으로 친히 완성하실 **하나님의 의의 옷**을 우리 모두에게 입혀 주시겠다는 계시이며 하나님의 구원의 약속이었습니다. **하나님의 의**를 계시하는 **가죽옷의 복음**은 아담의 아들들에게도 전해졌습니다. 그래서 아벨은 아버지 아담으로부터 전해 들은 **가죽옷의 복음**을 믿음으로 **"죄 사함으로 말미암는 구원"**(눅 1:77)을 받을 수 있었습니다. 하나님께서 자기와 같은 죄인들에게 값없이 베풀어 주신 죄 사함의 은총을 믿었기에, 아벨은 하나님의 은혜를 찬양할 수밖에 없었습니다. 그래서 아벨은 하나님의 어린양으로 오실 예수님을 바라보면서 항상 양의 첫 새끼와 그 기름으로 번제(燔祭)의 제사를 드렸습니다.

속죄제로 드리는 번제(燔祭)는 **흠 없는 어린양**의 머리에 **안수**를 해서 자신의 죄를 그 어린양에게 넘긴 후에, 그 양을 잡아서 모든 **피**를 땅에 쏟고 그 고기는 제단 위에 불살라 드리는 제사입니다. 이 제사는 성자(聖子) 하나님이신 예수님이 육신을 입고 이 땅에 오셔서, 인류의 대표자이며 대제사장 아론의 후손인 세례 요한에게 **안수의 형식으로 세례를 받으심**으로 세상의 모든 죄를 온전히 담당하시고, **"다 이루었다"**(요 19:30)라고 외치시기까지 십자가에서 대속의 피를 흘려 주신 주님의 구원을 계시합니다.

예수님께서 요단강에서 세례 요한에게 세례를 받으실 때에, **"이제 허락하라 우리가 이와 같이 하여 모든 의를 이루는 것이 합당하니라"**(마 3:15) 하고 세례 요한에게 준엄하게 명령하셨습니다. 예수님은 "이제 내 머리에 손을 얹어서 이 세상 모든 죄를 다 내게로 넘겨라. 이와 같이 안수의 방법으로 죄를 넘겨야만 이 세상에는 모든 의가 이루어진다. 자, 주저하지 말고 내게 세례를 베풀거라" 하고 요한에게 명령하셨고 요한은 순종함으로써 하나님의 **"모든 의"**가 단번에 이루어졌습니다.

예수님이 세례를 받은 **이튿날**, 세례 요한은 자기 앞을 지나가시는 예수님을 가리키며, **"보라 세상 죄를 지고 가는 하나님의 어린양이로다"**(요 1:29) 하고 자기의 제자들에게 선포했습니다. 이 말씀은, "어제 내가 하나님의 뜻을 따라 하나님의 아들이신 저분의 머리에 안수해서 세상 죄를 다 넘겼다. 그러니 이제 이 세상에는 죄가 전혀 없고 세상의 모든 죄는 저분 그리스도 예수님께서 짊어지셨다"라는 뜻입니다. 이렇게 받으신 세례로 세상의 모든 죄를 온전히 담당하신 예수님께서는 3년 후에 십자가에 달리셔서 당신의 보혈로 인류의 모든 죗값을 지불하고 돌아가셨습니다. **"다 이루었다!"**(요 19:30)―이는 예수님께서 숨을 거두시기 직전에 십자가 위에서 마지막으로 크게 외치신 말씀입니다. **"다 이루었다!"**라는 말씀은 "예수님이 세례로 담당하신 우리의 모든 죄를 대신 다 갚아 주심으로 우리에게 하나님의 의가 온전히 이루어졌으며, 지옥에 갈 수밖에 없었던 우리를 모든 죄에서 완벽하게 구원해 주셨다"라는 뜻입니다. 주님께서는 십자가에서 돌아가신 후 동굴로 된 무덤에 안장되셨다가 사흘 만에 부활하셨습니다. **"예수는 우리 범죄함을 위하여 내어줌이 되고 또한 우리를 의롭다 하심을 위하여 살아나셨느니라"**(롬 4:25). 할렐루야!

예수님은 **"물과 피로 임"**(요일 5:6)하셔서 우리를 모든 죄에서 구원하신 하나님의 어린양입니다. 이 믿음이 아벨의 믿음이며 아벨의 믿음을 좇는 참 신앙인들의 믿음입니다. 자신이 어떤 존재인지를 정직하게 시인하는 자들만이 아벨의 믿음을 따를 수 있고, 자기가 지옥에 가야 할 죄인임을 시인하는 자라야 하나님의 의를 옷 입고 참 신앙인이 될 수 있습니다. **"물과 피의 복음"**을 믿음으로 죄 사함을 받고 날마다 찬미의 제사를 드리는 자들이 바로 참된 신앙인들입니다.

율법을 지켜서는 결코 의에 이를 수 없었던 비참한 우리들에게 하나님 아버지께서는 당신의 외아들을 아낌없이 내어 주셨습니다. 처녀의 몸에서 육신을 입고 오신 성자(聖子) 하나님이 바로 예수 그리스도입니다. 예수님께서 당신의 몸을 제물로 삼아 **"한 영원한 제사"**(히 10:12)를 드려 주심으로 우리가 값없이 죄 사함을 받고 영생의 천국에 들어가게 되었습니다. "이제는 율법 외에 하나님의 한 의가 나타났으니 율법과 선지자들에게 증거를 받은 것이라 곧 예수 그리스도를 믿음으로 말미암아 모든 믿는 자에게 미치는 하나님의 의니 차별이 없느니라 모든 사람이 죄를 범하였으매 하나님의 영광에 이르지 못하더니 그리스도 예수 안에 있는 구속으로 말미암아 하나님의 은혜로 값 없이 의롭다 하심을 얻은 자 되었느니라"(롬 3:21-24).

"물과 피로 임"(요일 5:6)하신 예수님께서 우리와 같은 죄 덩어리들의 모든 죄와 허물을 온전히 없애 주신 것을 찬양합니다. 우리에게 완전한 하나님의 의를 입혀 주셔서 흰 눈같이 마음이 깨끗해진 의인으로 거듭나게 해 주신 하나님 아버지를 찬양합니다.

할렐루야! 아멘!

종교인 3
하나님의 이름을 팔아서
자기의 욕망을 채우는 자들

"화 있을찐저 이 사람들이여, 가인의 길에 행하였으며 삯을 위하여 발람의 어그러진 길로 몰려 갔으며 고라의 패역을 좇아 멸망을 받았도다"(유 1:11).

얼마 전 인터넷 신문을 보던 중에 "검찰, 조○○ 목사 불구속 기소"라는 제목의 기사를 보게 되었습니다. 그래서 제가 그의 사진을 포함한 기사 전문을 복사해서 제 블로그에 올렸더니, 네이버 측에서 아래와 같은 "게시중단 통지문"을 보냈습니다.

```
고객님께서 작성하신 게시물이 게시중단(임시조치) 되었습니다.
게시물 제목    종교인(3)-하나님을 빙자해서 자기의 욕망을 좇는 자들
사유          명예훼손/기타권리 침해 (게시물에 포함된 내용으로 인해 피해를 주장하는 당사자로부터 게시중단 요청 접수)
요청자        ○○○
일자          2013.07.19
본 게시물은 정보통신망 이용촉진 및 정보보호 등에 관한 법률 제44조의2(정보의 삭제요청 등)의 법령을 준수하기 위해 게시중단(임시조치) 되었음을 안내 드립니다.
```

참 기가 막힐 노릇입니다. 이미 신문에 게재되어서 만천하가 다 알고 있는 기사(記事) 내용을 인용한 것뿐인데 왜 조○○ 목사는 "명예 훼손"이란 사유로 게시를 중단해달라고 버젓이 자기 이름을 밝히면서 네이버 측에 요청했을까요? 그 사람도 자기나 자기 자녀들이 한 일이 부끄러운 일인 줄은 알고 있나 봅니다. 바쁘신 조○○ 목사님이 친히 인터넷을 검색해서 제 블로그의 관련 내용을 게시하지 말아달라고 요청했겠습니까? 자기에게 부정적인 여론을

차단하려고 적지 않은 아르바이트생들을 썼거나 그 목사에게 무조건 충성하는 "아멘 부대" 교인들을 동원해서 그런 일을 시켰을 것입니다.

제가 인용했던 신문의 기사는 "검찰은 조목사가 2002년 장남인 조○○ 전(前) ○○일보 회장의 아이○○○ 주식 25만주를 적정가(1주당 2만4000원)보다 더 비싼 주당 8만 7000원에 사도록 교회에 압력을 넣어 교회에 157억 원의 손해를 끼쳤다고 보고 있다. 조목사가 조 전회장과 함께 배임을 저지른 공범이라는 것이다"라는 내용이었습니다. 며칠 전에는 동일한 그 아들이 전(前) ○○당 여성 대변인 ○○씨와 불륜을 저질러 그 둘 사이에 11살 된 아들이 있는데, 조씨 측에서 약속한 양육비를 주지 않아서 ○○씨가 친자확인 소송을 제기했다는 "막장드라마" 같은 기사가 모든 언론의 헤드라인을 장식했습니다. 우리나라의 기독교를 대표하는 지도자 중 한 사람에 관한 추문을 듣고 예수님을 믿는 우리는 정말 부끄럽고 기가 막히지 않을 수 없습니다.

이와 같이 조○○ 목사는 자기 가족과 더불어서 온갖 불법을 저지르고 조세포탈, 불법 증여, 횡령과 배임의 혐의를 받고 있습니다. 그는 7-80년대 한국 기독교의 양적 성장을 주도했던 인물이고 세계적인 부흥 설교자로 명성을 날린 사람입니다. 그렇게 한때는 기독교인들의 추앙을 받던 분의 추악한 타락상을 보면서 저는 씁쓸한 마음을 금할 길이 없었습니다.

종교는 세속화(世俗化)와 제도화(制度化)의 수렁으로 빠져들어 갈 수밖에 없는 속성을 갖습니다. 진리의 복음을 잃어버린 기독교도 하나의 종교로 전락하면서 필연적으로 세속화(世俗化)가 진행될 수밖에 없었습니다. 한국 기독교에서는 더욱 두드러진 **세속화의**

현상은 이미 전 세계적으로 보편화된 사실입니다. 어떤 목회자들은 자기가 개척한 교회를 자기의 소유로 여겨서 팔기도 합니다. 그들은 십일조를 내는 교인의 수가 얼마인지, 주간 헌금이 평균적으로 얼마인지를 밝히고 자기 교회의 판매 가격을 결정해서 광고를 냅니다. 이제 기독교는 윤리적 관점에서조차 세상으로부터 그 존재의 이유와 가치를 잃어버렸습니다. 세속화된 기독교는 사회에서 더 이상 빛과 소금의 역할을 할 수 없습니다.

예수님께서 질책하셨듯이, 지금의 기독교회는 **"강도의 굴혈"**(막 11:17)이 되었습니다. 장사하는 교인들이 다른 지역으로 이사를 가면, 제일 먼저 대형교회를 찾아가서 신자 등록을 합니다. 새 신자로 등록한 장사꾼이 쥐어주는 두둑한 감사헌금 봉투를 받은 담임목사는 주일예배의 광고 순서에 만면에 미소를 띠우면서 대놓고 광고를 해 줍니다. "이번에 우리 지역으로 이사를 오셔서 우리 교회에 등록하신 김 아무개 집사님은 저 아래 OO사거리에 원조 OOO감자탕을 개업했습니다. 개업 예배는 금주 화요일 오전 11시입니다. 예배 후에 그곳에서 점심도 주신답니다. 많이 오셔서 기도해 주세요." 요즘 말로 가성비(價性比) 만점인 광고 방법입니다. 담임목사도 김 아무개 집사도 다 자기 수익을 충분히 챙긴 윈-윈(Win-win)의 비즈니스를 아주 잘 한 셈입니다.

이제 한국 사회에는 "교회도 하나의 기업이다"라는 인식이 보편화되어 있습니다. 교회가 기업입니까? 결코 그럴 수 없습니다. 그러나 세인(世人)들은 "그렇다"라고 대답합니다. 세속화된 교회는 이미 교회가 아닙니다. 그래서 한국의 네티즌들이 기독교를 "개독교"라고 비난하며 예수님까지 멸시하고 거룩하신 하나님을 능멸해도 한국의 기독교회는 유구무언(有口無言)이고 속수무책(束手無策)

일 수밖에 없습니다.

하나님의 교회는 만민의 기도하는 집입니다. 모든 영혼을 물과 성령으로 거듭나게 해서 영생에 들어가도록 인도하는 그리스도의 몸이 하나님의 교회입니다. 하나님의 교회에는 하나님의 마음에 연합한 종이 있고 하나님의 말씀에 순종하는 교회는 그리스어로 "에크레시아"(ἐκκλησία ekklēsia)인데, 이 말은 "밖으로 불러내다"라는 뜻입니다. 교회는 하나님께서 진리의 복음 말씀으로 거듭나게 하셔서 세상의 온갖 더러움에서 구별시킨 **"성도들의 모임"**입니다. 성도(聖徒)란 "물과 피의 원형복음을 믿어서 죄 사함을 받은 거룩한 무리"라는 뜻입니다. 성경은 **"고린도에 있는 하나님의 교회 곧 그리스도 예수 안에서 거룩하여지고 성도라 부르심을 입은 자들과 또 각처에서 우리의 주 곧 저희와 우리의 주 되신 예수 그리스도의 이름을 부르는 모든 자들"**(고전 1:2)이라고 하나님의 교회를 정의하고 있습니다. 하나님께서는 물과 성령으로 거듭난 의인들을 세상에서 불러내서 하나님의 보호와 다스림을 받게 하셨는데, 그것이 바로 하나님의 교회입니다.

그런데 현존하는 교회의 실상은 어떻습니까? 예수님의 이름을 빙자해서 세상보다 더 간교하고 사악하게 권력과 명예와 부를 추구하는 자들의 "고약한 모임"이 바로 이 세상의 교회들입니다. 예수님께서는 성전에 들어가셔서 환전상과 비둘기 파는 자들의 상을 엎으시면서, **"기록된바 내 집은 만민의 기도하는 집이라 칭함을 받으리라고 하지 아니하였느냐 너희는 강도의 굴혈을 만들었도다"**(막 11:17) 하고 통탄하셨습니다. 현재의 기독교회들이 바로 **"강도의 굴혈"**이 아닙니까?

기독교가 왜 이렇게 **"강도의 굴혈"**로 타락하게 되었습니까? 그것은 한마디로 말해서, 거듭나지 못한 자들이 교회의 지도자가 되었기 때문입니다. 거듭난 의인의 마음에는 주님께서 성령으로 임하셔서 왕으로 좌정하시기 때문에 의인들은 주님의 다스림을 받습니다. 그러나 거듭나지 못한 자들은, 입술로는 하나님을 찬양하고 예수님의 이름을 부르지만, 그 마음에는 세상의 가치들이 왕으로 자리 잡고 있습니다. 그러니 그들은 이 세상의 가치, 즉 돈과 명예와 권력을 따라갈 수밖에 없습니다. 예수님은 그런 자들에게 **"너희 아비는 마귀니라"(요 8:44)**고 책망하셨습니다. 마귀는 예수님을 시험할 때에도, 예수님이 자기에게 절하면 이 세상의 부와 명예와 권력을 다 주겠노라고 유혹했습니다. 자칭 하나님의 종이라고 자부하지만 사실은 거듭나지 못해서 사단의 지배를 받는 기독교 지도자들이 자기 아비인 사단 마귀의 달콤한 유혹의 덫에 걸려들어서 기독교를 이 지경으로 타락시켰습니다. 영적인 눈으로 교회사를 보면, 로마제국이 기독교를 국교로 공인한 **밀라노칙령(AD 313년)**은 결코 기독교의 승리가 아닙니다. 그 사건은 사단 마귀가 진리의 복음을 완전히 소멸시키고 교회를 자기 손에 완전히 장악한 사건이며, 교회가 제도화와 세속화의 길로 몰락하게 된 결정적 계기였습니다.

    유다서는 그러한 종교 지도자들을 **"삯을 위하여 발람의 어그러진 길"**로 간 자들이라고 지적합니다. 발람은 하나님의 이름을 빙자해서 삯(돈)을 얻고자 했던 타락한 선지자입니다. 발람(Balaam)은 모압 왕 발락(Balak)이 많은 재물로 유혹하며 이스라엘 족속을 저주해달라고 요청하자, 발람은 거절하지 않고 그의 요청에 응했습니다. 물론 발람이 입술로는 **"발락이 그 집에 은, 금을 가득히 채워서 내게 줄찌라도 내가 능히 여호와 내 하나님의 말씀을 어기어 덜하거나 더하지 못하겠노라"(민 22:18)**고 말했지만, 발람은 이미 발락이 약속한 금과 은에 마음을 빼앗겼기 때문에 발락이 보낸 자들을 따라나섰습니다. 하나님은 마음의 중심을 살피시는 분입니다. 발람이 삯을 위해서 하나님의 이름을 팔아먹었듯이, 오늘날에도 기독교는 발람처럼 돈을 밝히는 삯꾼들로 가득 채워졌습니다. 하나님의 이름을 빙자해서 자기의 욕망을 채우는 삯꾼 목사들이 판을 치는 곳이 오늘날의 기독교입니다. 이것이 세속화된 기독교의 실상(實像)입니다.

사도 바울은 진리의 복음을 배척하고 자기 욕망을 좇는 삯꾼 목자들을 주의하라고 경고하며, **"저희의 마침은 멸망이요 저희의 신은 배요 그 영광은 저희의 부끄러움에 있고 땅의 일을 생각하는 자라"**(빌 3:19)고 지적했습니다. 종교인들은 하나님의 이름을 빙자해서 자기의 욕망을 좇는 자들입니다. 그들은 땅에 속한 것들, 즉 **"육신의 정욕과 안목의 정욕과 이생의 자랑"**(요일 2:16)을 좇는 자들입니다. 그들의 신(神)은 자기의 배(육체)입니다. 혹시 여러분은 이 땅에서 잘 먹고 잘 살려고, 이 땅의 가치인 부와 명예와 권력과 쾌락을 마음껏 누리기 위해서 예수님의 이름을 부르지는 않습니까?

우리 모두는 "내가 왜 예수님을 믿는가?" 하고 진지하게 자문(自問)해 보아야 합니다. 그리고 만일 여러분이 **"육신의 정욕과 안목의 정욕과 이생의 자랑"**(요일 2:16)을 좇고 있다면, 여러분이 바로 외식하는 종교인이며 발람의 어그러진 길로 가고 있는 자입니다. 그렇다면 하나님을 경외하는 마음으로 자기의 참모습을 인정하고 속히 회개해야 합니다. 세속화된 종교인들은 회개하고 참된 믿음의 세계를 향해서 조속히 돌아서야 합니다. 그리고 무엇보다 먼저 불과 피의 원형복음으로 거듭나야만 합니다.

"오직 의인은 믿음으로 말미암아 살리라"(롬 1:17)고 말씀하셨습니다. 만일 여러분이 아직도 죄 사함을 받지 못해서 마음에 죄가 있다면, 여러분은 먼저 진리의 원형복음(原形福音)인 **"물과 피의 복음"**을 믿어서 죄 사함을 받고 의인으로 거듭나야 합니다. 그래야만 진정 신앙인들의 무리에 함께할 수 있고 참된 믿음의 여정(旅程)에 함께할 수 있습니다.

아멘!

"거짓 선지자들을 삼가라
양의 옷을 입고 너희에게 나아오나
속에는 노략질하는 이리라"
(마 7:15)

신앙인 3
하나님의 뜻에 순종하는 자들

"형제들아 내가 그리스도 예수 우리 주 안에서 가진바 너희에게 대한 나의 자랑을 두고 단언하노니 나는 날마다 죽노라"(고전 15:31).

거듭나지 못한 기독교인은 아무리 열심으로 하나님을 믿는다고 해도 종교인일 수밖에 없습니다. 종교인들은 하나님의 뜻이 무엇인지조차 알지 못하기 때문에, 절대로 하나님의 뜻에 순종할 수 없습니다. 그러나 진리의 복음을 믿음으로 거듭난 신앙인들은 하나님의 말씀 안에 거하기 때문에, 자기를 부르신 하나님의 뜻이 무엇인지를 알고 하나님께서 기뻐하시는 뜻을 좇습니다.

청년 사울(Saul)은 하나님을 향한 충정과 열정이 대단했습니다. 그는 초대교회 성도들을 박해하고 잡아들이는 일이 하나님의 뜻을 제대로 받드는 귀한 사역이라고 확신했습니다. 그래서 사울은 그 일에 매진했습니다. 그런데 사울이 대제사장의 승인을 얻어 저 멀리 다메섹(Damascus)에 있던 기독교인들을 잡아들이려고 이스라엘 국경을 넘어 다메섹에 거의 이르렀을 때에, 그는 부활하신 예수님을 만나게 되었습니다. 사울은 태양보다도 밝은 빛 가운데 나타나신 주님을 만났고, 주님의 인도로 하나님의 종 아나니아를 만나서 죄 사함을 받고 거듭나게 되었습니다. 그리고 그는 지금까지 자기가 목숨을 걸고 준행했던 사역이 하나님의 뜻을 대적하는 끔찍한 악행이었음을 깨닫게 되었습니다. 그리고 거듭난 사울은 이제 하나님의 뜻에 전적으로 자신을 복종시키는 **"예수 그리스도의 종"**으로 부르심을 받게 되었습니다.

진리의 복음 안에 충만한 하나님의 의를 믿음으로 거듭난 사도 바울은 자신을 항상 **"예수 그리스도의 종"**이라고 소개했습니다. 종(bondservant)이라는 말은 그리스어로 "둘로스"(δοῦλος, doulos)인데, 이 말은 "주인의 뜻에 전적으로 복종하고 주인의 처분에 온전히 맡겨진 자"란 뜻입니다. 고대의 노예제도에서는, 주인이 종을 죽이든 팔아 버리든 종은 주인의 처분에 아무 항변도 거부도 할 수 없었습니다. 즉, 주인의 뜻 앞에서 언제든지 자기의 뜻을 꺾어야 하는 존재가 종(bondservant)이었습니다.

바울은 부활하신 주님을 만나서 거듭난 후에 하나님의 종으로 자기를 규정하며 **"하나님의 뜻"**에 자기를 전적으로 순종시켰습니다. 그는 진리의 복음을 듣고도 육신의 욕망을 좇아가던 고린도 교인들을 향해서, **"형제들아 내가 그리스도 예수 우리 주 안에서 가진바 너희에게 대한 나의 자랑을 두고 단언하노니 나는 날마다 죽노라"**(고전 15:31) 하고 선언했습니다. 사도 바울은 에베소에서 있었던 한 사건을 상기하면서 **"나는 날마다 죽노라"**라고 고백했던 것입니다. 사도 바울이 에베소에서 복음을 전파하고 있을 때에 아데미(Artemis) 여신을 섬기던 에베소 사람들이 큰 소요를 일으켜서 바울의 동역자인 가이오와 아리스다고를 붙잡아 연극장으로 끌고 들어갔습니다. 바울은 두 동역자가 죽게 되었다는 소식을 듣고 극장으로 뛰어들어가려 했으나 다른 일꾼들이 바울을 극구 말렸습니다. 바울은 격정을 가라앉히고 "내가 지금 극장으로 뛰어들어가서 장렬히 전사하는 것이 하나님의 뜻인가? 아니면 동역자들을 구해 달라고 전능하신 하나님께 간구하고 복음의 전파를 위해서 한 발

물러서는 것이 하나님의 뜻에 순종하는 길인가?" 하고 차분하게 숙고해 보았습니다. 바울은 **"내가 범인처럼 에베소에서 맹수로 더불어 싸웠으면 내게 무슨 유익이 있느뇨"**(고전 15:32) 하며 끝내 자기의 생각을 꺾었습니다. 이렇게 하나님의 뜻 앞에서 자기의 생각을 꺾는 것이 **"날마다 죽는 의인의 삶"**입니다.

거듭난 의인이라도 아직 육신에 거하며 살아가야 합니다. 그리고 의인들의 육신에서도 육체의 욕망이 끊임없이 올라와서 하나님의 뜻을 거스릅니다. 하지만 다행히도 거듭난 자의 거룩해진 마음에는 성령님이 내주(來住)하십니다. 의인들은 성령의 깨닫게 하심으로 하나님의 뜻이 무엇인지 분명히 알기 때문에, 거듭난 성도는 하나님의 뜻 앞에서 자기의 옳음과 고집과 욕망을 부인하게 됩니다. 그리고 거듭난 의인만이 성령의 도우심으로 하나님의 뜻에 자원하여 순종함으로 하나님께서 기뻐하시는 **"예수 그리스도의 종"** 이 될 수 있습니다.

하나님의 뜻이 무엇입니까?

교인들을 끌어모아서 궁궐 같은 예배당을 건축하고 그것을 하나님께 봉헌하는 것이 하나님의 뜻입니까? 하나님의 뜻은 **"모든 사람이 물과 성령으로 거듭나서 하나님의 자녀가 되게 하는 일"**입니다. 그런데 거듭나지 못한 자들은 영적 소경들이기 때문에 하나님의 뜻이 무엇인지 알지 못합니다. 그들은 외식하는 종교인들입니다. 그들은 사람이 어떻게 거듭나는지를 전혀 모릅니다. 그러니 어떻게 하나님의 뜻을 좇을 수 있겠습니까? 그래서 종교인들은 자기의 욕망을 하나님의 뜻인 양 포장해서 자기의 욕망을 이루려고 합

신앙인 3 - 하나님의 뜻에 순종하는 자들

니다. 저는 최근에 한 일간신문에서 아래와 같은 기사를 보았습니다.

"수도권 대형교회 포함 62곳 교회세습"

[중앙일보] 입력 2013.07.04 00:40 / 수정 2013.07.04 00:59

개신교 세습반대연대 주장
해당 교회 "음해세력 있는 듯"

서울의 명성교회와 임마누엘교회·연세중앙교회, 평촌의 새중앙교회, 부천의 처음교회와 인천순복음교회…. 교인 수 1만 명이 넘는 서울·경기 지역의 대표적 대형 교회들이 아들이나 사위에게 교회 세습을 추진하고 있다는 의혹이 제기됐다.

지난해 11월 발족한 개신교 연합단체 교회세습반대운동연대(세반연)는 3일 기자회견을 열고, 세습이 확인된 교회 62곳의 명단과 현재 세습이 진행 중인 것으로 파악된 교회 22곳의 명단을 발표했다. 세반연은 "올 3월부터 접수받은 제보 내용을 바탕으로 해당 교회의 공식 해명 등 심도 있는 확인 작업을 거친 결과"라고 설명했다. 이번 목록에는 개신교 주요 교단의 대형 교회가 상당수 포함돼 있다. <표 참조>

개신교 교회세습반대운동연대가 세습 의혹을 주장한 대형 교회 ※자료:교회세습반대운동연대

교회 이름	교인 수	담임목사	후임 예정 목사	세습 내용
명성교회 (서울 명일동)	1만 명 이상	김삼환	김하나(아들)	경기도 하남에 지교회를 설립해 아들 김하나 목사 일정 기간 사역하도록 한 뒤 서울 명성교회를 세습하려 한다는 의혹 제기
새중앙교회 (안양)	1만 명 이상	박중식	황덕영(사위)	황덕영 목사 주일예배 설교. 사실상 사위 세습을 준비하고 있다는 의혹
처음교회(부천)	1000~5000명	윤대영	윤택한(아들)	차남 윤택한 목사, 부목사로 사역 중. "세습 아니다"라고 공식 부인
인천순복음교회	1만 명 이상	최성규	최용호(아들)	아들 최용호 목사, 부목사로 사역 중
임마누엘교회	1만 명 이상	김국도	김정국(아들)	세습 문제가 부각되자 중단. 교회 홈페이지에는 아들 김정국 목사가 담임목사로 표기
연세중앙교회	1만 명 이상	윤석전	윤대곤(아들)	아들 윤대곤 목사 청년부 담임목사. 세습 의혹에 대해 답변 기피

서울 명일동의 명성교회는 등록 교인이 10만 명이 넘는 서울 강동지역의 대형교회다. 세반연에 따르면 김삼환 담임목사는 아들 김하나 목사에게 교회를 물려주려 하고 있다. 김하나 목사는 현재 명성교회 부목사다. 예장통합 교단 교회법에 따라 부목사가 위임(담임)목사를 바로 승계할 수 없기 때문에 이 규정을 피하기 위해 경기도 하남에 지교회를 설립해 여기서 일정기간 시무토록 한 뒤 명성교회를 물려줄 계획이라는 게 세반연의 분석이다. 세반연 측은 "교회 내에서 상당히 중심적인 위치에 있는 사람이 세습 움직임을 제보했다"고 밝혔다. 이에 대해 한 명성교회 관계자는 "교회는 전혀 그럴 생각이 없다. 논의조차 되지 않고 있다"고 밝혔다.

서울 궁동에 있는 연세중앙교회는 침례교단 중 최대 규모다. 주일 예배 출석 교인이 수만 명 규모다. 이 교회 윤석전 담임목사의 아들 윤대곤 목사는 현재 청년부 담당목사로 시무하고 있다. 한 교회 관계자는 세습 의혹에 대해 "그런 사실이 없다. 교회가 크다 보니 음해세력이 있다"고 말했다.

세반연 실행위원장 방인성 목사는 "이들 대형교회의 세습 의혹은 가벼운 문제 제기가 아니다. 여러 정황상 세습이 분명히 진행되고 있다고 파악된 경우"라며 "실명 공개에 대한 부담이 있지만 대형교회가 세습을 강행할 경우 한국 교회는 희망이 없다고 생각했다"고 주장했다.

세반연은 또 세습이 확인된 교회 62곳 가운데 담임목사가 한기총 회장을 지낸 교회가 4곳, 교단 총회장을 지낸 교회가 14곳, 감리교 감독을 지낸 교회가 10곳인 것으로 파악됐다고 밝혔다.

신준봉 기자

목회자가 교회를 기업화하고 대형화해서 자기 자식에게 물려주는 것이 하나님의 뜻입니까? 예배당을 크고 화려하게 지어서 그 엄청난 부와 권력을 자기 자식에게 대물림하는 것은 결코 하나님의 뜻이 아닙니다. 예수님을 믿으면 사업이 잘되고, 자식들이 잘되고, 자신은 무병장수의 현세적(現世的)인 축복을 받는다고 사람들을 꼬드겨서 그들을 더 지독한 야바위꾼들로 만드는 것이 하나님의 뜻입니까? 결코 아닙니다. **"화 있을찐저 외식하는 서기관들과 바리새인들이여 너희는 교인 하나를 얻기 위하여 바다와 육지를 두루 다니다가 생기면 너희보다 배나 더 지옥 자식이 되게 하는도**

다"(마 23:15)라고 주님은 책망하셨습니다. 그런데 오늘날의 한국 교회는 대놓고 이런 짓을 하고 있습니다. 이런 일을 행하는 거짓 목사들이나 그런 자들 아래서 전자동으로 "아멘"을 외치는 우리나라 기독교인들의 작태를 보면 너무나 안타깝고 참담합니다.

주님은 "**너희는 먼저 그의 나라와 그의 의를 구하라**"(마 6:33)고 명령하셨습니다. 참 신앙인은 하나님의 뜻을 먼저 추구하며 하나님의 선하신 뜻 앞에서 자기 생각을 부인합니다. 주님께서는 또 "**나를 따라오려거든 자기를 부인하고 자기 십자가를 지고 나를 좇을 것이니라**"(막 8:34)고 제자들에게 말씀하셨습니다. 누구든지 하나님의 뜻을 좇으려면, 먼저 하나님께서 우리에게 주신 진리의 원형복음인 "**물과 피의 복음**"을 믿어서 거듭나야 합니다. 누구든지 죄 사함을 받고 거듭나야만 영적인 눈이 열려서 무엇이 하나님의 뜻인지 올바로 분별하게 됩니다. 또한 거듭난 의인은 하나님의 뜻에 복종하는 삶이 가장 복된 삶이라고 확신합니다. 그렇기에 의인들은 하나님의 뜻 앞에서 자원함과 기쁨으로 자기 생각을 부인할 수 있습니다.

하나님 앞에서 정직한 심령만이 하나님의 성산(聖山)에 오른다고 성경은 말씀합니다. 여러분도 "혹시 나는 내 욕망을 하나님의 뜻이라고 포장해서 내 뜻을 추구하는 종교인은 아닌가?" 하고 정직하게 자문(自問)해 보아야 합니다.

하나님의 뜻을 받들기 위해서 자기의 생각과 옳음과 욕망을 부인하는 자가 참 신앙인입니다.

종교인 4

고라의 패역을 좇아 당을 짓는 자들

"화 있을찐저 이 사람들이여, 가인의 길에 행하였으며 삯을 위하여 발람의 어그러진 길로 몰려갔으며 고라의 패역을 좇아 멸망을 받았도다"(유 1:11)

거의 모든 기독교 종교인들은 파당(派黨)을 짓고 그 안에 안주하려는 교단주의자들입니다―"**이 사람들은 당을 짓는 자며 육에 속한 자며 성령은 없는 자니라**"(유 1:19). 교단주의자들은 추호의 의심도 없이 자기가 속한 교단이 정통(正統)이라고 확신합니다. 그러나 결론부터 말하자면, "우리 교단만이 정통이다"라고 주장하는 모두 교단주의자들은 정통이 아니라 이단(異端)입니다. 어떤 교단만이 정통일 수는 없습니다. 유일한 정통은 예수 그리스도의 진리의 복음으로 거듭난 성도들의 모임뿐입니다. 현존하는 모든 교단은 "인간에 의한, 인간을 위한, 인간의" 산물(産物)입니다. 우리 주 예수 그리스도는 절대로 교단을 세우시지 않았습니다.

개신교(改新敎, Protestantism) 안에서 소위 정통이라고 주장하는 교단과 교파들의 발원(發源)을 찾아 올라가 봅시다. 그들의 역사가 얼마나 되었을까요? 종교개혁의 선구자로 인정받고 있는 존 위클리프(John Wycliffe)가 활동했던 1,300년대 초까지 거슬러 올라가도 개신교의 역사는 기껏해야 700여 년입니다. 현존하는 개신교 교단과 관련이 있는 대표적인 종교개혁자들의 생존 연대를 보십시오. 마틴 루터(1483~1546), 울트리히 쯔빙글리(1481~1531)나

장로교의 창시자로 꼽히는 존 칼빈 (1509~1564) 등은 기껏해야 500년 전의 사람들입니다. 감리교단의 창시자로 추앙받는 요한 웨슬레(1703~1791)는 겨우 300년 전의 사람입니다. 그러니 장로교회는 겨우 500년, 감리교회는 겨우 300년의 역사를 "자랑"하는 셈입니다. 저는 현존하는 개신교회 교단(敎團)들의 역사가 짧다는 것을 문제 삼는 것이 아닙니다. 문제가 되는 것은 모든 교단들은 사람에 의해서 "만들어진"(fabricated) 것이라는 사실입니다. 그리고 하나의 교단이나 교파가 형성되는 과정을 보면 참으로 어처구니가 없다는 사실을 한 예화를 들어서 설명하겠습니다.

경건주의(敬虔主義)를 지향하는 중동(中東)의 한 종교가 있었습니다. 이 종교는 순백의 털에 파란 눈을 가진 페르시아 고양이를 매우 신성시(神聖視)하는데, 그렇게 된 연유를 알고 나면 실소(失笑)를 금할 수 없습니다. 이 경건한 종교의 창시자는 오랜 금욕적 수도생활로 자기의 욕망을 철저하게 억제할 수 있는 탈아(脫我)의 경지에 이르렀다고 합니다. 그래서 많은 추종자들이 모여들어 거대한 종교집단을 이루게 되었습니다. 그런데 그 교주(敎主)는 순백의 털에 파란 눈을 가진 페르시아 고양이를 너무 좋아해서 항상 이 고양이를 품에 안고서 설교를 했답니다. 그리고 그 교주는 자신이 설교를 하지 않을 때에는 반드시 자기의 책상 다리에 그 고양이를 묶어 두었답니다.

그 교주는 많은 추종자들에게 그렇게 존경을 받다가 늙고 병들어 죽었습니다. 그래서 수제자 한 사람이 그의 자리를 계승해서 그 종교의 2대 교주가 되었습니다. 그런데 심각한 문제가 발생했습니다. 그 계승자는 죽은 스승의 교훈과 정신을 그대로 전수받았고 자기를 철저히 수련하며 초대 교주와 동일한 경건함으로 설교를 했는데도, 그렇게 신실했던 교인들은 그의 설교에 전혀 감동을 받지 못했고 많은 교인들이 그 모임을 떠나가기 시작했습니다. 그래서 제 2대 교주는 심각하게 고민하며 곰곰이 생각을 해 보았습니다. "도대체 나에게 무엇이 문제인가? 스승님의 가르침과 나의 가르침이 도대체 무엇이 다르다는 말인가? 아무것도 차이가 없는데 왜 내 설교를 듣는 교인들은 감동을 받지 않는 것일까?"

그 종교집단의 제 2대 교주는 오랜 고민과 성찰 끝에 스승님과 자기 사이에 아주 중대한 차이점 하나를 발견했습니다. 그는 "아! 그 고양이! 순백의 털과 파란 눈을 가진 그 페르시아 고양이!" 하며 자기의 무릎을 탁 쳤습니다. 스승님이 설교하는 동안에 미동도 하지 않고 무념무상의 맑은 눈으로 우리를 바라보던 그 고양이가 스승님의 품에는 항상 있었습니다. 그래서 그 2대 교주는 자기의 제자들을 보내서 스승님이 키우던 것과 똑같이 생긴 고양이를 구해 오게 했답니다. 그리고 그 고양이를 품고서 설교를 했던 첫날에 그 2대 교주는 돌아가신 스승님께서 받았던 존경과 감격으로 가득 찬 교인들의 눈길을 처음으로 느꼈답니다. 그리고 그 이후로 흰털-파란 눈의 고양이는 그 종교집단에서 존엄하고도 불가결한 존재로 자리 잡게 되었답니다.

그 후로 오랜 세월이 지나면서 흰털-파란 눈의 페르시아 고양이는 그 경건한 종교집단 내에서 점차로 신의 현현(顯現)으로 인식되었습니다. 그 종교가 세운 신학교의 연구 논문은 이런 제목들로 넘쳐나게 되었답니다—"하얀 고양이 신론"(神論), "하얀 고양이 신(神)이 설교 안에서 역사하는 능력," "설교가 없을 때에는 하얀 고양이 신을 꼭 책상 다리에 묶어야 하는 이유", "하얀 고양이 신(神)의 강림에 관하여" 등등. 그리고 치열한 교권 투쟁 기간을 거치면서 많은 세월이 지난 후에는 그 경건 종교는 '하얀 고양이 교단," "검정 고양이 교단,""갈색 고양이 교단" 등으로 나누어져서 오늘에까지 이르렀고, 지금도 서로 정통이라고 우기며 피 터지게 싸우고 있답니다. 참으로 웃지 못할 우화이지만, 시사하는 점이 많은 이야기입니다.

고라의 패역함을 좇는 교단주의자들

성경은 교단주의자들을 일컬어 **"이 사람들은 당을 짓는 자며 육에 속한 자며 성령은 없는 자니라"**(유 1:19)고 정의합니다. 또 이들은 **"고라의 패역을 좇아 멸망을 받았도다"**(유 1:11)라고도 말씀합니다. 고라(Korah)는 어떤 자입니까? 고라는 레위 자손 중의 한 사람인데 모세와 아론의 지위를 시기하여 다단과 아비람 같은 몇몇 유력 인사들을 충동질하여 자기의 추종세력인 이스라엘 족장 250인과 함께 하나님의 종 모세와 아론을 축출하려고 했던 인물입니다(민수기 16장 참조). 즉, 자기가 대제사장이 되려는 욕망을 이루려고 자기를 추종하는 무리를 규합해서 당파를 만들고 모세와 아론을 대적했던 인물이 고라(Korah)입니다. 그런데 하나님께서는 땅이 입을 벌리게 해서 고라뿐만 아니라 그와 작당했던 250명의 대적자들을 단숨에 삼켜 버리게 하셨습니다.

당(黨)을 짓는 자들은 교만, 즉 자기를 높이려는 욕망을 좇는 자들입니다. 기독교인 중에는 교인들에게 존경을 받으려고 신학교에 들어가는 자들이 많습니다. 그들은 전도사님이 되고 목사님이 되었다기 끝내는 한 교난의 총회장이 되어서 모든 권세와 영광을 누리고자 하는 자들이 현대판 고라(Korah)입니다. 종교화된 기독교의 치부를 들여다보면 정치판보다 더 더럽고 역겨운 장면들을 종종 보게 됩니다. 기독교의 각 교단들이 총회장 선거를 치를 때에는 대의원들에게 돈봉투를 돌리는 일까지 있었습니다. 그렇게 타락한 선거에서 패배한 어떤 후보자가 선거 결과에 승복하지 않고 폭력배들을 동원해서 난투극을 벌여서 총회 회의장이 난장판이 되었다는 신문기사도 있었습니다. 낙선한 목사는 결국 "총회장 당선무효 가처분 신청서"를 법원에 제출해서 교권 투쟁이 세상의 법정으로까지 번졌습니다.

초대교회 시절에도 비슷한 일이 벌어졌었습니다. 고린도교회의 교인들은 각기 당파(黨派)를 지어서 **"나는 바울에게, 나는 아볼로에게, 나는 게바에게, 나는 그리스도에게 속한 자라"**(고전 1:12)고 주장하며 서로 다투는 지경에 이르렀습니다. 고린도교회에서 발생한 당파 싸움도 서로 높아지고자 하는 욕망에서 비롯된 것입니다. 이 세상 사람들은 높은 지위를 이용해서 부와 권세와 명예를 추구하는데, 거듭나지 못한 채 교회에 **"가만히 들어 온 사람"**(유 1:4)들이 고린도교회에 당파를 만들었습니다. 그들은 입술로만 예수님을 믿는 기독교 종교인들입니다. 종교인들은 자기의 종교집단 안에서 감투를 쓰는 것을 큰 영광으로 압니다. 그들은 또한 감투라는 미끼로 자기의 추종자들을 다스리고 조종(操縱)합니다. 총회장님, 노회장님, 감독님, ○○위원장님, 목사님, 전도사님, 장로님, 권사님, 안수집사님, 서리집사님, 속회장님 등등……아마 감투의 종류와 숫자가 가장 많은 곳이 기독교라는 종교집단일 것입니다. 그러나 성경은 감투를 이용해서 사람들의 마음을 사로잡고 자기의 종으로 삼는 자들에게 화(禍)가 있다고 경고합니다: **"주 여호와의 말씀에 사람의 영혼을 사냥하고자 하여 방석을 모든 팔뚝에 꿰어 매고 수**

건을 키가 큰 자나 작은 자의 머리를 위하여 만드는 부녀들에게 화 있을찐저"(겔 13:18).

종교인들은 존경과 칭찬을 받기 위해서 예수님을 믿지만 참 신앙인인 우리는 영생의 구원을 얻기 위해서 예수 그리스도를 믿습니다. 그리고 참 신앙인들은 다른 이들에게도 구원의 은총을 입히기를 원하시는 하나님의 뜻에 순종해서 복음 전파의 일에 자신을 드립니다. 그런데 이렇게 당을 짓는 자들은 자기 자신이나 다른 영혼들의 구원에는 관심이 없고 육신의 욕망만 좇는 자들이니, 사람들이 그런 자들 밑에서 어떻게 죄 사함을 받고 성령을 선물로 받겠습니까? 그래서 성경은 그런 교단주의자들을 일컬어, **"이 사람들은 당을 짓는 자며 육에 속한 자며 성령은 없는 자니라"**(유 1:19)고 말씀합니다.

어떤 기독교인들은 "나는 모태신앙(母胎信仰)입니다"라고 자랑합니다. 자기가 태중의 태아 때부터 예수님을 믿었다는 말인데, "나는 어머니의 뱃속에 있을 때부터 덩달아서 교회에 다녔던 종교인입니다"라는 뜻이겠지요. 나는 그런 이야기를 들을 때마다 "우물 안 개구리"라는 말이 생각납니다. 어떤 어린이가 논에서 개구리 알을 주어다가 우물에 던져 넣었더니 그 알들이 부화되어 올챙이들이 나왔습니다. 그 올챙이들은 곧 개구리로 변했고 우물 안에서 짝 짓기를 하고 알을 낳으며 대대로 그 우물 안에서 살았습니다. 태어날 때부터 우물 안에서 살아온 그 개구리들은 그 우물 안이 세상의 전부라고 믿었습니다. 하늘은 저 위에 동그랗게 있고 그 우물 안에도 낮과 밤이 있으며 비도 오고 눈도 내렸습니다. 그 개구리들은 자기들이 온 세상을 속속들이 다 안다고 확신했습니다. 그러나 "우물 안 개구리"라는 말처럼, 그들이 아는 세상은 그저 우물 안의 작은 세계일 뿐입니다. 그들은 우물 밖에 엄청나게 광활한 세계가 있다는 사실을 전혀 상상도 못합니다.

교단주의자들은 우물 안 개구리처럼 자기 교단만이 정통이라고 확신하며 또한 자기가 아는 영적 세계가 전부인 줄로 착각하고 살아갑니다. 그러나 우리를 천국 영생에 들어가게 하는 진리의 말씀은 특정 교단의 교리나 신조(信條)가 아니라 **진리의 원형복음**입니다. 우리 모두는 지옥에 갈 수밖에 없는 죄인들이었는데, 하나님께서 우리를 지극히 사랑하셔서 당신의 외아들을 아낌없이 우리 인류의 대속제물(代贖祭物)로 내어 주셨기에, 우리는 예수님께서 당신의 몸으로 드려 주신 **"한 영원한 제사"**(히 10:12)를 믿음으로 값없이 **"죄 사함으로 말미암는 구원"**(눅 1:77)을 받게 되었습니다. 누구든지 예수 그리스도 앞에 나와서 자기의 죄악된 참모습을 정직하게 인정하고, "주여, 저는 죄인입니다. 저를 불쌍히 여겨 주시옵소서" 하고 주님의 은혜를 구하면, 우리 주님은 그런 영혼에게 **물과 피의 원형복음**을 들려주십니다. 그리고 주님은 믿는 자들에게 **"소자야, 네 죄 사함을 받았느니라"**(막 2:5) 하고 선포하시며 그들을 천국 영생으로 인도하실 것입니다.

당신은 거미줄에 걸린 나비처럼 교단주의의 덫에 걸려서 허우적거리고 있지는 않습니까? 그렇다면 당신도 **물과 피의 원형복음**을 믿음으로 죄 사함을 받고 진정한 자유와 영원한 생명을 누리시기를 바랍니다. 주님께서는 **"너희가 내 말에 거하면 참 내 제자가 되고 진리를 알찌니 진리가 너희를 자유케 하리라"**(요 8:31-32)고 말씀하십니다.

할렐루야!

"예수께서 가라사대
너희가 소경 되었더면
죄가 없으려니와
본다고 하니
너희 죄가 그저 있느니라"
(요 9:41)

신앙인 4
하늘 위의 것들을 사모하는 자들

"그리스도 예수의 사람들은 육체와 함께 그 정과 욕심을 십자가에 못 박았느니라"(갈 5:24).

신앙인은 예수님이 요단강에서 받으신 세례와 십자가의 피의 능력을 믿음으로 자기의 모든 죄가 흰 눈같이 씻어진 의인(義人)들입니다. 예수님께서 **"물과 피로 임"**(요일 5:6)하셔서 우리의 모든 죄를 완벽하게 없애 주셨다는 **"물과 피의 복음"**이 그들의 마음에 역사해서 그들이 의인으로 거듭나게 하기 전에는, 그들도 **"죄와 사망의 법"**(롬 8:2) 아래서 탄식할 수밖에 없었습니다. 우리 인간은 죄 덩어리로 태어나서 평생에 미친 마음을 품고 죄만 짓다가 끝내 지옥에 떨어져야 할 존재들입니다. **"죄와 사망의 법"**은 범죄한 아담의 후손이 결코 피할 수 없는 숙명(宿命)이었습니다. 그런데 **"그리스도 예수 안에 있는 생명의 성령의 법"**(롬 8:2)이 모든 인류를 **"죄와 사망의 법에서 해방"**시켜 주었습니다. 심지어 사단 마귀조차도 "나는 네가 한 일들을 다 알고 있는데, 어떻게 너에게 죄가 없겠느냐?" 하고 우리를 참소할 수 없도록, 하나님께서는 우리를 **"결코 정죄함이 없는"**(롬 8:1) 완벽한 의인(義人)들로 만들어 주셨습니다. 예수 그리스도께서 완성시켜서 우리에게 선물로 주신 **"생명의 성령의 법"**이 사단 마귀가 우리 모든 인류에게 주입한 **"죄와 사망의 법"**을 완벽하게 무효화(無效化)시켜 버렸습니다.

주님께서 요단강에서 인류의 대표자인 세례 요한에게 안수(按

手)의 형식으로 받으신 세례는 주님께서 우리의 죄뿐만 아니라 우리의 정(情)과 욕심, 즉 우리 옛사람의 모든 연약과 부족도 다 넘겨받으신 능력의 세례입니다. 주님께서 받으신 세례로 우리의 옛사람은 주님과 연합하게 되었습니다. 예수님의 세례로 우리가 주님과 하나가 되었기에, 우리의 죄의 몸(옛사람)이 예수님의 죽으심과 함께 이미 십자가에서 죽었습니다. 그래서 다시는 우리가 죄의 종노릇을 하지 않도록 주님께서 우리를 구원해 주셨습니다. **"물과 피로 임"**(요일 5:6)하신 주님께서는 우리를 **"죄와 사망의 법"**에서 완벽하게 해방시켜 주셨습니다.

로마서 6장의 말씀이 이 사실을 증거합니다. "그런즉 우리가 무슨 말 하리요 은혜를 더하게 하려고 죄에 거하겠느뇨 그럴 수 없느니라 죄에 대하여 죽은 우리가 어찌 그 가운데 더 살리요 무릇 그리스도 예수와 합하여 세례를 받은 우리는 그의 죽으심과 합하여 세례 받은 줄을 알지 못하느뇨 그러므로 우리가 그의 죽으심과 합하여 세례를 받음으로 그와 함께 장사되었나니 이는 아버지의 영광으로 말미암아 그리스도를 죽은 자 가운데서 살리심과 같이 우리로 또한 새 생명 가운데서 행하게 하려 함이니라 만일 우리가 그의 죽으심을 본받아 연합한 자가 되었으면 또한 그의 부활을 본받아 연합한 자가 되리라 우리가 알거니와 우리 옛 사람이 예수와 함께 십자가에 못 박힌 것은 죄의 몸이 멸하여 다시는 우리가 죄에게 종노릇 하지 아니하려 함이니 이는 죽은 자가 죄에서 벗어나 의롭다 하심을 얻었음이니라"(로마서 6:1-7).

『흠정역 성경』(King James Version)에는, **"예수와 합하여 세례를 받았다"**라는 말씀이 **"예수님 안으로 들어가는 세례를 받았다"**라고 번역되어 있습니다. 사도 바울은 예수님께서 세례를 받으심으로 자기의 옛사람이 예수님 안으로 들어가서(being baptized into Christ, KJV) 예수님과 연합되었기 때문에, 예수님께서 십자가에서 돌아가실 때에 이미 자기도 주님과 함께 죽었다고 확신했습니다. 그래서 바울은, **"내가 그리스도와 함께 십자가에 못 박혔나니 그런즉 이제는 내가 산 것이 아니요 오직 내 안에 그리스도께서 사신 것이라 이제 내가 육체 가운데 사는 것은 나를 사랑하사 나를 위하여 자기 몸을 버리신 하나님의 아들을 믿는 믿음 안에서 사는 것이라"**(갈 2:20)고 간증했습니다.

사도 바울은 무슨 근거로 자기의 옛사람이 이미 십자가에서 예수님과 함께 죽었다고 확신할 수 있었겠습니까? 안수(按手)는 사람의 죄를 흠 없는 희생제물에게 넘기는 하나님의 공의(公義)한 법입니다. 바울은 예수님께서 여자의 몸에서 난 자 중에 가장 큰 자인 세례 요한에게 안수(按手)의 형식으로 세례를 받으심으로 우리 모든 인류의 죄와 연약을 다 넘겨받았다는 사실을 믿었습니다. 예수님께서는 요단강에서 세례를 받으시기 직전에, 세례 요한에게 **"이제 허락하라 우리가 이와 같이 하여 모든 의를 이루는 것이 합당하니라"**(마 3:15)고 명령하셨습니다. 이 세상에 모든 의(義)가 이루어지려면 이 세상의 모든 죄(罪)가 예수님에게 다 넘어가야만 했습니다. 그러므로 예수님께서 인류의 대표자인 세례 요한에게 받으신 세례는 세상의 모든 죄를 흠 없는 어린양으로 오신 예수님에게 전가(轉稼, 옮겨 심음)시키는 하나님의 역사였습니다. 우리의 모든 죄가 인류의 대표자(마 11:11)이며 대제사장 아론의 후손(눅 1:5)인 세례 요한의 안수를 통해 예수님에게 단번에 옮겨졌고 주님의 육체에 심어졌습니다. 그래서 세례 요한은 예수님에게 세례를 베푼 이튿날에 예수님을 가리키며, **"보라 세상 죄를 지고 가는 하**

나님의 어린양이로다"(요 1:29)라고 자기의 제자들에게 선포했습니다.

사도 바울처럼 예수님의 세례의 능력을 믿는 참 신앙인들은 자신들의 옛사람도 예수 그리스도와 함께 이미 십자가에 못 박혀 죽었다는 사실을 믿습니다. 그리고 그들은 지금 부활하신 주님 안에서 함께 부활하여 새 생명 가운데 살고 있다는 사실을 믿습니다. 죄인이 **"물과 피의 복음"**을 믿어서 죄 사함을 받고 의인이 되는 역사가 바로 **"거듭남"**입니다. 예수님께서 요단강에서 받으신 세례의 능력을 빼놓고 예수님의 피만 믿어서는 자기의 모든 죄가 흰 눈같이 씻어지는 거듭남의 역사는 결코 맛볼 수 없습니다. 물론 자신을 희생하고 헌신해서 소외된 사람들을 돌보는 선한 종교인들도 많이 있습니다. 그들의 희생과 봉사는 귀한 것입니다. 그러나 하나님께서 그들이 선한 행위를 보시고 "너는 의롭다"라고 인정하실 것 같습니까? 인간의 의(義)는 사람의 눈에나 거룩하고 선하게 보이지, 하나님의 눈에는 다 헌 옷과 같이 거짓되고 더러운 것입니다(사 64:6).

죄 사함을 받지 못한 사람이 기독교라는 종교에 빠져들면 맹신적 추종자가 되거나 외식(外飾)하는 현대판 바리새인이 될 수밖에 없습니다. 그리고 종교 지도자들은 자기를 추종하는 맹신자들을 그루밍(grooming)해서 얻은 돈과 명예와 권력으로 타락할 수밖에 없습니다. 사람이 얼마나 어리석은지 아십니까? 여신도 강간죄로 10년 형을 받고 복역 중인 정○○라는 교주가 있습니다. 주로 대학가에 파고들었던 그 교주의 재판 과정에서 밝혀진 바에 의하면, 수많은 여대생들이 그 교주 목사에게 자의(自意)로 몸을 바쳤다는 증언들이 수두룩합니다. 어리석은 인간들이 만든 종교는 결국 육체의 욕망을 좇아 타락하게 되어 있습니다. 종교인들은 자기의 마음에서 끊임없이 일어나는 정과 욕심을 결코 이길 수 없습니다.

그러나 물과 성령으로 거듭난 의인은 자기 마음에 임하신 성령으로 말미암아 세상을 이깁니다. 의인들도 아직 육신 가운데 살고 있기 때문에 육신에는 여전히 연약한 부분이 있지만, 그들의 영이 하나님의 성령과 연합하여 하나님의 말씀을 믿음으로 좇아 나아가기 때문에 자기의 생각을 부인하고 먼저 그 나라와 그의 의(義)를 구하게 됩니다. 참 신앙인은 구세주 예수 그리스도의 사랑을 입어서 죄 사함을 받은 자들이기에, 그들은 주님의 은혜에 감사해서 주님의 뜻을 좇는 일에 자원함으로 자기 생애의 남은 때를 드립니다. 그래서 신앙인은 "이것이 진정 주님의 뜻인가?" "이 일이 주님께서 기뻐하시는 일인가?" 하고 늘 자문합니다. 그리고 어떤 일이 하나님의 뜻이라고 확신하면 그 뜻을 대적하는 자기 생각을 부인하고 하나님의 뜻에 순종합니다. 그것이 **"나는 날마다 죽노라"**(고전 15:31)고 고백한 바울의 믿음이며 거듭난 모든 신앙인들이 자기의 삶을 결정하는 방식입니다.

신앙인은 하나님의 말씀을 믿기 때문에, 이 세상에 있는 모든 것, 즉 **"육신의 정욕이나 안목의 정욕이나 이생의 자랑"**(요일 2:16)을 다 헛되게 여깁니다. 그래서 참 신앙인은 하늘 위의 것에 온 마음을 두고 이 땅에서는 나그네와 행인처럼 살아갑니다. 아직 탈바꿈을 하지 못한 굼벵이는 아무리 용을 써도 창공을 날 수 없습니다. 굼벵이는 흑암의 땅속에서 살아가는 벌레일 뿐 결코 매미가 아니기에 창공을 날거나 노래할 수 없습니다. 그와 같이 물과 성령으로 거듭나지 못한 종교인들은 결코 신앙인들이 누리는 광명한 영적 세계를 맛보거나 누릴 수 없습니다. 아무리 남을 구하기 위해서 불속에 뛰어들고 자기의 재산을 다 팔아서 가난한 자들에게 나누어 주었을지라도 죄 사함을 받지 못한 자는 그저 한 사람의 종교인일 수밖에 없습니다.

종교인은 자신의 정과 욕심이 죽지 않고 고스란히 살아 있기 때문에 결국 하나님의 뜻을 빙자해서 자기의 욕망을 추구합니다. 그러나 신앙인은 자신을 위해 목숨까지 내어 주신 예수 그리스도의 뜻이 무엇인지를 알기에, 주님의 기뻐하시는 뜻을 위해 자기의 모든 것을 아낌없이 드립니다. 베다니(Bethany)의 마리아는 자기의 전 재산인 향유 옥합을 깨뜨려 예수님의 발에 부어서 주님의 장례를 예비했지만, 탐욕으로 가득 찬 가룟 사람 유다는 300데나리온 어치나 되는 그 향유가 허비(虛費)되었다고 안타까워하며 그녀를 비난했습니다. 안수의 형식으로 받으신 세례로 자기와 같은 비참한 죄인의 모든 죄를 다 담당하시고 이제 십자가에 오르실 예수님의 사랑이 너무나 감사했기에, 마리아는 예수님의 발에 향유를 붓고 눈물로 주님의 발을 적시며 자기의 머릿결로 주님의 발을 씻겨 드렸습니다.

예수님께서는 마리아가 한 일을 가리켜 복음의 향기가 전 세계에 전파되기를 소원하는 귀한 믿음의 행위라고 칭찬하셨지만, 유다는 마리아가 귀한 물질을 쓸데없이 허비했다고 그녀를 책망하였습니다. 마리아가 향유 옥합을 깨뜨린 사건은 종교인과 신앙인의 가치관이 어떻게 극명하게 대비되는가를 보여 주는 단적인 예입니다. 그래서 참 신앙인은 이렇게 고백합니다―"**우리가 살아도 주를 위하여 살고 죽어도 주를 위하여 죽나니 그러므로 사나 죽으나 우리가 주의 것이로라**"(롬 14:8). 아멘!

할렐루야!

종교인 5

성화 교리의 덫에 갇혀서 허덕이는 자들

"우리가 알거니와 하나님을 사랑하는 자 곧 그 뜻대로 부르심을 입은 자들에게는 모든 것이 합력하여 선을 이루느니라 하나님이 미리 아신 자들로 또한 그 아들의 형상을 본받게 하기 위하여 미리 정하셨으니 이는 그로 많은 형제 중에서 맏아들이 되게 하려 하심이니라 또 미리 정하신 그들을 또한 부르시고 부르신 그들을 또한 의롭다 하시고 의롭다 하신 그들을 또한 영화롭게 하셨느니라"(롬 8:28-30).

많은 신학자와 설교자들이 위의 본문을 근거로 해서 "의화(義化) 구원→성화(聖化) 구원→영화(榮華) 구원"이라는 **점진적(漸進的) 구원론**을 주장합니다. 즉 그들은 사람이 예수님을 구주로 믿고 고백하면 하나님께로부터 의롭다는 인정을 받고(칭의 구원), 그가 죄를 회개하고 멀리함으로 성화에 힘쓰면(성화 구원), 장차 죽을 때에는 하나님께서 그 사람을 천국의 영광에 들어가게 하신다(영화 구원)고 믿습니다. 저는 그런 주장을 "점진적 성화론"(Incremental Sanctification)이라고 부릅니다. 성화(聖化, sanctification)라는 말은 "거룩하게 하다"라는 뜻을 지닌 동사 sanctify의 명사형입니다. 즉 성화(聖化)라는 말은 "거룩하게 됨"을 의미합니다. 그리고 "거룩함"이라는 말은 죄가 전혀 없는 **"완벽한 성결(聖潔)의 상태"**를 의미합니다. 그런데 과연 사람이 죄를 멀리하려고 노력한다고 "죄가 전혀 없는 성결의 상태"에 이를 수 있을까요? 사람이 죄의 유혹을 멀리하기로 각오하고 자기의 욕망을 다스리고 수도(修道) 정진(精進)하면 진정 죄를 전혀 짓지 않는 거룩한 경지에 이를 수 있을까요? 당신은 회개 기도에 힘쓰고 선행을 많이 하면 점차 거룩해져서 나중에는 하나님이 인정하시는 "완전한 성화"의 경지에 이를 수 있겠습니까?

결론부터 말하자면 사람은 아무리 용을 써도 스스로는 결코 거룩함에 이를 수 없습니다. 사람의 육신은 **"죄와 사망의 법"**의 지배를 받기 때문에 죽을 때까지 죄를 짓게 되어 있습니다. 그런데도 종교인들은 **"너희 육신이 연약하므로 내가 사람의 예대로 말하노니 전에 너희가 너희 지체를 부정과 불법에 드려 불법에 이른 것 같이 이제는 너희 지체를 의에게 종으로 드려 거룩함에 이르라"**(롬 6:19) 또는 **"내가 거룩하니 너희도 거룩할찌어다"**(레 11:45)라는 말씀을 잘못 이해하고서 기를 쓰며 성화(聖化)에 힘쓰고 있습니다. 그들은, "이 말씀을 좀 봐라! 하나님이 죄를 짓지 않도록 성화에 힘쓰라고 하시지 않았느냐? 예수 믿는 사람은 죄를 지었으면 철저하게 회개 기도를 해서 그 죄를 용서받아야 하고, 다시는 그런 죄를 짓지 않도록 성화에 힘써야 한다"라고 결론을 내린 것입니다. 이와 같이 종교인은 "우리는 율법을 힘써 지켜야 하며, 또 우리가 노력하면 얼마든지 율법을 지킬 수 있다"라고 확신합니다.

그러나 사람이 율법을 지킬 수 있습니까? 우리는 율법을 결코 지킬 없는 존재들입니다. 성경은 **"만일 능히 살게 하는 율법을 주셨더면 의가 반드시 율법으로 말미암았으리라"**(갈 3:21)고 말씀합니다. 하나님께서 주신 율법이 무엇입니까? 율법에는 모두 613개의 규례들이 있지만 율법의 모든 규례들을 요약한 것이 10계명입니다. 또한 예수님께서는 10계명을 다시 함축해서 가장 큰 두 계명을 우리에게 가르쳐 주셨습니다: **"예수께서 가라사대 네 마음을 다하고 목숨을 다하고 뜻을 다하여 주 너의 하나님을 사랑하라 하셨으니 이것이 크고 첫째 되는 계명이요 둘째는 그와 같으니 네 이웃을 네 몸과 같이 사랑하라 하셨으니 이 두 계명이 온 율법과 선지자의 강령이니라"**(마 22:37-40).

당신은 율법의 요체인 가장 큰 두 계명 앞에 정직하게 서 보았습니까? 하나님의 율법은 **"거룩하며 의로우며 선"**(롬 7:12)합니다. 그리고 그토록 **"거룩하며 의로우며 선한"** 율법 앞에 모든 사람은 두 부류, 즉 큰 자와 작은 자로 나뉩니다. 율법 앞에서 **"큰 자들"**은 누구입니까? **"큰 자들"**이란 하나님 앞에서 "나는 율법을 잘 지켜 왔고 앞으로도 얼마든지 지킬 수 있습니다" 하고 자부하는 의의 부자들, 즉 자기의 의(義)가 충만한 바리새인들과 같은 자들입니다. 그런 의의 부자들은 결코 천국에 들어갈 수 없습니다. 그러한 자칭 의인들은 자기의 의만 자랑하다가 하나님의 심판을 받을 자들입니다. 반대로, 소자(少者), 즉 **"작은 자들"**은 자기는 결코 율법을 지키지 못하는 죄인이며 지옥에 가야 마땅한 자라고 시인하는 자들입니다. 즉 **심령이 가난한 자들**이 바로 영적으로 **"작은 자들"**이며 하나님 앞에서 **"죄 사함으로 말미암는 구원"**(눅 1:77)을 감사함으로 받을 자들입니다. 주님은 당신의 긍휼을 바라고 나오는 작은 자들에게 **"소자야 네 죄 사함을 받았느니라"**(막 2:5) 하고 선포하십니다.

자기의 의를 자랑하는 자들은 종교인이 됩니다. "나는 지금껏 율법을 잘 지켜 왔고, 앞으로도 얼마든지 율법을 잘 지켜서 하나님께 의롭다고 인정을 받을 수 있다"라고 확신하는 종교인들, 즉 자기의 의가 충만한 자들은 결코 **"죄 사함으로 말미암는 구원"**을 받지 못합니다. 어떤 율법사가 예수를 시험하고자 하여 "선생님 내가 무엇을 하여야 영생을 얻겠습니까?"하고 물었습니다. 이 율법사처럼, 자기는 어려서부터 율법을 잘 지켰다고 자부하는 기독교 종교인들이 많습니다. 그런 자들이 바로 율법주의자들이고 성화론자(聖化論者)들입니다.

예수님은 자기의 의가 충만한 이 사람에게 **"강도 만난 자의 예화"**를 들려주셨습니다. 이 말씀을 흔히들 "착한 사마리아인의 비유"라고 일컫지만, 이 예화에서 착한 사마리아 사람으로 비유되신 주님은 "죄의 떼강도를 만나 거반 죽게 된 자라야 구원을 받는다"라는 교훈을 주시려고 이 예화를 들려주셨습니다. 이 **"강도 만난 자의 예화"**에는 예루살렘에서 여리고(Jericho)로 내려가다가 강도들에게 폭행을 당해서 거반 죽게 된 후 버려진 사람과 그 곁을 지나간 제사장, 레위인, 그리고 어떤 사마리아인이 차례로 등장합니다. 제사장과 레위인은 그 불쌍한 사람을 보고도 그냥 지나쳐 갔지만, 어떤 사마리아 사람은 그를 불쌍히 여겨서 그에게 다가가서 포도주와 기름을 상처에 붓고 치료해 주었습니다. 그리고 그를 자기 짐승에 태워 주막으로 데려가서 돌보아 주었습니다. 이튿날 그는 주막 주인에게 자기가 돌아올 때에 모든 비용을 갚아줄 테니 그 환자를 잘 보살펴 달라고 부탁하고 먼 길을 떠났습니다.

기독교 종교인들은 이 예화를 읽을 때마다 "우리도 이 착한 사마리아 사람처럼 불쌍한 이웃을 돌보면서, 사랑을 실천하는 삶을 살아야 한다"라는 교훈을 마음에 새깁니다. 설교자들도 늘 그렇게 설교합니다. 그리고 사랑을 실천하지 못하면 이 본문을 거울삼아 자신을 책망하며 눈물로 회개 기도를 드립니다. 즉 종교인들은 자신을 "착한 사마리아인"과 동일시(identify)하고자 합니다. 한마디로 말해서, "착한 사마리아인"은 모든 기독교인들의 롤 모델(role model)입니다. 그래서 기독교 안에는 "선행으로 이 세상에 사랑이 넘치게 하자"라는 취지(motto)로 "착한 사마리아인 운동"(Good Samaritan Movement)도 생겨났습니다. 물론 이웃에게 선행을 베푸는 것은 아름다운 일입니다. 우리는 소외되고 고통받는 이웃을 돌보고 그들에게 긍휼을 베풀어야 합니다.

그러나 사람이 선행을 하고 자비를 베푼다고 구원을 받습니까? 그렇지 않습니다. 구원의 문제에 있어서, 하나님의 뜻은 우리 인간의 생각과 전혀 다릅니다—**"여호와의 말씀에 내 생각은 너희 생각과 다르며 내 길은 너희 길과 달라서 하늘이 땅보다 높음 같이 내 길은 너희 길보다 높으며 내 생각은 너희 생각보다 높으니라"**(사 55:8-9). 주님께서는 이 **"강도 만난 자의 예화"**를 통해서 "어떤 사람이 죄 사함의 은총을 입고 구원을 받느냐" 하는 비밀을 가르쳐 주셨습니다. 즉, 주님을 만나서 긍휼하심을 입고 구원을 받은 사람은 죄의 떼강도와 정직하게 싸워서 만신창이가 된 사람입니다. 율법을 지켜보려고 안간힘을 쓰다가 오히려 자기의 죄만 온전히 드러난 사람이라야 하나님 앞에 "주여! 저를 불쌍히 여겨 주세요. 저는 결코 성화에 이를 수 없는 죄 덩어리입니다"라고 고백하며 하나님의 긍휼을 바라게 됩니다. 그렇게 자기의 의가 다 거덜나서 심령이 가난한 자라야 주님의 의를 옷 입고 죄 사함을 받게 됩니다.

자기의 근본 모습이 얼마나 악한지를 정직하게 인정하는 자들이 **"작은 자들"**입니다. 어떤 사마리아 사람으로 비유되신 예수님께서는 그렇게 자기의 의가 거덜난 사람들에게 찾아가셔서 진리의 복음으로 그들의 모든 죄를 흰 눈같이 씻어 주시고, **"소자야, 네 죄 사함을 받았느니라"**라고 선포해 주십니다. 주님께서는 **물과 피의 복음**으로 그들의 모든 죄를 흰 눈같이 씻어 주시고, 주막과 주막 주인으로 비유된 당신의 교회와 당신의 종들에게 **"작은 자들"**을 맡겨서 돌보아 주게 하십니다. 그리고 주님께서 재림의 날에 이 땅에 다시 오셔서 당신의 종들이 베푼 모든 수고를 보상해 주실 것입니다.

그러므로 이 **"강도 만난 자의 예화"**에서 우리가 우리 자신을 동일시(identify)해야 할 인물은 바로 **"죄의 떼강도를 만나 거반 죽게 된 불쌍한 사람"**입니다. 예수님께서는 자신을 강도 만난 자와 동일시(identify)하는 사람을 반드시 **물과 피의 원형복음**으로 만나 주십니다. 그러나 구제불능의 죄 덩어리인 주제에 자신을 "착한 사마리아인"과 동일시(identify)하려는 사람들은 자신의 꼬락서니를 몰라도 너무 모르는 사람들입니다. 그런 자들이 바로 하나님의 뜻이 무엇인지도 모르기에 하나님의 구원에 대해서도 완전히 헛다리를 짚는 기독교 종교인들입니다.

우리는 죄 덩어리로 태어나서 죽을 때까지 죄를 지을 수밖에 없는 비참한 자들이며 지옥의 판결을 받을 수밖에 없는 자들입니다. 죄라는 떼강도를 이겨 보려고 죄와 싸워 본 사람은 죄에게 얻어터져서 만신창이가 된 자기 영혼의 비참한 상태를 정직하게 고백할 수밖에 없습니다. 이 예화에 등장하는 종교인들(제사장이나 레위인들)은 자신들이 그 강도 만난 자처럼 죄에 만신창이가 된 적이 결코 없다고 자부하는 **"자기 의의 부자들"**입니다. 그러나 정말 하나님께서 그런 자들을 기뻐하실까요? 그렇지 않습니다. 종교인들은 **"예수님이 단번에 입혀 주시는 거룩함"**의 은총을 결코 얻을 수 없습니다. 자기의 의가 충만한 종교인들은 현대판 바리새인들입니다. 바리새인들처럼 율법 앞에 정직하게 서 보지 않은 자들은 절대로 이 강도 만난 자와 자신을 동일시(identify)할 수 없고, 그래서 예수님을 만날 수도 없습니다.

우리는 결코 스스로의 노력으로 거룩함, 즉 성화(聖化)에 이를 수 없습니다. 사람은 스스로의 노력으로는 결코 죄를 없애지 못하며, 아무리 눈물로 회개 기도를 드린다고 그런 기도로는 이미 지은 죄를 마음에서 씻어낼 수도 없습니다. "**구스인이 그 피부를, 표범이 그 반점을 변할 수 있느뇨 할 수 있을찐대 악에 익숙한 너희도 선을 행할 수 있으리라**"(렘 13:23)는 하나님의 말씀을 성화론자들은 귀담아들어야 합니다. 거룩하게 되는 것 즉, 성화(聖化)는 하나님께서 **물과 피의 복음**을 믿는 자들에게 "값없이 단번에" 입혀 주시는 선물입니다. 그러나 오늘날 대부분의 기독교인들은 회개 기도와 성화 교리의 덫에 **빠져서** 하나님께서 단번에 입혀 주시는 거룩함(성화)의 은총을 누리지 못하고 있습니다.

종교인들은 자기의 의가 충만한 "**부자들**"이며 "**큰 자들**"입니다. **자기 의의 부자**가 천국에 들어가는 일은 낙타가 바늘귀로 들어가는 것보다 어렵습니다. 자기가 의로운 줄로 착각하는 "**큰 자들**"은 끝내 하나님의 준엄한 심판을 받고 영원한 지옥에 들어갈 것입니다. "**다윗이 또 모압을 쳐서 저희로 땅에 엎드리게 하고 줄로 재어 그 두 줄 길이의 사람은 죽이고 한 줄 길이의 사람은 살리니 모압 사람이 다윗의 종이 되어 조공을 바치니라**"(삼하 8:2)고 기록되어 있습니다. 하나님 앞에서 자기의 의가 많은 "**큰 자들**"은 결코 죄 사함을 받지 못합니다.

여러분은 아직도 자기 자신을 "강도 만난 자"와 동일시(identify)

하지 않고 착한 사마리아 사람이 되고자 언감생심(焉敢生心)으로 용을 쓰고 있습니까? 여러분은 제발 그러지 마십시오! 소위 **"큰 자들"** 즉 자기 의의 부자들은 결코 **"죄 사함으로 말미암는 구원"**(눅 1:77)을 받지 못하고 영적으로 눈이 먼 종교인으로 살다가 지옥의 판결을 받게 됩니다.

어떤 이들이 하나님의 긍휼하심을 입고 영생을 얻습니까? **"작은 자들"**(소자들), 즉 자기에게는 의로운 것이 전혀 없고 자기는 지옥에 가야 마땅하다고 고백하는 자들이 하나님의 긍휼히 여기심을 받습니다. 주님은 이런 자들, 곧 심령이 가난한 자들에게, **"소자야 네 죄 사함을 받았느니라"**(막 2:5)고 선포하십니다.

아멘! 할렐루야!

신앙인 5

단번에 거룩함을 얻은 자들

"이 뜻을 좇아 예수 그리스도의 몸을 단번에 드리심으로 말미암아 우리가 거룩함을 얻었노라"(히 10:10).

기독교인 중에는 자신이 날마다 회개 기도로 마음의 죄를 씻어내는 한편, 죄를 짓지 않으려고 죽도록 노력하면, **점차적으로 거룩하게 되어** 끝내 영화로운 구원에 이른다고 믿는 자들이 많습니다. 그들이 바로 점진적 성화론자(漸進的 聖化論者)들입니다. 그런데 과연 사람이 죄를 짓지 않으려고 노력하면 마음의 죄가 점차로 사라져서 마침내 죄가 전혀 없는 거룩한 자가 될 수 있습니까? 사람이 점진적 성화(漸進的 聖化)의 과정을 충실하게 따라가면 진정 마음의 죄가 **"흰 눈같이"** 씻어져서 하나님께서도 인정하시는 의인(義人)이 될 수 있겠습니까?

그것은 절대로 불가능합니다. 사람이 간절하게 회개 기도를 드리고 스스로 자기의 허벅지를 송곳으로 찌르면서 수도생활에 정진한다고 해도 절대로 마음에 죄가 없는 의인(義人)이 될 수는 없습니다. 사람은 근본 **"만물보다 거짓되고 심히 부패한"**(렘 17:9) 마음을 가지고 태어나서 죽을 때까지 죄를 지을 수밖에 없는 존재입니다. 우리는 근본 마음에 **"악한 생각 곧 음란과 도적질과 살인과 간음과 탐욕과 악독과 속임과 음탕과 흘기는 눈과 훼방과 교만과 광패"**(막 7:21-22)라는 죄들을 장착(裝着)하고 태어났습니다. 그래서 적당한 환경을 만나면 누구나 전자동으로 죄를 지을 수밖에 없습니다. "남녀칠세지남철(男女七歲指南鐵)"이라는 우스갯소리가 있습니다. 인간은 본래 음란이라는 죄를 가지고 태어났기 때문에, 일곱 살만 되어도 이성(異性)을 보면 전자동으로 끌리게 되어 있습니다. 그런 음란한 본성(本性)으로 인해 사람들이 "남녀칠세부동석(男女七歲不同席)"이라는 규범을 만든 것입니다.

왜 수도원 운동이 일어나서 수도자나 수녀들이 세상과 단절된 채 독신생활과 엄격한 규율로 절제된 삶을 지향(指向)했습니까? 어떤 자들은 죄를 지을 만한 환경을 피하는 길이 상책(上策)이라고 여겼기에 자신을 세상으로부터 분리시키고 더욱더 극단적인 수도(修道)의 길을 택했던 것입니다. 진리의 복음이 살아 있었던 초대 교회의 시대가 막을 내리면서 시메온(Symeon the Stylite, AD388-459)과 같은 주상고행자(柱上苦行者)들이 등장했습니다. 그는 죄를 짓지 않으려고 벽돌로 기둥을 쌓고 그 위에 앉아서 평생 동안 고행하며 수도생활을 했습니다. 그리고 그런 흐름은 점차 수도원 운동으로 발전했습니다. 불교의 수도자들도 속세를 떠나 점점 더 깊은 산속으로 들어가 은둔생활을 했던 상황과 동일한 현상입니다.

종교인들은 자신이 죄를 지을 만한 환경을 만나면 전자동으로 죄를 짓는 연약한 존재라는 사실을 깨달았습니다. 그래서 그들은 세상 사람들과 격리된 공간으로 들어가면 죄의 유혹을 피할 수도 있을 것이라는 생각을 하게 되었습니다. 그들은 "속세(俗世)를 떠나면" 죄를 짓지 않을 것이라는 전제하에 수도원 운동을 전개했습니다. 그러나 사람이 죄를 짓지 않으려고 몸부림치고 회개와 속죄의 고행(苦行)을 하면 점점 더 성화가 되어서 마음의 죄를 흰 눈처럼 깨끗하게 씻어낼 수 있습니까? 결코 그럴 수 없습니다. "**구스인이 그 피부를, 표범이 그 반점을 변할 수 있느뇨 할 수 있을찐대**

악에 익숙한 너희도 선을 행할 수 있으리라"(렘 13:23)는 말씀대로, 우리 인간은 아무리 용을 써도 결코 완전한 거룩함, 즉 성화(聖化)에 이를 수 없습니다. 그리고 **"죄의 삯은 사망"(롬 6:23)**입니다. 우리의 마음에 호리(毫釐)만큼만이라도 죄가 있으면, 우리는 결단코 지옥의 심판을 면할 길이 없습니다. 그렇다면 과연 누가 수도 생활과 회개 기도로 거룩함에 이르러서 천국의 영생에 들어갈 수 있겠습니까?

그러나 주님은 **"사람으로는 할 수 없으되 하나님으로는 그렇지 아니하니 하나님으로서는 다 하실 수 있느니라"(막 10:27)**고 말씀하십니다. 사람은 스스로의 힘으로는 결코 거룩함에 이를 수 없는 존재이지만, 하나님께서 인류의 죄를 다 없애 주신 진리의 복음 말씀을 믿음으로써는 **누구나 단번에 거룩함**을 얻을 수 있습니다. 우리를 모든 죄에서 구원하신 하나님의 의를 믿음으로 죄 사함을 받으면, 우리는 단번에 정결케 되어 하나님 앞에서 완전한 의인(義人)으로 거듭납니다. 이렇게 죄인이 믿음으로 죄 사함을 받고 의인으로 재창조되는 역사가 바로 **"물과 성령으로 거듭나"(요 3:5)**는 은혜입니다. 그리고 사람이 물과 성령으로 거듭나서 단번에 거룩하게 되지 않으면 결단코 천국에 들어갈 수 없습니다. 누구든지 하나님의 의를 믿음으로 죄 사함을 받고 의인으로 거듭나야만 천국의 영생에 들어갈 수 있습니다. 그렇게 거듭난 의인(義人)들이 성경에는 수없이 등장합니다. **"성경이 무엇을 말하느뇨 아브라함이 하나님을 믿으매 이것이 저에게 의로 여기신바 되었느니라"(롬 4:3)**고 말씀하셨고, **"노아는 의인이요 당세에 완전한 자"(창 6:9)**라고도 말씀하셨습니다. 믿음으로 단번에 거룩함을 얻어 죄와 상관없이 된 의인들이 성경에 수없이 등장하는데, 우리는 그러한 선배 의인들의 믿음을 이어받았습니다.

오늘 본문 말씀으로 삼은, **"이 뜻을 좇아 예수 그리스도의 몸을 단번에 드리심으로 말미암아 우리가 거룩함을 얻었노라"**(히 10:10)는 말씀이 『신판 흠정역성경』(New King James Version)에는 다음과 같이 번역되어 있습니다: **"그 뜻을 좇아 예수 그리스도의 몸을 드림으로써 이미 우리가 단번에 거룩하게 되었습니다"**(By that will we have been sanctified through the offering of the body of Jesus Christ once for all.) 이 번역본에는 **"우리가 이미 단번에 거룩하게 되었다"**(We have been sanctified...once and for all)라고 현재완료형으로 기록되어 있습니다. 예수님께서 드려 주신 **"한 영원한 (의의) 제사"**(히 10:12)를 믿는 자는 이미 단번에 거룩함을 얻었습니다. 하나님은 우리의 성화(聖化-거룩하게 됨)에 대해서 "니희가 날마다 눈물로 회개 기도를 드리면서 죄를 멀리하고 성화에 힘쓰면 점진적으로(조금씩 조금씩) 거룩하게 되다가 장차 죽을 때에 완전히 거룩하게 될 것이다"라고 미완성의 추측적(推測的) 발언을 하시지 않았습니다.

당신은 **이미 단번에 거룩함**을 얻었습니까? 당신은 하나님의 은혜로 마음에 죄가 전혀 없는 의인이 되었습니까? 아직 마음에 죄가 있는 사람은 성화의 노선으로 거룩함에 이르려는 종교인들의 노선을 고집하는 자입니다. 그런 기독죄인들(Christian sinners)은 속히 그릇된 노선을 버리고 **진리의 원형복음**을 믿어서 죄 사함을 받아야 합니다. 오직 자신이 구제불능의 죄 덩어리인 것을, 지옥에 떨어져서 영원한 형벌을 받아도 아무 할 말이 없는 죄인임을 시인하는 자들만이 하나님께서 입혀 주시는 온전한 의의 예복을 입고 마음에 **죄가 천혀 없는 의인**이 되어서 하나님의 나라에 넉넉히 들어가게 됩니다. **"물과 피로 임"**(요일 5:6)하셔서 죄인들의 모든 죄를 단번에 없애 놓으신 예수님의 사역을 믿음으로 거듭난 의인들은 선한 행위를 한 것이 없을지라도 다윗처럼 하나님의 의를 찬양하게 됩니다.

"일을 아니할찌라도 경건치 아니한 자를 의롭다 하시는 이를 믿는 자에게는 그의 믿음을 의로 여기시나니 일한 것이 없이 하나님께 의로 여기심을 받는 사람의 행복에 대하여 다윗의 말한바 그 불법을 사하심을 받고 그 죄를 가리우심을 받는 자는 복이 있고 주께서 그 죄를 인정치 아니하실 사람은 복이 있도다 함과 같으니라"(롬 4:5-8).

하나님 아버지께서는 율법의 한 규례도 제대로 지키지 못하는 경건치 않은 자들, 곧 죄인들을 구원하시려고 당신의 외아들을 육신으로 이 땅에 보내 주셨습니다. 구원자로 오신 예수님께서는 30세가 되셨을 때에 인류의 대표자 세례 요한에게 안수(按手)의 형식으로 세례를 받으셨습니다. 그때에 주님은 세례 요한에게 **"이제 허락하라 우리가 이와 같이 하여 모든 의를 이루는 것이 합당하니라"**(마 3:15)고 준엄하게 명령하셨습니다. 예수님은 세례 요한에게 안수의 형식으로 세례를 받으심으로 인류의 모든 죄를 단번에 담당하셨습니다. **"그 세례"**(행 10:37)로 이 세상의 모든 죄가 예수님에게 넘어갔습니다. 그래서 예수님이 세례를 받으신 이튿날에 세례 요한은 예수님을 가리켜, **"보라 세상 죄를 지고 가는 하나님의 어린 양이로다"**(요 1:29)라고 증언했던 것입니다.

인류의 대표자이고 대제사장 아론의 후손인 세례 요한에게 안수의 형식으로 받으신 세례로 세상의 모든 죄를 짊어진 우리 주님께서는 십자가에 오르셨습니다. 십자가에 못 박히셔서, **"다 이루었다"**(요 19:30) 하고 숨을 거두시기까지, 주님은 당신께서 받으신 세례로 짊어진 세상 죄의 대가를 당신의 보혈로 다 지불하셨습니다. 이제 우리는 육신을 입고 오신 성자(聖子) 하나님이신 예수님께서 **"물(세례)과 피(십자가)"**의 사역으로 이루신 의로운 구원의 사역을 믿음으로 단번에 죄 사함을 받고 의롭게 되었습니다. 우리는 율법을 제대로 지키지 못했어도, 또 늘 부족해서 허다한 죄의 떼강도를 만날 때마다 죄를 지어서 우리의 영혼이 만신창이가 되었을지라도, 우리는 성자(聖子) 하나님께서 **"물과 피로 임"**(요일 5:6)하셔서 이 세상의 모든 죄를 단번에 흰 눈같이 없애 주셨다는 진리의 원형복음을 믿음으로 단번에 거룩함을 얻게 되었습니다.

예수님께서 받으신 세례는 우리의 **"구원의 표"**(벧전 3:21)입니다. 이렇게 **"물과 피로 임하신 하나님의 아들 예수님"**(요일 5:6-8)을 믿음으로 죄 사함을 받고 거듭난 자를 주님은 **의인(義人)**이라고 인정하십니다. 성경은 이렇게 바른 믿음으로 하나님께 나오는 자들은 결코 구원의 상을 잃지 않는다고 말씀하십니다. 신앙인은 이렇게 **"믿음으로 의롭다 함을 이미 얻은 자들"**(Those who have been sanctified by faith)입니다.

그래서 우리 의인들은 하나님의 뜻에 감사하며 이렇게 외칩니다―**"이 뜻을 좇아 예수 그리스도의 몸을 단번에 드리심으로 말미암아 우리가 거룩함을 얻었노라"**(히 10:10). 진리의 복음을 믿는 자들을 단번에 거룩하게 하셔서 의인으로 거듭나게 하신 능력의 주님을 찬양합니다.

할렐루야!

종교인 6

율법 앞에서 교만한 자들

"율법에 무엇이라 기록되었으며 네가 어떻게 읽느냐"(눅 10:26).

"하룻강아지 범 무서운 줄 모른다"라는 속담이 있습니다. "무식하면 용감하다"라는 뜻입니다. 자기 자신이 얼마나 연약하고 부족한 존재인 줄을 모르는 사람은 감히 "나는 하나님의 율법을 지킬 수 있다"라고 객기를 부립니다. 그러나 기독교 안에서는 "죽으면 죽으리라"라는 모진 각오로 율법적인 신앙생활을 해온 사람들이 성자(聖者)나 믿음이 좋은 사람으로 추앙을 받고 있습니다. 소위 믿음 좋다는 사람들의 간증을 들어 보십시오. 그러면 기독교인들이 실제로 무엇을 지향하는지를 우리는 분명히 알 수 있습니다.

"선생님 내가 무엇을 하여야 영생을 얻겠습니까?" 어떤 율법사가 예수님을 시험하려고 이렇게 물었습니다. 유대인들은 율법사들을 선생(rabbi)으로 모시고 그들의 교훈을 따랐습니다. 율법사들은 "율법은 옳고 선한 것이므로 하나님의 백성은 반드시 율법을 철저하게 준행해야 한다"라고 가르쳤습니다. 그리고 그들은 율법을 잘 지키는 자신들이 가장 의로운 자들이라고 자부했습니다. "선생님 내가 무엇을 하여야 영생을 얻겠습니까?"하고 질문한 율법사에게, 예수님은 "율법에 무엇이라 기록되었으며 네가 어떻게 읽느냐?"(눅 10:26)라고 반문(反問)하셨습니다. 그러자 그 율법사는 "'네 마음을 다하며 목숨을 다하며 힘을 다하며 뜻을 다하여 주 너의 하나님을 사랑하고 또한 네 이웃을 네 몸과 같이 사랑하라'라고 기록되어 있습니다" 하고 대답했습니다. 그의 대답을 들은 예수님은 **"네 대답이 옳도다 이를 행하라 그러면 살리라"**라고 말씀하셨습니다.

주님은 **"율법에 무엇이라 기록되었으며 네가 어떻게 읽느냐?"**라고 물으셨습니다. 율법의 말씀은 누구도 변개할 수 없는 "기록된 말씀"(the written Word)이지만, **"(그 기록된) 율법을 (네가) 어떻게 읽느냐?"**라는 주님의 질문은, 명문화(明文化)된 율법을 대하는 각자의 주관적인 자세를 묻는 말씀입니다. 다시 말하자면, 기록된 율법을 각자가 **"어떻게 읽느냐"**에 따라서 율법은 전혀 달리 해석될 수 있다는 말씀입니다.

"같은 문장이라도 그것을 어떻게 읽느냐에 따라서 그것은 전혀 다른 의미를 나타낸다"라는 좋은 일화(逸話)가 있습니다. 1910년에 제국주의 일본은 우리나라를 완전히 장악하고 통치하려고 대한제국의 대신들을 총칼로 겁박하여 을사조약을 체결하였습니다. 일제의 강압과 을사오적(乙巳五賊)의 주도로 체결된 합방조약(合邦條約)은 불법적이고 불평등한 조약이었지만, 당시 대한제국의 중추원 의장(내무대신)이었던 김윤식(金允植)도 다른 대신들과 함께 합방조약서에 부득이 배서(背書)를 할 수밖에 없었습니다. 다른 대신들은 한결같이 찬성한다는 의미로 자기 이름 밑에 "가(可)"라고 적었지만 김윤식은 자기 이름 아래 "불가불가"(不可不可)라는 네 글자를 적어 놓았습니다.

그런데 문제는 김윤식 대감이 써놓은 "불가불가"(不可不可)라는 이 글귀를 사람이 어떻게 읽느냐에 따라서 그 뜻이 완전히 달라지는 것이었습니다. 만일 "불가, 불가"(不可, 不可)라고 중간을 끊어 읽는다면, 김윤식 자신은 "합방에 결사적으로 반대한다"라는 뜻이 됩니다. 그러나 "불, 가불가"(不, 可不可)라고 첫 글자만 띄어 읽는다면, 자신은 찬성도 반대도 할 수 없다는 "기권"의 뜻이 됩니다. 만일 "불가불, 가"(不可不, 可)라고 마지막 글자만 띄어 읽는다면 "나(김윤식)는 내심으로는 반대하지만 친일파 세력과 일본의 강압에 밀려 어쩔 수 없이 찬성한다"라는 뜻이 됩니다. 이처럼 김윤식은 "불가불가"(不可不可)라고만 배서(背書)를 했지만, 이것을 어떻게 끊어 읽느냐에 따라서 찬성으로도, 기권으로도, 반대로도 해석될 수 있는 묘한 여지를 남겨 두었습니다. 또한 그 문구의 해석에 따라서 김윤식의 운명도 전혀 달라지게 되는 것이었습니다. 만일 당시 일본측이 제일 첫 번의 방식으로 읽었다면 당시의 정치적 상황으로 볼 때에 김윤식은 모든 관직을 박탈당하고 가족과 함께 유배를 갔거나 처형을 당했을 것입니다. 그러나 합병이 되자 그가 일본으로부터 자작(子爵)의 작위와 은사금을 받은 것으로 볼 때, 당시의 친일파나 일제 수뇌부는 자기들의 입맛대로 "찬성"(不可不, 可)으로 읽은 것이 틀림없습니다.

사람이 율법의 규례들을 어떻게 읽느냐에 따라서 각자의 영적 운명이 결정됩니다. 자기의 의가 충만한 율법사에게 **"네가 율법을 어떻게 읽느냐?"**라고 반문하신 예수님의 의도도 그가 율법을 어떻게 이해하는지를 물은 것입니다. 율법을 주신 하나님의 뜻을 제대로 알고 읽으면 죄 사함을 받고 영생의 축복을 얻겠지만, 율법 앞에서 마음이 교만한 자는 율법을 주신 하나님의 뜻을 잘못 이해하고 외식하는 종교인의 길로 나아가게 됩니다. 바리새인의 누룩을 먹고 율법주의 노선을 좇는 종교인들은 율법을 지키겠다고 평생 동안 죽도록 고생만 하다가 끝내 지옥에 떨어지고야 맙니다.

우리는 율법을 주신 하나님의 뜻을 제대로 알아야 합니다. 율법을 주신 하나님의 의도는 의문(儀文; 문자)에 있지 않습니다. 율법을 문자 그대로만 이해를 하면 어처구니없는 일이 벌어집니다. 어떤 어머니에게 외아들이 있었습니다. 그 아들이 계속 사고를 치고 속을 썩여서, 어머니는 "이놈의 자식아, 그렇게 속만 썩이려면 차라리 나가 죽어라!"라고 외아들을 책망했습니다. 그런데 그 책망이 자식에게 정말 나가서 죽으라는 말입니까? 사랑하는 외아들이 잘못되는 것이 속상해서 "제발 정신 좀 차려라"라는 사랑의 책망이 아닙니까? 그런데, 그 말을 들은 외아들이 "나 같은 놈은 죽는 것이 어머니에게 효도하는 길입니다. 어머니가 원하는 대로 저는 먼저 가겠습니다"라고 유서를 써놓고 뒷산에 가서 목매달아 죽었습니다. 그리고 어머니도 억장이 무너지는 아픔으로 아들을 뒤따라 음독 자살을 했습니다. 자기 어머니의 사랑의 마음을, 그렇게 책망하시는 어머니의 의도를 모르니까 정말 어처구니없는 비극적인 일이 벌어진 것이 아닙니까?

"하나님께서 우리에게 왜 율법을 주셨는가?"에 대해서 완전히 오해하고 있기 때문에 이런 어처구니없는 비극이 오늘날의 기독교 안에서도 일어나고 있습니다. 이는 현대판 율법사들이 기독교 지도자의 자리에 앉아 있기 때문에 초래된 비극입니다. 물론 그들도 설교 시간에는 "우리의 행위로 말미암지 않고 하나님의 은혜를 믿음으로 말미암아 구원을 얻는다"라고 가르칩니다. 그러나 그들의 설교를 끝까지 들어보면 그들은 항상 "신앙생활의 왕도(王道)는 날마다 회개 기도를 열심히 하고 봉사활동을 열심히 하고 율법을 성실히 준행하며 사는 것"이라는 결론으로 끝을 맺습니다. 그들의 설교를 한마디로 요약하자면, "기승전(起承轉) 열심"입니다. 오늘날의 기독교 시노자들은 **"열심이 특심이면 신앙생활은 만사형통"** 이라는 유일한 모토(motto)를 가르치고 있습니다.

"율법 행위에 속한 자들"은 지옥에 갑니다

그러나 성경은 "율법의 규례를 완벽하게 준행해서 하나님 앞에서 의인(義人)으로 인정받으려 하는 자들은 하나님의 준엄한 심판을 받는다"라고 말씀합니다. "율법은 진노를 이루게 하나니 율법이 없는 곳에는 범함도 없느니라"(롬 4:15)고 말씀하셨고, "무릇 율법 행위에 속한 자들은 저주 아래 있나니 기록된 바 누구든지 율법책에 기록된 대로 온갖 일을 항상 행하지 아니하는 자는 저주 아래 있는 자라 하였음이라"(갈 3:10)고 성경은 말씀합니다. "율법 행위에 속한 자들"이란 율법을 지켜서 하나님께 의롭다고 인정을 받으려는 자들을 가리킵니다. 이런 자들은 계란으로 바위를 깨뜨리겠다는 의지로 계속해서 자기의 의지로 바윗덩이같이 엄위한 율법에 박치기를 하는 셈입니다. 사람이 율법을 온전히 지킬 수 있습니까? 결코 그럴 수 없습니다. "율법 행위에 속한 자들"은 율법을 완전하게 지켜서 하나님의 인정을 받아보겠다고 일생 동안 기진맥진하며 종교생활을 하다가 결국은 지옥에 떨어집니다. 이런 사람들은 가인처럼 땅의 소산, 즉 자신의 의로운 행위와 공로를 들고 하나님께 나아가서 하나님의 인정을 받으려는 자들입니다. "율법 행위에 속한 자들"은 자신의 의에 배불러 있기 때문에, 지옥 갈 수밖에 없는 우리에게 거저 주시는 하나님의 의를 사양하고 거부합니다. 그들은 하나님의 은혜를 정면으로 대적하는 자들입니다.

이것은 마치 한 임금님이 거지들을 불쌍히 여겨서 진수성찬을 차려놓고 마음껏 먹으라고 은혜를 베풀었는데, 어떤 거지는 임금이 내준 궁중 음식은 먹지 않고 자기가 구정물통에서 건져온 더러운 음식 찌꺼기를 먹으면서 임금에게도 드시라고 강권(强勸)하는 꼴입니다. 그리고 임금님이 잔치 자리에 어울리는 예복을 선물로 나눠 줬는데도 그것은 내팽개치고, 자기의 누더기 옷이 더 좋은 옷이라고, 이래 보여도 이 옷은 새벽마다 회개 기도로 한번씩 꼭 털어 입는 깨끗한 옷이라고 우겨대는 자입니다. 그래서 악취가 나는 그 더러운 옷을 끝내 벗어버리지 않다가 임금님에게 내어쫓기는 자와 같습니다.

당신은 율법을 어떻게 읽습니까?

"율법에 무엇이라 기록되었으며 네가 어떻게 읽느냐"라고 주님께서 물으셨습니다. "율법에 무엇이라 기록되었느냐?"라는 말씀은 객관적 질문입니다. 율법은 구약성경의 모세 5경에 기록해 놓으신 613가지 규례들을 모두 일컫는 말입니다. 율법은 하나님께서 우리 인생들에게 "하라 혹은 하지 말라"(Dos and Don'ts)고 명하신 선한 규례들이며, 하나님께서 정하신 선악의 절대적인 기준들입니다. 그래서 이 계명과 율례(律例)들을 어기는 것이 죄입니다. 율법에 기록된 총 613개의 규례들 중에서 가장 중요한 계명들을 추려서 우리에게 주신 것이 십계명(十誡命)입니다. 출애굽기 20장에 기록된 십계명은 다음과 같습니다.

"너는 나 외에는 다른 신들을 네게 있게 말찌니라

너를 위하여 새긴 우상을 만들지 말고 또 위로 하늘에 있는 것이나 아래로 땅에 있는 것이나 땅 아래 물속에 있는 것의 아무 형상이든지 만들지 말며

그것들에게 절하지 말며 그것들을 섬기지 말라

나 여호와 너의 하나님은 질투하는 하나님인즉 나를 미워하는

자의 죄를 갚되 아비로부터 아들에게로 삼 사대까지 이르게 하거니와

나를 사랑하고 내 계명을 지키는 자에게는 천 대까지 은혜를 베푸느니라

너는 너의 하나님 여호와의 이름을 망령되이 일컫지 말라 나 여호와는 나의 이름을 망령되이 일컫는 자를 죄 없다 하지 아니하리라

안식일을 기억하여 거룩히 지키라

엿새 동안은 힘써 네 모든 일을 행할 것이나 제 칠일은 너의 하나님 여호와의 안식일인즉 너나 네 아들이나 네 딸이나 네 남종이나 네 여종이나 네 육축이나 네 문안에 유하는 객이라도 아무 일도 하지 말라 이는 엿새 동안에 나 여호와가 하늘과 땅과 바다와 그 가운데 모든 것을 만들고 제 칠일에 쉬었음이라 그러므로 나 여호와가 안식일을 복되게 하여 그 날을 거룩하게 하였느니라

네 부모를 공경하라 그리하면 너의 하나님 나 여호와가 네게 준 땅에서 네 생명이 길리라

살인하지 말찌니라

간음하지 말찌니라

도적질하지 말찌니라

네 이웃에 대하여 거짓 증거하지 말찌니라

네 이웃의 집을 탐내지 말찌니라 네 이웃의 아내나 그의 남종이나 그의 여종이나 그의 소나 그의 나귀나 무릇 네 이웃의 소유를 탐내지 말찌니라"(출 20:3-17).

율법의 골간(骨幹)을 이루는 십계명(十誡命) 중에서, 위의 네 계명은 우리가 하나님께 대하여 지켜야 할 규례들이고, 아래의 여

섯 계명은 다른 사람들과의 관계에 있어서 우리가 지켜야 할 규례들입니다. 그리고 이러한 십계명을 한 번 더 함축하면, 누가복음 10장에 등장하는 율법사가 대답한 것처럼, **"네 마음을 다하며 목숨을 다하며 힘을 다하며 뜻을 다하여 주 너의 하나님을 사랑하고 또한 네 이웃을 네 몸과 같이 사랑하라"**라는 가장 큰 두 계명이 됩니다. 그러면 이 율법 자체가 악하거나 잘못된 것입니까? 아닙니다. 율법 자체는 **"거룩하며 의로우며 선"**(롬 7:12)한 것입니다. 율법은 하나님께서 우리에게 무엇이 선하고 의로운지를 분명히 가르쳐 주신 **"선과 악의 절대적 기준"**입니다. 그러면 이 선한 율법을 지키는 것이 잘못된 것입니까? 결코 아닙니다. 율법을 지키는 것은 옳습니다. 그리고 이 율법을 범하는 것이 죄입니다.

우리가 과연 율법을 지킬 수 있는가?

그런데 "우리가 과연 이 율법을 지킬 수 있는가?"라는 점이 문제입니다. 과연 우리가 날마다 금식하며 회개 기도를 드리면서 조금만 더 노력하면 율법을 온전히 지킬 수 있겠습니까? "그래도 나는 한 70% 정도는 율법을 지킨다"라고 자신하는 기독교인들이 제법 있을 것입니다. 당신은 율법을 대략 90% 정도는 지킬 수 있다고 생각합니까? 혹시 여러분은 "나는 십계명 중에 어느 계명은 잘 지킬 수 있지만 어떤 계명은 잘못 지킨다"라고 생각합니까? 제법 신앙생활을 잘한다는 이들은 "그래도 나는 비교적 율법을 잘 지킨다"라고 스스로 자부합니다. 종교인들의 문제가 여기에 있습니다. 종교인들은 거룩한 척을 하는 전문가들입니다. 예수님을 시험했던 율법사처럼, 종교인들은 "내가 어려서부터 모든 율법을 잘 지켰습니다" 하는 자만심이 있었기에 그들의 얼굴에는 자기의 의가 충만하게 나타납니다. 그래서 그들은 "너희들은 나만큼만 거룩하게 살아봐라" 하는 교만한 마음으로 고개를 뻣뻣이 들고 종교생활을 합니다.

저도 **"물과 피의 원형복음"**을 믿어서 거듭나기 전에는 제가 율법을 제법 잘 지키는 자이며 꽤나 괜찮은 기독교인이라고 자부했습니다. 저는 제법 하나님을 경외하고 이웃을 사랑하는 주님의 제자라고 자신하며 살았었습니다. 한번은 만날 때마다 빵과 우유를 사 먹이던 거지 청년을 데려다가 목욕을 시키고 밥을 같이 먹은 적이 있었습니다. "일록"이라는 이름의 그 거지 청년은 정신이 박약해서 자기 고향이 밀양이라고 했다가 부산이라고 했다가 횡설수설했습니다. 일록이를 저희 집 욕실에 데리고 들어가 옷을 벗겨 보니 속옷에 똥이 덕지덕지 묻어 있었습니다. 목욕을 시키면서 저는 몇 번이나 헛구역질을 했는지 모릅니다. 목욕을 시키고 내가 입던 내복을 입혀서 밥을 같이 먹고 있었는데, 일록이는 기분이 엄청 좋았던지 밥을 한입 가득 물고서 씩 웃었습니다. 아차! 이빨을 닦이지 못했구나! 누런 더께가 덕지덕지 앉은 일록이의 이빨을 본 순간, 지금껏 일록이와 같이 퍼먹던 김치찌개 냄비에 더 이상 제 숟가락을 담글 수가 없었습니다. 그렇게 겨우겨우 밥을 먹고서, 따뜻한 제 집에서 나가기 싫어하는 일록이의 등을 떠밀다시피 겨울의 찬바람 속으로 내보내고 나서 저는 저 스스로에게 진지하게 물었습니다—"주님은 네 이웃을 네 몸처럼 사랑하라고 말씀하셨는데, 네가 지금 일록이를 네 몸처럼 사랑한 거냐? 한번씩 데려다가 목욕시키고 같이 밥이나 먹는 그런 거 말고, 같이 친자식처럼 데리고 살 수는 없겠냐? 선한 척만 하지 말고, 정말 일록이를 네 자식처럼 사랑할 수는 없냐? 이 위선자야!" 물론 그 일이 있은 후에 저는 며칠을 금식하며 회개 기도를 드렸습니다.

또 한번은 골목에 쓰러져 있던 이○○라는 가출 소년을 집에 들인 적이 있었습니다. 제 첫째 아이보다 두 살 위였던 이 아이의 성은 이(李)씨였지만 공교롭게도 저하고 이름이 같아서 "김지수"라고 개명(改名)을 해 주고, 당시 초등학교 3학년이었던 제 아들 반에 편입시켜서 같이 공부를 하게 해 주었습니다. 그런데 지수는 학교가 끝나는 즉시 제일 먼저 집으로 달려와서는 냉장고 문을 열어 젖히고서 자기 몫뿐만 아니라 동생들이 먹을 간식까지 다 먹어 치우곤 했습니다. 그래서 나중 온 제 친자식이 냉장고를 열어 보고는 울고불고하는 것을 보면, 저는 그 아이에게 "지수야 이놈아, 너는 동생들 생각은 전혀 하지 않고 네 입만 생각하느냐?"라고 화를 내며 야단을 치곤 했었습니다. 그러다가 저는 문득 "네가 지금 뭐하고 있느냐?" 하는 생각이 들었습니다. 만일 제 친자식이 학교를 파하자 달려 들어와서 냉장고를 열고 그렇게 허겁지겁 간식을 다 먹었다고 하면, "아이고 내 새끼, 네가 얼마나 배가 고팠으면 그렇게 게걸스럽게 먹겠냐? 그래 다 라도 먹어라. 그까짓 것들이 몇 푼이나 한다고! 내가 또 사다가 냉장고에 넣어 두마" 하고 흐뭇하게 여겼을 것입니다. 지수를 양자(養子) 삼아서 데리고 있으면서 다른 사람들은 저를 대단하다고 칭송했지만 저의 양심은 엄청 괴로웠습니다. 저는 이웃을 내 몸같이 사랑하는 척만 하는 위선자일 뿐이었습니다. 그때에 저는 다른 이들의 인정을 받기를 좋아하고 자기를 제일 사랑하는 자였지 절대로 이웃을 내 몸같이 사랑할 수는 없는 자라는 사실을 인정할 수밖에 없었습니다.

율법 앞에서 정직한 사람이 구원을 받습니다. 기록된 율법의 말씀을 **"어떻게 읽느냐"**에 따라서 우리의 영적 운명이 바뀝니다. "율법에 간음하지 말찌니라"라고 기록되어 있지만 저는 그 계명에서 '너는 간음하는 죄인이다'라는 하나님의 음성을 듣습니다"―이렇게 고백하는 사람이 **"죄 사함으로 말미암는 구원"**(눅 1:77)의 은총을 입습니다. 그러나 오늘날 대부분의 기독교인들은 현대판 율법사들입니다. 물론 그들도 입술로는 "율법은 지킬 수 없는 것이고, 우리는 오직 하나님의 대속의 피를 믿음으로 구원을 받는다"라고 말합니다. 그러나 그것은 어디까지나 신학교나 교회에서 배운 교리이고 "말로만"의 나불거리는 교훈입니다. 사도 바울은 고린도교회의 교인들에게, **"그러나 주께서 허락하시면 내가 너희에게 속히 나아가서 교만한 자의 말을 알아 볼 것이 아니라 오직 그 능력을 알아 보겠노니 하나님의 나라는 말에 있지 아니하고 오직 능력에 있음이라"**(고전 4:19-20)고 경고했습니다. 하나님의 나라는 "구원에 대해서 네가 어떻게 말하느냐"의 문제가 아니라 "네가 어떻게 믿어서 **구원의 능력 곧 죄 사함의 은총**이 네게 임했느냐"에 달려 있습니다. 사도 바울은 **"이는 우리 복음이 말로만 너희에게 이른 것이 아니라 오직 능력과 성령과 큰 확신으로 된 것이니"**(살전 1:5)라고 말씀하셨습니다.

기독교 종교인들이 "나는 예수 그리스도의 은혜로 값없이 구원을 받았다"라고 입술로는 고백합니다만, 실제로 그들은 율법을 문자적으로 이해하고 그 율법을 철저하게 지키는 것이 종교생활의 왕도(王道)라고 믿습니다. 여러분은 율법을 지켜서 하나님께로부터 의인으로 인정을 받을 수 있습니까? 절대로 없습니다. **"누구든지 온 율법을 지키다가 그 하나에 거치면 모두 범한 자가 되나니"**(약 2:10)라고 말씀하셨습니다. 율법 전체를 잘 지키다가 그중에 하나를 깨뜨리면 율법 전체를 범한 것입니다. 그러니 율법을 문자적으로 읽고 율법을 지켜서 구원을 받으려고 가인(Cain)처럼 율법의 행위를 들고 나아가는 자들은 하나님의 진노를 자초하는 자들입니다. 그들은 자기의 근본 모습을 전혀 모르는 자들입니다. 그러므로 율법을 지켜서 하나님께 의인으로 인정을 받겠다는 잘못된 노선에서 돌이키지 않으면 하나님의 심판과 저주를 피할 수 없습니다. 그런 율법주의의 종교 노선은 잘못된 길인 줄 알고 종교인들은 속히 돌이켜야 합니다.

"무릇 율법 행위에 속한 자들은 저주 아래에 있나니 기록된 바 누구든지 율법 책에 기록된 대로 모든 일을 항상 행하지 아니하는 자는 저주 아래에 있는 자라 하였음이라"(갈 3:10)고 말씀하십니다. **"율법 행위에 속한 자들"** 이란 어떤 자들입니까? 그들은 율법을 지켜서 하나님께 의롭다는 인정을 받으려는 자들입니다. 종교인들은 율법을 잘 지키는 **"척하는"** 사람들을, 즉 소위 성화(聖化)를 목표로 부단히 노력하는 율법주의 종교인들을 높이며 그런 이들을 "신앙이 좋다"라고 칭송합니다. 그러나 **"율법 행위에 속한 자들"** 의 마음에는 분명히 죄가 있습니다. 그리고 누구든지 마음에 죄가 있으면 지옥의 판결을 피할 수 없습니다. **"죄의 삯은 사망"**(롬 6:23)이기 때문입니다. 율법주의의 노선으로 하나님께 나아가는 자들은 자신이 지옥에 갈 자인 줄 알고 속히 돌이켜야 합니다. 그런 종교인들, 즉 현대판 바리새인들은 먼저 자신이 거듭나지 못한 영적 소경인 줄을 깨닫고 그러한 율법주의의 노선에서 돌이켜서 진리의 원형복음을 믿고 거듭나야 합니다.

성경은 거듭나야만 하나님의 도를 깨닫고 순종할 수 있다고 말씀합니다. 계명을 주신 하나님의 뜻을 올바르게 깨닫고 **"새 계명"**

을 지키는 삶은 거듭난 신앙인들에게만 가능한 일입니다. 거듭난 의인들은 자기의 옛사람이 예수 그리스도와 연합해서 이미 죽었기 때문에, 부활한 새 생명 가운데서 하나님의 의를 전파하며 살 수 있습니다. 진리의 원형복음을 믿어서 거듭난 신앙인들에게는 주님의 **"새 계명"**이 결코 무거운 것이 아닙니다(요일 5:3). 물과 성령으로 거듭난 자는 빛의 자녀가 되어 어두움 가운데 다니지 아니하고 하나님의 뜻을 좇아갑니다.

"누가 지혜가 있어 이런 일을 깨달으며 누가 총명이 있어 이런 일을 알겠느냐 여호와의 도는 정직하니 의인이라야 그 도에 행하리라 그러나 죄인은 그 도에 거쳐 넘어지리라"(호 14:9).

아멘. 할렐루야!

"그러므로 율법의 행위로
그의 앞에 의롭다 하심을 얻을
육체가 없나니
율법으로는
죄를 깨달음이니라"
(롬 3:20)

신앙인 6
율법 앞에서 심히 죄인 된 사람들

"율법에 무엇이라 기록되었으며 네가 어떻게 읽느냐"(눅 10:26).

　사람은 죄 사함을 받고 거듭나야 비로소 참된 신앙생활을 시작할 수 있습니다. 거듭난 의인이라야 신앙인으로서의 첫발을 내디딜 수 있다는 말입니다. 그런데 사람이 거듭나려면 그의 심령이 가난해야 합니다. 즉, **"율법에 무엇이라 기록되었으며 네가 어떻게 읽느냐"(눅 10:26)**라는 주님의 질문에, "예, 율법은 거룩한 주님의 명령인데, 저는 이 모든 율법의 규례들 중의 하나라도 제대로 지키지 못하는 죄 덩어리입니다. 율법에는 '간음하지 말지니라'라고 기록되었지만, 그 계명은 저에게 '너는 간음하는 죄인이다'라고 지적합니다"라고 대답하는 사람이 주님의 긍휼을 입어 죄 사함을 받고 참 신앙인이 됩니다.

　하나님께서는 모든 사람을 죄에서 구원해서 당신의 자녀로 삼기를 원하십니다. 그것이 우리를 향한 하나님의 뜻입니다. 하나님은 당신의 뜻대로 우리를 흰 눈같이 거룩하게 만들어 주시려고 당신의 외아들을 아낌없이 대속의 제물로 우리에게 내어 주셨습니다. 그리고 아버지의 뜻을 좇아 육신을 입고 이 땅에 오신 성자(聖子) 예수님은 **"물과 피로 임"(요일 5:6)**하셔서 인류의 모든 죄를 온전히 없애 주셨습니다. 이제 누구든지 예수님께서 이루신 구원의 역사를 믿으면 온전히 구원을 받을 수 있도록 하나님 편에서 우리의 구원을 완성시켜 놓았습니다.

이렇게 하나님은 모든 인생들에게 완벽한 구원의 선물을 준비해 놓았건만, 사람들이 그 은혜의 선물을 받지 못하는 것은 자신의 마음이 교만하고 강퍅하기 때문입니다. 하나님은 선인에게나 악인에게나 고루 생명의 씨앗인 진리의 복음을 뿌리시고 비와 햇빛을 주시지만, 그 생명의 씨앗을 기쁜 마음으로 받아 싹을 틔우고 결실하게 하는 것은 각자의 마음 자세에 달려 있습니다. 주님은, **"심령이 가난한 자는 복이 있나니 천국이 저희 것임이요"**(마 5:3)라고 말씀하셨습니다. 심령이 가난한 자라야 천국의 영생에 들어간다는 말씀입니다.

그러면 하나님 앞에서 어떤 자가 **"심령이 부유한 자"**이고 어떤 자가 **"심령이 가난한 자"**입니까? "심령이 부유하다"라는 말은 자기의 의(義)가 충만하다는 뜻입니다. 자기가 매우 의로우며 잘난 줄 아는 사람이 바로 "심령이 부유한 자"입니다. 바리새인들이 대표적으로 그런 부류의 사람들이었습니다. 그들은 영적으로 교만해서 기도할 때에도, **"하나님이여 나는 다른 사람들 곧 토색, 불의, 간음을 하는 자들과 같지 아니하고 이 세리와도 같지 아니함을 감사하나이다 나는 이레에 두 번씩 금식하고 또 소득의 십일조를 드리나이다"**(눅 18:11-12) 하고 하나님 앞에서 당당하게 자신들의 의를 자랑한 자들이었습니다.

그런 자들과 대조적으로, **"심령이 가난한 자"**란 어떤 사람입니까? 그들은 자신의 죄악과 부족함을 잘 알기에, 하나님께 긍휼을 입혀달라고 간구하는 자들입니다. 이들은 하나님 앞에 자랑할 것이 없고 자기 의가 다 거덜난 자들이기에, 하나님께서 자신을 불쌍히 여겨 주시지 않으면 자기는 지옥에 갈 수밖에 없다고 진솔하게 고백하는 자들입니다. 바리새인들이 그렇게 당당하게 기도할 때에 한 세리는 멀리 서서 감히 눈을 들어 하늘을 우러러보지도 못하고 다만 자기의 가슴을 치며, **"하나님이여 불쌍히 여기옵소서 나는 죄인이로소이다"**(눅 18:13) 하고 기도했습니다. 이런 세리가 바로 **"심령이 가난한 자"**입니다. 그리고 주님은 **"내가 너희에게 이르노니 이 사람(세리)이 저(바리새인)보다 의롭다 하심을 받고 집에 내려갔느니라 무릇 자기를 높이는 자는 낮아지고 자기를 낮추는 자는 높아지리라"**(눅 18:14)고 말씀하셨습니다.

사람에게 과연 하나님께서 받으실 만한 옳은 것(의, 義)이 있습니까? 사람이 노력하고 근신하면 죄를 짓지 않고 온전한 거룩함에 도달할 수 있겠습니까? 이 질문에 "예"라고 대답을 하는 사람은 "심령이 부요(富饒)한 자"이고, 그런 사람은 죄 사함을 받을 수 없습니다. 저도 저의 옳음과 잘남이 충만했던 "의의 부자(富者)"였습니다. 저는 나름대로 제 잘난 멋에 살았고, 주위에서 인품이 좋고 선하다는 말을 많이 들었습니다. 저는 선한 척을 하는데 박사였고, 남을 위해서 희생도 제법 많이 했다고 자부했습니다. 저는 혼자 살다 죽은 노인들의 시신을 씻겨서 염을 하고 장례를 지내 주기도 했습니다. 저는 길거리의 소년을 데려다가 양자(養子)를 삼아서 제 자녀들과 함께 학교에 보냈습니다. 저는 뇌출혈로 쓰러진 전신마비 환자를 돌보기도 했습니다. 그런 일들이 결코 쉽지는 않았습니다. 그렇다고 해서 하나님 앞에서 그러한 자신의 의로써 자기의 죄를 덮을 수 있습니까? 하나님께서 보시기에 그런 것들이 정말 하나님께서 받으실 만한 온전한 의(義)의 제물입니까? 가인이 땅의 소산으로 예물을 삼아 하나님께 제사를 드렸을 때에 하나님께서 열납(悅納-기쁘게 받음)하셨습니까? 어떤 행위가 사람의 눈에는 의롭게 보여도, 인간의 의는 다 더러운 옷과 다름없다고 성경은 말씀하십니다. "대저 우리는 다 부정한 자 같아서 우리의 의는 다 더러운 옷 같으며 우리는 다 쇠패함이 잎사귀 같으므로 우리의 죄악이 바람 같이 우리를 몰아가나이다"(사 64:6). 사람의 선행에는 육신의 더러운 불순물이 섞여 있습니다. 인간의 선은 다 거짓된 선, 즉 위선(僞善)입니다. 선한 분은 오직 하나님 한 분뿐입니다.

자기의 근본 모습을 정직하게 시인해야 합니다

우리는 먼저 자기가 죄 덩어리임을 자각하고 시인해야 합니다. 그리고 나면 자기의 의를 자랑하고 위선을 떨었던 자기 꼬락서니가 얼마나 부끄러운 짓이었는지를 스스로 깨닫게 됩니다. 예수님은 "그(성령)가 와서 죄에 대하여, 의에 대하여, 심판에 대하여 세상을 책망하시리라"(요 16:8)고 말씀하셨습니다. 성령께서는 죄가 무엇인지, 하나님의 의가 무엇인지, 하나님의 심판이 누구에게 임하는지를 전혀 모르고 엉뚱한 방향으로 종교생활을 하고 있는 사람들을 책망하십니다. 우리 모든 인생은 하나님 앞에서 죄 덩어리로 태어나서 죽을 때까지 죄만 짓다가 하나님의 심판을 받고 지옥에 가야 할 자들입니다. 아담의 후손인 우리는 마음에 죄가 장착(裝着)된 채로 태어났기 때문에, 평생 동안 어쩔 수 없이 죄를 지으며 육신의 소욕을 좇아서 살아가게 되어 있습니다. 근본 12가지 죄를 마음에 장착(裝着)하고 태어난 우리가 어떻게 죄를 흘리지 않고 살아갈 수 있겠습니까? "나는 정신 바짝 차리고 조심하면 죄를 짓지 않고 율법을 좇아 거룩하게 살 수 있다"— 그런 착각은 희망사항일 뿐이며 절대 불가능한 일입니다.

사람이 자기 꼬락서니가 어떠한지를 전혀 모르고 힘써서 자기의 의를 세우려고 하기 때문에, 자기의 근본 모습이 어떤지를 알게 하시려고 하나님은 우리에게 율법을 주셨습니다. 우리가 분명히 알 것은 하나님이 율법을 사람에게 주신 첫 번째 목적은 **"우리로 하여금 죄를 깨닫게 하기 위함"**(롬 3:20)입니다. 그런데 율법사들은 "우리는 율법을 문자 그대로 다 지켜야 한다"라고 믿었습니다. 그래서 그들은 율법을 확대 재생산해서 더 많은 규범의 유전(遺傳)들을 만들어 냈습니다. **"너는 염소 새끼를 그 어미의 젖으로 삶지 말찌니라"**(출 34:26)라는 율법의 규례를 확대 해석해서, 유대인들은 유제품을 담는 그릇과 고기를 담는 그릇을 따로 구별하고 찬장도 따로 구분하도록 규범을 만들었습니다. 유대인 주부가 우유를 담는 그릇에 고기를 담았다가는 큰일이 납니다. 참으로 웃기는 일입니다.

지금은 그런 열심을 내는 자들도 별로 없지만 과거에는 우리나라 기독교인 중에서도 주일을 거룩하게 지내야 한다며 주일에는 가게에 물건을 사러 가지도 않고 아궁이에 불도 때지 않았던 율법주의자들이 제법 많았습니다. 안식일에는 아무 일도 해서는 안 된다는 말씀에 충성하고자 했던 그들의 마음은 가상하지만, 그들은 주님께서 주시는 안식의 참뜻을 전혀 몰랐습니다. 그래서 그들은 문자적으로 안식일을 지키려고 고집을 부렸습니다. 유대인들은 밖에 나갔다 들어오면 반드시 손발을 씻고 음식을 먹었습니다. 거리에서도 부정한 장면을 보게 되면 소맷자락으로 얼굴을 가리고 지나가는 등, 매우 거룩한 척, 깨끗한 척을 하며 고상을 떨었습니다. 유대인들은 이런 행위들을 조상의 유전(遺傳)이라며 아주 중요시했습니다. 그래서 씻지 않은 손으로 음식을 마구 집어 먹던 예수님과 제자들을 죄인으로 정죄했습니다.

그러나 예수님은 그런 율법주의자들에게 **"무엇이든지 밖에서**

사람에게로 들어가는 것은 능히 사람을 더럽게 하지 못하되 사람 안에서 나오는 것이 사람을 더럽게 하는 것이니라"(막 7:15-16)고 말씀하셨습니다. 예수님께서는 조상들의 유전(遺傳)인 정결례(淨潔禮)의 규범을 지키지 않는다고 문제될 것이 없다고 율법주의자들에게 말씀하신 것입니다. 예수님께서 그들과 헤어진 후, 제자들이 그 말씀의 의미를 묻자, 예수님께서는 이렇게 말씀하셨습니다: "너희도 이렇게 깨달음이 없느냐 무엇이든지 밖에서 들어가는 것이 능히 사람을 더럽게 하지 못함을 알지 못하느냐 이는 마음에 들어가지 아니하고 배에 들어가 뒤로 나감이니라 하심으로 모든 식물을 깨끗하다 하셨느니라 또 가라사대 사람에게서 나오는 그것이 사람을 더럽게 하느니라 속에서 곧 사람의 마음에서 나오는 것은 악한 생각 곧 음란과 도적질과 살인과 간음과 탐욕과 악독과 속임과 음탕과 흘기는 눈과 훼방과 교만과 광패니 이 모든 악한 것이 다 속에서 나와서 사람을 더럽게 하느니라"(막 7:18-23).

우리가 태어날 때부터 우리의 마음에는 죄가 장착되어 있습니다. 우리는 생래적(生來的)으로 죄를 가지고 태어났기 때문에 조금 더 자라나면 전자동으로 죄를 짓는 존재들입니다. "**악한 생각 곧 음란과 도적질과 살인과 간음과 탐욕과 악독과 속임과 음탕과 흘기는 눈과 훼방과 교만과 광패**"(Evil thoughts, adulteries, fornications, murders, thefts, covetousness, wickedness, deceit, lewdness, an evil eye, blasphemy, pride, foolishness—New King James Version)—우리는 이런 죄들을 기본적으로 장착하고 태어났기 때문에 환경과 여건만 허락되면 온갖 죄늘이 우리에게서 행동으로, 말로, 눈빛으로, 상상으로 쏟아져 나오게 됩니다.

우리 마음에 근본적으로 장착(裝着)되어 있는 **"간음의 죄"**를 예로 들어봅시다. 다윗은 부하들을 모두 전쟁터에 내보내고 자신은 왕궁 옥상 위에서 한가롭게 거닐며 아랫동네를 내려다보다가, 밧세바라는 여인이 자기집 옥상에서 알몸을 드러내고 목욕하고 있는 것을 보았습니다. 다윗은 그 순간에 옥상의 난간 뒤로 황급히 자기의 몸을 낮추었을 것입니다. 그러나 그녀의 아름다운 자태가 눈에 아롱거려서 곧 고개를 다시 내밀고 그녀의 알몸을 훔쳐보았을 것입니다. 다윗은 몸을 숨기고 마른침을 삼키며 온갖 음란한 상상을 하다가 끝내 그녀를 데려다가 간음을 하게 됩니다. 그런데 그녀가 임신을 했습니다. 다윗은 그 죄를 숨기려고 밧세바의 남편이자 자기의 충성스런 부하인 우리아를 간접적으로 살해했습니다.

여러분, 우리는 어떻습니까? 평소에는 우리에게 간음하는 마음이 없는 것 같습니다. 그런데 휴대폰에 문자가 왔길래 한번 눌러봤더니 요즘 신문 지상을 떠들썩하게 한 "연예인 A양의 야동"이 갑자기 눈앞에 확 펼쳐졌다고 하면 어떻겠습니까? 침이 꼴깍 넘어갑니다. 누구에게 들킬까 봐 얼른 좌우부터 살펴봅니다. 혹시 종교 훈련이 잘된 사람은 얼른 휴대폰 화면을 끌 수도 있습니다. 그러나 한번 본 야한 장면은 계속 뇌리에 남아서 눈만 감으면 떠오를 것입니다. 우리가 음란한 짓을 상상만 하고 행동으로 옮기지 않았다고 간음의 죄를 범하지 않은 것입니까? 예수님께서는 **"또 간음치 말라 하였다는 것을 너희가 들었으나 나는 너희에게 이르노니 여자를 보고 음욕을 품는 자마다 마음에 이미 간음하였느니라"**(마 5:27-28)고 말씀하셨습니다. 그렇다면 우리는 날마다 간음의 죄를 범하는 죄인들이 아닙니까? 우리는 근본 간음하는 마음을 가지고 태어난 자이기에, 마음으로는 언제든지 간음하는 죄인들입니다.

1980년대 초에 제가 대학에서 처음 교편을 잡았을 때의 일이 생각납니다. 당시 한 예쁘장한 여학생이 제 연구실에 근로장학생으로 배정되어서 아침이면 제 연구실에 와서 청소를 하고 연구실 집기들도 정돈해 주었습니다. 그런데 여름이 되면서 그 여학생의 옷도 얇아지고 짧아지더니, 그 여학생이 어느 날 내 책상을 닦으려고 내 전면에서 허리를 숙였는데 그 여학생의 가슴골이 속까지 훤히 보였습니다. 그 순간 내 마음에 야릇한 감정이 올라오고 그때부터 이 여학생을 아무 감정 없이 쳐다볼 수가 없었습니다. 청소를 마치고 예쁘게 인사를 하고서 돌아가는 이 여학생의 뒤태를 저는 음란한 눈으로 훔쳐보기까지 했습니다.

저는 **"또 간음치 말라 하였다는 것을 너희가 들었으나 나는 너희에게 이르노니 여자를 보고 음욕을 품는 자마다 마음에 이미 간음하였느니라"**라는 주님의 말씀에 마음이 찔려서, 새벽 기도 때마다 눈물로 회개 기도를 하고 다시는 음란한 마음을 품지 않겠노라고 각오를 하고서 출근했지만, 그 여학생이 제 연구실에 들어와 청소를 하는 동안 제 각오는 여지없이 깨지고 말았습니다. 저는 어느새 다시 그 여학생을 훔쳐보고 있는 나를 어찌할 수 없어서, 그 여학생이 청소하러 제 연구실에 들어오면 회의에 간다는 둥 온갖 핑계를 대고서 서둘러서 밖으로 나가 버리곤 했던 기억이 납니다. 제가 실제적으로 음란한 행위를 하지 않았다고 해도, 저는 이미 간음한 자이고 늘 간음의 죄를 범할 수밖에 없는 자입니다.

그러면 마음에 근본 간음이라는 죄를 장착하고 태어나서 늘 간음할 수밖에 없는 우리에게 하나님은 왜 **"간음하지 말지니라"**라는 규례를 세워 주셨습니까? 왜 지키지도 못할 율법을 주셔서 우리가 그 율법을 지킨다고 죽을 고생을 하게 하셨습니까? 주님은 "너희가 죄 덩어리인 줄을 스스로 깨닫게 하려고 내가 율법을 주었다"라고 말씀하십니다. 사람은 자기가 죄의 바다에 빠져 죽게 되었음을 깨달아야 하나님의 구원을 간절히 바라게 됩니다. 헤엄을 못 치는 사람이 깊은 물에 빠지면, 허우적거리면서 "사람 살려!" 하고 외치듯이, 율법 앞에서 자신이 지옥에 가야 할 죄 덩어리인 줄 알아야 "하나님, 저를 불쌍히 여기셔서 구원해 주세요! 저는 지옥에 가야 할 죄인입니다!"라고 절박하게 외치게 됩니다.

사실 대부분의 사람들은 자기가 제법 의로운 줄로 착각하고 있기 때문에 자기의 죄악된 꼬락서니를 너무나도 모릅니다. 그래서 자기가 마땅히 지옥에 가야 할 죄 덩어리라고는 생각조차 하지 않습니다. 그렇기 때문에 하나님께서는 우리에게 율법을 주셔서 우리 인생들이 얼마나 더러운 죄인인 줄을 깨닫고 스스로 시인하게 하신 것입니다. 즉, 하나님께서 우리에게 율법을 주신 근본 목적은 율법으로 말미암아 우리가 죄 덩어리임을 깨닫게 하려는 것입니다. 율법으로 말미암아 자신의 본래의 모습이 얼마나 추악한지를 깨닫고, 자기가 지옥에 갈 죄인이라고 인정하는 자라야 간절한 마음으로 하나님께 나와서, "하나님, 저는 지옥 가야 할 죄인입니다. 저를 불쌍히 여겨 주세요"라고 하나님의 긍휼을 간구하게 됩니다.

우리가 죄를 깊이 깨닫게 하려고 하나님께서 우리에게 율법을 주셨습니다. "그러므로 율법의 행위로 그의 앞에 의롭다 하심을 얻을 육체가 없나니 율법으로는 죄를 깨달음이니라"(롬 3:20). 또 "율법이 가입한 것은 범죄를 더하게 하려 함이라 그러나 죄가 더한 곳에 은혜가 더욱 넘쳤나니"(롬 5:20)라고 말씀하셨고, "그런즉 선한 것이 내게 사망이 되었느뇨 그럴 수 없느니라 오직 죄가 죄로 드러나기 위하여 선한 그것으로 말미암아 나를 죽게 만들었으니 이는 계명으로 말미암아 죄로 심히 죄 되게 하려 함이니라"(롬 7:13)라고 말씀하셨습니다. 아멘! 이처럼 하나님께서 우리에게 지키라고 율법을 주신 것이 아닙니다. 우리가 그 율법 앞에서 심히 죄인으로 드러나서 하나님께 구원을 간청하게 하시려고 하나님께서는 우리에게 율법을 주셨습니다.

이제 여러분은 율법을 어떻게 읽습니까?

이제 다시 처음에 제시한 말씀을 상고해 봅시다—"**율법에 무엇이라 기록되었으며 네가 어떻게 읽느냐**"(눅 10:26). 예를 들어서 율법에는 "**간음하지 말지니라**"라고 기록되어 있습니다. 그런데 우리는 이 규례를 어떻게 읽어야 합니까? "그러니 우리는 절대로 간음하지 말아야 한다"라고 읽는 것이 옳습니까? 아니면, "간음은 더러운 죄라는 하나님의 말씀은 옳습니다. 그러나 저는 근본 간음하는 종자(種子)입니다"라고 읽어야 맞습니까? 율법은 내가 어떤 자인지를 정확히 깨달을 수 있도록 내 속사람의 근본 모습을 비춰주는 거울입니다. 율법을 정직한 마음으로 들여다보고 있으면 자기의 죄악된 근본 모습을 인정하게 됩니다. 그래서 마음이 정직한 자는 율법의 규례들을 이렇게 읽습니다: "하나님, 저는 간음하는 자이며, 거짓말을 밥 먹듯 하는 자이며, 도적질하는 자이며, 음란한 자이며, 살인하는 자이며, 부모를 거역하는 자이며, 하나님보다 저 자신을 더 사랑하는 자입니다. 저는 하나님보다 세상과 쾌락을 더 사랑하는 우상숭배자입니다. 저는 죄 덩어리입니다. 이제 율법으로 말미임아 저의 추악한 모습이 벌거벗은 것처럼 하나님 앞에 다 드러났습니다. 저 스스로는 이 모든 죄악에서 벗어날 수 없습니다.

하나님, 저를 불쌍히 여기시고 이 모든 죄와 허물에서 저를 구원해 주십시오."

예수님은 이런 마음밭의 소유자를 "**심령이 가난한 자**"라고 말씀하십니다. 그런 자들만이 "**율법 외에 (나타난) 하나님의 한 의**"(롬 3:21)를 믿음으로 죄 사함을 받고 구원을 얻습니다. 곧 자신을 죄인 중에 괴수라고 자인(自認)하는 자만이 예수님께서 완성시켜서 우리에게 선물로 주신 **물과 피의 복음**을 믿어서 단번에 죄 사함을 받고 천국 영생을 누리게 됩니다: "이제는 율법 외에 하나님의 한 의가 나타났으니 율법과 선지자들에게 증거를 받은 것이라 곧 예수 그리스도를 믿음으로 말미암아 모든 믿는 자에게 미치는 하나님의 의니 차별이 없느니라 모든 사람이 죄를 범하였으매 하나님의 영광에 이르지 못하더니 그리스도 예수 안에 있는 구속으로 말미암아 하나님의 은혜로 값 없이 의롭다 하심을 얻은 자 되었느니라"(롬 3:21-24). 아멘!

사도 바울도 율법을 피상적으로 인식하고 문자적으로 지키는 척만 하고 살 때에는 자기의 의가 충만했고 다른 이들 앞에서 의기양양했습니다. 그런데 하나님의 율법이 요구하는 의의 수준이 자신의 마음에까지 적용되는 절대적인 거룩함이라는 사실을 깨달은 후에는, 율법 앞에서 자기가 심판을 받아 마땅한 자, 즉 "**죄인 중에 내가 괴수**"(딤전 1:15)라고 시인하게 되었습니다. 사도 바울은 로마서 7장에서도 율법 앞에서 심히 죄인인 자신의 모습을 고백합니다.

"내 속 곧 내 육신에 선한 것이 거하지 아니하는 줄을 아노니 원함은 내게 있으나 선을 행하는 것은 없노라 내가 원하는 바 선은 하지 아니하고 도리어 원치 아니하는 바 악은 행하는도다 만일 내가 원치 아니하는 그것을 하면 이를 행하는 자가 내가 아니요 내 속에 거하는 죄니라 그러므로 내가 한 법을 깨달았노니 곧 선을 행하기 원하는 나에게 악이 함께 있는 것이로다 내 속 사람으로는 하나님의 법을 즐거워하되 내 지체 속에서 한 다른 법이 내 마음의 법과 싸워 내 지체 속에 있는 죄의 법 아래로 나를 사로잡아 오는 것을 보는도다 오호라 나는 곤고한 사람이로다 이 사망의 몸에서 누가 나를 건져 내랴"(롬 7:18-24).

　기록된 율법의 말씀을 "어떻게 읽느냐"에 따라 각자의 영적 운명이 결정됩니다. 율법 앞에서 정직한 심령은 거듭나기 전의 사도 바울처럼, **"오호라 나는 곤고한 사람이로다 이 사망의 몸에서 누가 나를 건져 내랴"** 하고 절규할 것입니다. 이런 심령의 소유자는 자기를 구원해 줄 목자를 찾아 헤매는 **"길 잃은 양"**입니다. 율법 앞에 정직하게 서서 자기의 의를 다 잃어버린 자가 바로 **"심령이 가난한 자"**이며 **"길 잃은 양"**입니다. 주님은 바리새인들처럼 자기의 의가 충만한 아흔아홉 마리의 양들은 내버려 두시고, 이런 **"길 잃은 양"** 한 마리를 찾아가셔서 그에게 구원의 은총을 입혀 주십니다. 율법 앞에서 자기의 의를 조금이라도 내세우는 자는 결코 주님께서 주시는 온전한 의의 옷을 입을 수 없습니다. 자신이 공들여 만든 무화과 나뭇잎 옷을 온전히 벗어버리지 않으면 절대로 주님께서 만드셔서 선물로 주시는 의의 가죽옷을 입을 수 없습니다.

　대부분의 기독교인들은 율법을 잘 지켜서 구원에 이르려고 합니다. 율법주의의 노선을 정통(正統)의 신앙이라고 믿기에, 지금 많은 기독교인들이 멸망의 길로 가고 있습니다. 그러나 주님은 **"좁은 문으로 들어가라 멸망으로 인도하는 문은 크고 그 길이 넓어 그리로 들어가는 자가 많고 생명으로 인도하는 문은 좁고 길이 협**

착하여 찾는 이가 적음이니라"(마 7:13-14)고 말씀하셨습니다. 당신도 지금까지 율법을 문자적으로만 이해하고 지키려고 했다면, 그것이 멸망으로 인도하는 종교인의 길인 줄 깨닫고 즉시 그 길에서 돌이켜야 합니다. 그래도 고집을 부리고 종교인의 길을 계속 가겠습니까? 온 율법을 다 지키다가 그중의 하나를 깨뜨리면 율법 전체를 범한 것입니다. 또 **"의문은 죽이는 것이요 영은 살리는 것임이니라"**(고후 3:6)고도 말씀하셨습니다. 의문(儀文)은 쓰인 그대로의 문자를 말합니다. 그러니 오늘날의 대다수 종교인들처럼 율법을 문자적으로만 읽고서 그 율법을 지켜서 의롭게 되려고 율법의 행위로 나아가는 자들은 끝내 하나님의 진노와 심판을 받게 됩니다. 이런 종교인들은 자기 꼬락서니를 몰라도 너무 모르는 자들입니다.

"율법에 무엇이라 기록되었으며 네가 어떻게 읽느냐"(눅 10:26)라는 주님의 질문에 어떻게 대답하느냐에 따라서 종교인과 신앙인이 나뉘고 멸망의 길과 천국 영생의 길이 나뉩니다. 율법을 지켜서 의롭게 되려는 종교인들은 결국 의에 이르지 못하고 지옥의 영벌(永罰)에 떨어질 것입니다. 율법 앞에서 자기가 지옥에 가야 마땅한 죄인이라고 시인하고 주님의 구원을 갈구하는 자는 **진리의 원형복음(原形福音)**을 만나서 믿음으로 모든 죄와 허물을 단번에 사함 받게 됩니다. 그렇게 심령이 가난한 자들은 주님께서 값없이 입혀 주시는 의의 가죽옷을 입고 거듭나서 천국 영생의 잔치에 참여할 것입니다.

당신은 율법주의의 노선을 고집하는 종교인입니까? 아니면 오직 하나님의 긍휼을 바라는 신앙인입니까? 종교인이 자기의 잘못된 노선에서 돌이키지 않으면 의로우신 하나님의 심판과 저주를 받는다는 사실을 명심하기 바랍니다. 이 글을 읽는 분들이 하나님 앞에 정직한 심령으로 나와서 **"죄 사함으로 말미암는 구원"**(눅 1:77)을 얻음으로써 은혜와 평강을 누리게 되기를 진정으로 바랍니다.

아멘!

종교인 7
자기의 의를 쌓으며 자랑하는 자들

"내가 여러 해 아버지를 섬겨 명을 어김이 없거늘 내게는 염소 새끼라도 주어 나와 내 벗으로 즐기게 하신 일이 없더니 아버지의 살림을 창기와 함께 먹어버린 이 아들이 돌아오매 이를 위하여 살진 송아지를 잡으셨나이다"(눅 15:29-30).

누가복음 15장에는 잃었던 양의 비유, 잃었던 은전(드라크마)의 비유, 그리고 잃었던 아들의 비유라고 하는 세 가지 비유의 말씀이 기록되어 있습니다. 오늘의 본문 말씀은 그중에서 세 번째 비유의 말씀인 **"잃었던 아들의 비유"**에 기록된 말씀입니다. 주님은 우리에게 매우 중요한 교훈을 주기 위해서, **"잃었던"** 세 가지의 비유 말씀을 들려주셨습니다. 그것은 **"자기의 의를 다 잃어버린 자만이 하나님의 의를 얻어서 구원을 받는다"**라는 교훈입니다. 주님께서는 자기의 의를 모두 잃어버린 자들을 찾아가셔서 그들을 진리의 복음으로 만나 주시고 구원해 주십니다. 자기의 의가 충만한 사람은 주님께서 당신의 완전한 의를 입혀 주시려고 해도 그것을 사양합니다.

이 세 가지의 비유 말씀에서, 길을 잃어버리지 않은 양 99마리나, 잃어버리지 않은 9개의 은전(드라크마), 그리고 한 번도 집을 떠난 적이 없던 맏아들은 자기의 의로 충만했던 바리새인들처럼 주님을 만날 수 없는 자들을 지칭(指稱)합니다. 그들은 주님이 만나주려야 만나줄 수도 없는 교만한 심령들입니다. 그들이 바로 외식(外飾)하는 종교인들이며 자기 의의 부자(富者)들입니다. 종교인들은 도토리 키 재기를 하듯 서로의 의를 비교하고 자기의 의를 자랑합니다. 자기 의의 부자가 천국에 들어가는 것은 낙타가 바늘 귀로 들어가는 것보다 어렵다고 주님은 말씀하셨습니다. 맏아들은 자기 재산을 다 탕진하고 돌아온 동생을 비방하며 그런 악한 자에게 잔치를 베풀어 주신 아버지에게도 불만을 쏟아 냈습니다. "나는 여러 해 동안 아버지를 섬겨 명을 어긴 것이 없었거늘 내게는 친구들과 함께 먹을 염소 새끼 한 마리도 아버지는 내어 주지 않았습니다. 그런데 아버지가 나눠준 재산만 탕진하고 돌아온 저런 쓰레기 같은 놈에게 잔치를 베풀어 주시다니, 이게 말이 됩니까?" 하고 맏아들은 아버지에게 온갖 불만과 화를 쏟아 냈습니다.

종교인들은 마음에 죄가 있기 때문에 지옥 판결을 받게 될 터인데, 주님께서 다시 오셔서 자기들에게 지옥의 판결을 내릴 때에도 그들은 주님께 화를 내며 주님의 판결을 불의(不義)하게 여길 것입니다. 종교인들은 그날에 **"주여 주여, 우리가 주의 이름으로 선지자 노릇하며 주의 이름으로 귀신을 쫓아 내며 주의 이름으로 많은 권능을 행치 아니하였나이까"**(마 7:22) 하고 거세게 항변할 것입니다. 종교인은 스스로 쌓은 공로와 의로 하나님과 사람들에게 인정을 받으려고 합니다. 그래서 그들은 서로 "공로 쌓기 경쟁"을 합니다. 그들은 다른 종교인들이 높이 쌓아놓은 인간의 의를 부러워하고 칭찬하면서, 자기도 그렇게 만인의 존경을 받고 싶어 합니다. 그래서 그들은 경쟁적으로 선행, 봉사, 희생, 헌금을 하고 기도와 고행도 많이 합니다. 제 말은 여러분이 그런 의로운 일은 다 쓸데없으니 하지 말라는 얘기가 아닙니다. 타인을 위한 희생은 다 고귀한 것입니다. 그런데 그들이 그렇게 의로운 행위를 하는 **"숨은 동기"**(ulterior motives)가 문제라는 말입니다. 그들은 사람에게 보이려고, 사람들의 존경을 받으려고 위선으로 의를 행합니다. 또한 종교인들은 의로운 일들을 많이 해야만 하나님의 인정을 받는 줄 알기 때문에 더욱더 열심을 내서 **자기의 의를 쌓는 종교의 노선을** 고집합니다. 종교인들은 눈이 빨갛게 충혈되도록 새벽 기도, 회개 기도, 금식 기도, 철야 기도에 매진합니다. 봉사활동을 하고, 자선 후원금을 많이 내고, 성전 건축헌금을 드리고, 주의 종을 전심으로 섬기고, 예배마다 빠지지 않고 참석하고, 선교활동을 하고, 전도활동을 하고, 하고, 하고, 또 합니다. 그렇게 종교인들은 자기의 의를 쌓는 일에 혈안이 되어 살아갑니다.

저도 물과 피의 원형복음을 믿어서 거듭나기 전에는 지독한 종교인 중의 한 사람이었습니다. 저는 새벽부터 잠들기까지 끊임없이 나의 의를 쌓는 일을 하며 겨우겨우 살아갔습니다. 주변 사람들이 저를 칭찬했습니다. 그러나 제 마음은 항상 저 자신의 의를 쌓은 일에 지치고 피곤해 있었습니다. 주님께서 내게 부탁하신 일들을 순종하고 있다고 겸손한 척하며 말씀은 전했지만, 사실 다 나의 옳음과 잘남을 은근히 자랑하는 낙으로 살았습니다. 말로는, "주님이 저 같은 자를 인도하셔서 이 마지막 시대에 초대교회의 능력을 회복하는 공동체 운동을 일으키셨습니다. 주님께서 저에게 하나님의 긍휼한 마음을 주셔서 초교파(超敎派) 선교활동을 하게 하셨고, 이런저런 일들을 하게 하셨습니다. 저 같이 부족하고 악한 자를 불러 주시고 써 주시는 주님을 찬양합니다! 할렐루야!" 하고 겸손을 떨었지만, 속으로는 "내가 이래도 이처럼 의로운 사람이야! 너희들과는 전혀 품격이 달라!" 하는 교만함과 의로움으로 제 마음은 충만했습니다.

"칭찬은 고래도 춤추게 한다"라는 격언이 있습니다. 그래서 종교라는 마을에서는 아첨과 칭찬이 난무하고, 종교인들은 그런 칭찬을 힘입어서 범인(凡人)들은 흉내도 못 낼 엄청난 일들을 해내기도 합니다. 그래서 절체절명의 위기 상황에서도 "죽으면 죽으리라" 하는 각오로 초인적인 용기와 희생을 보여 주기도 하는 이들이 기독교 종교인들입니다.

"아유, 목사님, 대단하십니다. 어떻게 두 아들을 다 하나님께 드려서 아프리카 오지에 선교사로 나가게 했습니까?"

"뭘요, 다 주님이 은혜를 주셔서 한 일인데요. 저는 지난 달에도 아프리카 오지에서 일하는 큰 아들을 선교 현장에서 만나서 '아들아, 우리는 땅끝에서 죽어서 하늘 복판에서 만나자'라고 격려하고 돌아왔습니다. 장로님도 참 대단한 일을 하고 계시지 않습니까? 장로님 없으면 우리 교회는 쓰러집니다. 허~허~허~"

"아유~권사님, 어쩌면 그렇게 양로원 봉사활동을 한 주도 빠짐없이 충성되게 하십니까? 연말에 우리 교회가 선정하는 올해의 신앙인상(信仰人賞)은 권사님께서 받으실 겁니다."

"아유, 집사님, 참으로 대단하십니다. 어떻게 생면부지의 사람에게 신장을 이식해 주셨나요? 여기는 기독교 방송인데, 생방송으로 인터뷰를 한번 해 주십시오. 집사님의 선행은 모든 기독교인들의 귀감이 되고 각박한 세상에 빛이 되실 것입니다."

그렇게 해서 종교라는 마을에서는 **전설적인 인물들**이 생겨납니다. 종교화된 기독교 역사에서 사람들의 칭송을 받는 인물들의 일대기(一代記)들을 보십시오! 하나같이 초인적(超人的)으로 쌓은 자기의 의를 자랑하는 자들의 이야기가 아닙니까? 그런데 여기서 매우 **중요한** 사실은, 그런 전설적 인물들은 결국 오늘 성경 본문에 등장하는 맏아들과 같은 자들입니다. 그들은 **인간의 의**를 쌓는 데는 성공했을지 몰라도 하나님께서 주시는 **완전한 의의 옷**은 결코 입을 수 없는 자들입니다. 하나님의 의는 둘째 아들처럼 **"자기의 의를 다 잃어버린 자"**만이 입을 수 있는 하나님의 선물이기 때문입니다.

　당신은 자기의 의를 다 잃어버린 둘째 아들과 같은 심령으로 주님 앞에 나왔습니까? 아니면 맏아들처럼 자기의 의를 높이 쌓아서 그것을 들고 주님 앞에 나왔습니까? 자기 꼬락서니를 전혀 모르는 자들은 자기에게도 내세울 만한 의로운 공로가 많다고 착각을 합니다. 그러나 마음이 정직한 자들은 자신이 얼마나 쓰레기 같은 자이며 하나님 앞에 얼굴조차 들 수 없는 죄 덩어리인지를 잘 알기 때문에, 그저 어떤 세리와 같이 **"하나님이여 불쌍히 여기옵소서 나는 죄인이로소이다"**(눅 18:13) 하고 오직 자기를 불쌍히 여겨 달라고 하나님께 간구합니다.

　자기의 의로움이 조금이라도 남아 있으면, 하나님께로부터 **"죄 사함으로 말미암는 구원"**(눅 1:77)의 은총을 입을 수 없습니다. 하나님은 아브라함에게 **"너는 너의 본토 친척 아비 집을 떠나 내가 네게 지시할 땅으로 가라"**(창 12:1)고 명령하셨습니다. 우리는 사단 마귀가 지배하는 종교의 본향을 떠나야만 하나님께서 친히 다스리시는 하나님의 교회에 들어갈 수 있습니다. 예수님께서는 벳새다의 소경을 마을 밖으로 데리고 나가셔서 눈을 뜨게 하셨습니다. 그리고 그를 집으로 보내시며, **"마을에도 들어가지 말라"**(막 8:26)고 당부하셨습니다. 당신도 인간의 의만을 자랑하고 내세우는 종교인들의 마을을 떠나지 않으면 결코 하나님의 의를 만나지 못합니다. 또한 당신이 진리의 원형복음을 믿어서 거듭난 후에 다시 옛 종교의 마을로 돌아간다면 당신은 얻었던 천국의 영생을 잃어버리게 됩니다.

　당신이 자기의 의를 조금이라도 내세운다면, 당신은 결코 하나님의 의를 선물로 받지 못합니다. 당신이 **열심이 특심**인 종교인으로서 선배 종교인들이 합심해서 닦아 놓은 천로역정(天路歷程)의 길을 죽을 때까지 성실하게 간다고 해도, 진리의 복음을 좇지 않는 당신의 마음에는 죄가 있을 수밖에 없습니다. 그리고 기독죄인들(Christian sinners)은 그날에 주님의 심판대 앞에 서면, **"내가 너희를 도무지 알지 못하니 불법을 행하는 자들아 내게서 떠나가라"**(마 7:23) 하시는 주님의 준엄한 판결을 받을 것입니다. 그러므로 만일 당신이 지금까지 외식하는 종교인의 삶을 살았다면, 당신은 죄로 물든 자기의 마음을 정직하게 살펴보고 돌이켜야 합니다. "정말 내가 하나님의 말씀을 어긴 적이 없나? 내가 지금까지 열심으로 하나님을 믿었다고 했지만, 그 모든 것이 내 공로를 내세웠던 것은 아닌가? 내 마음에 죄가 있는데, 과연 내가 천국에 갈 수 있겠나?"—이렇게 정직하게 자문(自問)하며 자기를 돌아보고 하나님 앞에 무릎을 꿇어야 합니다. 그리고 당신은 종교인의 노선을 계속 갈 것인지, 아니면 자기의 의를 다 잃어버린 자로서 하나님 앞에 항복하고 나와서, "하나님, 저는 하나님의 자녀가 될 자격이 없는 쓰레기 같은 자입니다. 저를 당신 나라의 품꾼으로라도 받아 주십시오" 하고 주님의 은혜를 구할 것인지를 결정해야 합니다.

　주님께서는 스스로를 의롭다고 자부하는 자들을 외면하십니다. 자기 의에 배부른 그런 자들은 주님의 의를 갈망하지 않습니다. 주님께서는 오직 **자신의 의를 다 잃어버린 자**를 만나 주십니다. 예수님께서 세리였던 마태의 집에서 음식을 드실 때에 많은 세리와 죄인들이 동석했습니다. 바리새인들은 그 장면을 보고 예수님의 제자들에게, "어찌하여 너희 선생은 세리와 죄인들과 함께 잡수시느냐?" 하고 힐문했습니다. 그러자 예수님은, "건강한 자에게는 의원이 쓸 데 없고 병든 자에게라야 쓸데 있느니라 너희는 가서 내가 긍휼을 원하고 제사를 원치 아니하노라 하신 뜻이 무엇인지 배우라 내가 의인을 부르러 온 것이 아니요 죄인을 부르러 왔노라"(마 9:12-13)고 말씀하셨습니다.

"심령이 가난한 자는 복이 있나니 천국이 저희 것임이요… 의에 주리고 목마른 자는 복이 있나니 저희가 배부를 것임이요"(마 5:3,6)라고 주님께서 말씀하셨습니다. 그렇습니다. 주님 앞에서 자기를 매우 의롭다고 여기는 종교인들은 하나님의 의에 주리고 목마르지 않기 때문에 죄인을 불러 거듭나게 하시려는 주님의 부르심에 응답하지도 않습니다.

종교인들은 땅의 소산으로 제사를 드렸던 가인(Cain)처럼, 자기의 의를 제물로 들고 나가서 열심으로 제사를 드림으로써 하나님께 인정을 받고자 합니다. 그러나 주님께서는 지옥에 갈 수밖에 없는 우리를 불쌍히 여기셔서, 모든 죄에서 우리를 온전하게 구원하셨습니다. 그리고 주님은 우리 모두가 진리의 원형복음 안에 담긴 하나님의 인애(仁愛)를 알고 값없이 주시는 구원의 은총을 누리기를 원하십니다. 아직도 거듭나지 못해서 영적으로 눈이 먼 종교인들이여, 제발 주님께로부터 안약을 사서 눈에 바르고(계 3:18) 영의 눈이 열려서 자기의 죄악된 근본 모습과 헐벗은 부끄러움을 깨닫기를 바랍니다.

아멘!

"너희는 먼저
그의 나라와 그의 의를 구하라
그리하면 이 모든 것을
너희에게 더하시리라"
(마 6:33).

신앙인 7

자기의 의를 다 잃어버린 자들

"아들이 가로되 아버지여 내가 하늘과 아버지께 죄를 얻었사오니 지금부터는 아버지의 아들이라 일컬음을 감당치 못하겠나이다 하나, 아버지는 종들에게 이르되 제일 좋은 옷을 내어다가 입히고 손에 가락지를 끼우고 발에 신을 신기라 그리고 살진 송아지를 끌어다가 잡으라 우리가 먹고 즐기자 이 내 아들은 죽었다가 다시 살아났으며 내가 잃었다가 다시 얻었노라 하니 저희가 즐거워하더라"(눅 15:21-24).

기독교인들은 위의 말씀을 "돌아온 탕자의 비유"(the parable of the return of the prodigal son)라 일컫지만, 이 비유 말씀은 "잃었던 아들의 비유"(the parable of the lost son)라고 부르는 것이 옳습니다. 둘째 아들은 아버지에게 자기의 상속지분을 미리 달라고 요청해서 아버지는 두 아들에게 각각 재산을 상속해 주었습니다. 며칠 후 둘째 아들은 "내가 아무 도시로 나가서 이런저런 사업을 해서 큰돈을 벌리라" 하는 청운(靑雲)의 꿈을 품고 자기 소유를 챙겨서 아버지 집을 떠났습니다.

그러나 세상은 그리 녹녹하지 않았습니다. 둘째 아들은 도모하는 사업마다 뜻대로 되지 않았습니다. 그는 방탕한 생활에 빠져서 모든 것을 다 탕진하고는 끝내 돼지를 치는 하인으로 전락했습니다. 그는 돼지우리 곁의 움막에 살면서 돼지가 먹는 쥐엄나무 열매로라도 배를 채우고자 했으나 그것조차 배불리 먹지 못하는 아주 처참한 지경에 이르렀습니다. 그제서야 그는 "내가 여기서 이렇게 비참하게 살다 죽느니 아버지 집으로 돌아가야겠다"라고 결심을 했습니다. 그는 "아버지의 집은 모든 것이 풍족해서 품꾼들도 배불리 먹지 않았던가? '아버지여 내가 하늘과 아버지께 죄를 얻었사오니 지금부터는 아버지의 아들이라 일컬음을 감당치 못하겠나이다 나를 품꾼의 하나로 보소서' 하고 말씀을 드리리라"라고 작정하고서 아버지의 집을 향해서 무거운 발걸음을 돌렸습니다.

 그가 고개를 푹 숙이고 마을 어귀에 이르렀을 때에, 날마다 마을 어귀만 바라보고 있었던 아버지는 거지 중에서도 상거지 행색을 하고 돌아오고 있는 둘째 아들을 알아보고 맨발로 뛰어나와 그를 얼싸안고 입 맞추며 기쁨의 눈물을 흘렸습니다. 둘째 아들은 염치가 없어서, **"아버지여 내가 하늘과 아버지께 죄를 얻었사오니 지금부터는 아버지의 아들이라 일컬음을 감당치 못하겠나이다 나를 품꾼의 하나로 보소서"** 하였으나, 아버지는 뛸 듯이 기뻐하시며 종들에게, **"제일 좋은 옷을 내어다가 입히고 손에 가락지를 끼우고 발에 신을 신기라 그리고 살진 송아지를 끌어다가 잡으라 우리가 먹고 즐기자 이 내 아들은 죽었다가 다시 살아났으며 내가 잃었다가 다시 얻었노라"**(눅 15:22-24)고 명하며 상거지 형색으로 돌아온 둘째 아들을 반겨 맞아 주었습니다.

 "이 내 아들은 죽었다가 다시 살아났으며"라는 말씀은 **"자기의 의가 다 거덜난 자만이 하나님이 주시는 구원을 받는다"**라는 말씀입니다. "하나님, 저는 지옥에 가야 마땅한 자입니다" 하고 인정하고 자기의 마음이 이미 지옥의 판결을 받고 한 번 죽었던 자들만이 하나님께서 입혀 주시는 **"제일 좋은 옷"**(하나님의 의의 옷)을 입고 거듭나서 새 생명을 얻습니다. 하나님 앞에서 죄 사함을 받으려면, 자기의 의가 온전히 깨어지고 부인(否認)되어야 합니다. 인간의 의가 조금이라도 남아 있으면 하나님의 의의 가죽옷을 입지 못합니다. 자기의 의에 배부른 사람은 자기가 만든 나뭇잎 옷이 더 훌륭하다고 여기기 때문에, 주님께서 주시는 가죽옷은 달가워하지 않고 입고자 하지도 않습니다. 스스로 만든 무화과 나뭇잎 옷을 아까워하고 날마다 지어 입는 종교인들은 하나님 아버지께서 당신의 외아들 예수님을 통해서 완성해 주신 **가죽옷(하나님의 의)**을 결코 입을 수 없습니다. 그리고 종교인들은 자기가 짠 무화과 나뭇잎 옷 위에 어쩌다가 가죽옷을 입어보고는 나뭇잎 옷이 속살을 쓸어서 괴로워하다가 끝내 가죽옷을 벗어버립니다.

둘째 아들은 험한 세상에 나갔다가 자기의 의를 다 잃어버렸습니다. 그는 이제 아버지와 사람들 앞에서 아무것도 내세울 만한 것이 없었습니다. 이제는 다만 아버지의 긍휼히 여기심을 입고 아버지 집에서 종살이라도 했으면 좋겠다고 바랄 뿐이었습니다. 하나님은 이런 심령에게 아무 조건 없이 거저 주시는 죄 사함의 은총을 입혀 주십니다. "제일 좋은 옷을 내어다가 입히고 손에 가락지를 끼우고 발에 신을 신기라"(눅 15:22). "제일 좋은 옷"은 우리의 모든 죄와 허물을 가려 주신 **"하나님의 의"**(롬 1:17)의 옷입니다. 다윗이, **"그 불법을 사하심을 받고 그 죄를 가리우심을 받는 자는 복이 있고 주께서 그 죄를 인정치 아니하실 사람은 복이 있도다 함과 같으니라"**(롬 4:7-8) 하고 찬양한 복(福)이 바로 하나님의 의를 옷 입은 자가 얻은 죄 사함의 축복입니다.

"가락지"는 귀인(貴人)의 신분을 증명하는 표식입니다. 로마시대에는 반지에 새겨진 가문의 문장으로 그 사람의 신분을 나타냈고 그 반지로 도장을 대신했습니다. 그 시대에는 중요한 서신이나 문서를 보낼 때에는 진흙으로 문서에 봉인(封印)을 하고 그 위에 자신의 반지에 새겨진 문양을 찍어서 보냈습니다. 아버지가 둘째 아들에게 끼워준 가락지는 "너는 내 아들이다"라는 신분증입니다. 하나님은 자기의 의를 다 잃어버리고 이제는 하나님의 처분만 바라고 돌아온 가난한 심령들을 기뻐 받아 주십니다. 그리고 그런 자들에게 하나님의 자녀가 되는 권세를 입혀 주십니다.

"발에 신을 신기라"라는 말씀은 다시는 우리가 죄에 의해서 상처받지 않도록 주님께서 우리에게 평안의 복음의 신을 신겨 주셨다는 말씀입니다. 사도 바울은 의인들의 영적 무장에 대해서, **"평안의 복음의 예비한 것으로 신을 신고"**(엡 6:15)라고 말씀하셨습니다. 우리가 맨발로 다니면 가시에 찔리고 돌부리에도 채여서 발에 많은 상처를 입습니다. 그러나 예수님께서는 우리가 부족하고 연약해서 짓는 모든 죄와 허물을 안수(按手)의 형식으로 받으신 세례로 다 담당해서, 십자가에서 **"다 이루었다"** 하시기까지 이미 그 모든 죄를 갚아 주셨습니다. 진리의 원형복음인 **"물과 피의 복음"**을 믿는 우리는 평안의 복음으로 신을 신었기 때문에, 우리의 심령은 자신의 연약이나 부족으로 인해서 상처받거나 낙망하지 않고, 날마다 복음으로 인해서 새 힘을 얻고 주님의 의를 찬양하면서 주님께서 열어 놓으신 의의 길을 좇아갈 수 있습니다.

"이 내 아들은 죽었다가 다시 살아났으며"—죄로 인해서 한 번 분명하게 죽은 자만이 확실하게 다시 살아날 수 있습니다. 자신은 지옥에 가야 마땅한 자라고 정직하게 인정한 자만이 **물과 피의 원형복음**을 믿어서 거듭날 수 있습니다. 하나님께서는 내세울 만한 자기의 공로가 조금이라도 남아 있는 자에게는 구원의 선물을 주시지 않습니다. 여러분이 **물과 피의 복음**을 이해하고 입술로는 "믿는다"라고 고백해도 여러분의 마음이 돌아온 둘째 아들과 같이 자기의 의가 온전히 거덜난 상태가 아니라면, 하나님은 **"제일 좋은 옷을 내어다가 입히고 손에 가락지를 끼우고 발에 신을 신기라"**라는 축복의 명령을 여러분에게 내리지 않습니다.

저는 물과 피의 원형복음을 아주 오래전에 들었습니다. 그리고 이 복음만이 진리인 줄 믿었습니다. 그런데 제 마음 안에는 "나의 잘남과 옳음"이 온전히 부인되지 않고 숨어 있었습니다. 제 머리로는 제가 믿음으로 거듭난 의인인 줄 확신하고 있었으나, 하나님께서는 제 마음속을 꿰뚫어 보시기에, 저의 의가 온전히 깨어지기까지는 성령으로 말미암는 구원의 은총을 허락하지 않으셨습니다. 진리의 복음을 알고 믿는다고 고백한지 오랜 후에, 더 많은 어려움을 겪으면서 저는 둘째 아들처럼 제 의가 다 깨어지고 나서야, "하나님, 제가 하나님 앞에 큰 악을 행했습니다. 저는 지옥 가야 마땅한 자입니다. 다만 저를 불쌍히 여겨 주십시오"라고 진심으로 하나님 앞에 무릎을 꿇게 되었습니다. 그리고 그때에 하나님의 의가 선명하게 제 마음을 덮어 주어서 저는 온전히 거듭나게 되었습니다.

누가 죄 사함을 받고 하나님의 자녀가 됩니까? 자기의 의의 옷이 다 거덜난 상거지가 되어서 오직 하나님의 의와 긍휼만을 갈구하는 자입니다. 자기의 의를 조금이라도 내세우는 자는 결코 하나님의 의를 옷 입지 못합니다. 하나님 앞에서 "소자"(小子)들, 즉 자기 부족과 연약을 제대로 아는 자들만이 주님의 은혜로 온전한 구원을 받습니다. 베데스다 연못가에는 많은 병자들이 누워서 연못물이 움직이기를 기다렸습니다. 그 사람들은 천사가 내려와서 연못물이 움직이는 순간, 일등으로 그 연못에 뛰어드는 자는 무슨 병이든지 낫는다는 종교적 전설(傳說)을 믿었습니다. 베데스다 연못가의 병자들은 종교인들의 전형(典型)입니다. 죄의 병자인 주제에 자신의 의로 일등을 해서 하나님께 은총을 입겠다는 자들이 종교인들이며, 자기의 의로운 행위로 하나님과 사람에게 인정을 받겠다는 사람들이 모인 곳이 종교의 마을입니다. 종교적 전설을 꾸며내고, 그런 전설을 믿고, 자신도 새로운 전설의 주인공이 되고자 하는 사람들이 바로 종교인들입니다. 그런데 주님은 "죽으면 죽으리라"라는 각오로 일등을 하려는 **의지의 종교인들**에게는 눈길도 한번 주시지 않고, 저 뒤편에 누워서 아무 소망도 없이 하늘만 바라보고 있었던 38년 된 병자를 찾아가셨습니다. 자기는 내세울 것도 없고 의를 행할 능력도 없다고 인정하는 자만이 주님께서 주시는 구원의 은혜를 입어서 참된 신앙인이 될 수 있습니다.

작은 자라야 얻는 구원

사람들은 기적을 바라고 예수님을 찾아 나왔습니다. 예수님 앞에 많은 사람들이 모였다가 흩어지고 또 모였다가 흩어져 갔지만, **"죄 사함으로 말미암는 구원"**(눅 1:77)을 받은 자들은 하나같이 세리와 창녀, 그리고 비참한 상태의 불치병자들과 나면서부터 불구자였던 장애인들이었습니다. 그들은 자기의 의에 있어서 작은 자들이었습니다. 리브가에게 **"큰 자는 어린 자를 섬기리라"**(창 25:23) 하신 계시의 말씀대로, "소자(小子)들"만이 죄 사함을 받습니다. **"소자야 네 죄 사함을 받았느니라"**(막 2:5)고 하신 주님의 따뜻한 축복의 음성이 당신의 귓전에도 울리기를 바랍니다.

다윗이 모압과의 전쟁 중에 한 일을 상고(詳考)해 봅시다. **"다윗이 또 모압을 쳐서 저희로 땅에 엎드리게 하고 줄로 재어 그 두 줄 길이의 사람은 죽이고 한 줄 길이의 사람은 살리니 모압 사**

이 다윗의 종이 되어 조공을 바치니라"(삼하 8:2). 육신적으로 해석하면, 다윗이 모압 사람 중에서 어른은 다 죽이고 아이들만 살려서 자기의 종으로 삼으려 했다고 생각할 수 있으나, 다윗은 왕이고 선지자였습니다. 우리의 왕이신 하나님께서는 자기의 의로 충만한 **"큰 자들"**은 다 죽이시고 자기의 연약과 부족함을 깨닫고 하나님 앞에 항복하고 나오는 **"작은 자들"**은 살리십니다. 삭개오 (Zacchaeus, 눅 19:2)도 키가 작았습니다. 그래서 그는 주님을 만나고 싶은 간절한 마음으로 뽕나무에 올라갔습니다. 자기의 의가 전혀 없는 **"작은 자"**라야 뽕나무로 계시된 하나님의 종의 인도를 받고 예수 그리스도를 만나서 **"죄 사함으로 말미암는 구원"**을 받습니다. 그러나 자기의 의가 두 줄 길이만큼 충만한 **"종교적 키다리들"**은 죄 사함을 받지 못한다는 말씀입니다. 자기의 옳음이나 잘남이나 선함이 많은 자들은 종교의 마을에 살면서 자신들이 하나님을 잘 믿는다고 자부하지만, 종교인들은 그런 착각 속에서 헛된 자존감을 누리면서 살다가 지옥에 떨어질 것입니다.

사람에게 하나님께서 인정하실 만한 선한 것이 있는 줄 아십니까? 사람의 선은 다 거짓된 선, 즉 위선(僞善)일 뿐입니다. 사람에게 의로움이 있는 줄 아십니까? 인간의 의는 다 불순한 동기가 섞인 거짓된 의일 뿐입니다. **"우리는 다 부정한 자 같아서 우리의 의는 다 더러운 옷 같으며 우리는 다 쇠패함이 잎사귀 같으므로 우리의 죄악이 바람 같이 우리를 몰아가나이다"**(사 64:6)라고 말씀하시지 않았습니까?

우리가 주님께로부터 하늘에 속한 신령한 축복을 받고자 한다면, 먼저 하나님의 말씀 앞에서 진솔하게 자기의 참모습을 바라보고 자신이 얼마나 흉악한 자인지, 얼마나 이기적인 자인지, 온갖 죄악에 찌들어 있는 죄 덩어리인지를 정직하게 인정해야 합니다. 당신이 아직 그렇게 시인할 수 없다면 당신의 의는 더 깨어져야 합니다. 베드로는 예수님께 **"주는 그리스도시요 살아 계신 하나님의 아들이십니다"**라고 대답해서 주님께로부터 큰 칭찬을 받았습니다. 그는 주님을 향한 자기의 충정과 의지가 대단한 줄 착각했습니다. 그래서 예수님이 장차 예루살렘에 올라가서 종교지도자들의 핍박을 받고 돌아가실 것과 제자들이 당신을 버리고 모두 도망갈 것을 제자들에게 알려주시자, 베드로는 다른 제자들이 모두 다 주님을 버릴지라도 자기는 죽을지언정 그렇게 주님을 배반하지 않겠노라고 호언장담을 했습니다. 그런 베드로에게 주님은, **"오늘 이 밤 닭이 두 번 울기 전에 네가 세 번 나를 부인하리라"** 하고 말씀하셨습니다.

 그런데 예수님이 잡혀서 고초를 겪는 동안, 베드로는 예수님의 면전(面前)에서 주님을 저주하며 세 번이나 부인한 후에 도망치듯 밖으로 나가서 심히 통곡했습니다. 그렇게 자기의 의가 깨어진 베드로는 부활하신 주님을 만난 후에도 자기의 연약한 모습에 낙담해서 다른 제자들과 함께 갈릴리 호수로 돌아가서 다시 고기잡이를 나갔습니다. 베드로는 자기의 의가 다 깨어졌고 아무 소망도 없이 적막한 밤바다에 빈 그물질만 하고 있었습니다. 그런데 주님께서는 그런 베드로를 만나 주셨습니다. 주님께서 유월절 전날 밤에 대야에 물을 떠다가 베드로의 발을 씻겨 주시면서, **"나의 하는 것을 네가 이제는 알지 못하나 이후에는 알리라"**(요 13:7) 말씀하신 뜻을 베드로는 이제야 깨닫게 된 것입니다. 베드로는 자기의 의가 다 깨어진 후에야, 주님을 배반한 그 죄까지도 주님께서 세례 요한에게 안수의 형식으로 받으신 세례로 다 담당해서 깨끗이 씻어 주셨다는 주님의 사랑을 깊이 깨닫게 되었습니다. 그래서 "네가 나를 사랑하느냐?"라고 세 번 물으신 주님의 질문에, 베드로는 "주여 모든 것을 아시오매 내가 주를 사랑하는 줄을 주께서 아시나이다"(요 21:17)라고 대답했습니다. 주님은 자신의 의가 다 깨어진 베드로의 심령을 진리의 복음으로 일으키시고 "내 양을 치라…내 양을 먹이라"라고 그에게 당부하셨습니다.

자기가 대단한 자인 줄 아는 사람, 자기가 의로운 줄 아는 사람, 자기가 선한 줄 아는 사람은 제발 착각에서 벗어나 자기의 실체, 즉 형편없는 자기의 꼬락서니를 제대로 보아야 합니다. 그런 자는 주님께서 라오디게아 교회에 하신 말씀을 경청해야 합니다―"네가 말하기를 나는 부자라 부요하여 부족한 것이 없다 하나 네 곤고한 것과 가련한 것과 가난한 것과 눈 먼 것과 벌거벗은 것을 알지 못하도다 내가 너를 권하노니 내게서 불로 연단한 금을 사서 부요하게 하고 흰 옷을 사서 입어 벌거벗은 수치를 보이지 않게 하고 안약을 사서 눈에 발라 보게 하라"(계 3:17-18).

저는 모든 종교인들이 주님 앞에 자기의 참모습을 진솔하게 바라보고, 하나님 앞에 나와 항복하는 가난한 심령들이 되기를 기도합니다.

아멘!

"하나님이 세상을
이처럼 사랑하사
독생자를 주셨으니
이는 저를 믿는 자마다
멸망치 않고
영생을 얻게 하려 하심이니라"
(요 3:16).

종교인 8
궁창 아랫물에 중독되어 멸망하는 자들

"하나님이 가라사대 물 가운데 궁창이 있어 물과 물로 나뉘게 하리라 하시고 하나님이 궁창을 만드사 궁창 아래의 물과 궁창 위의 물로 나뉘게 하시매 그대로 되니라 하나님이 궁창을 하늘이라 칭하시니라 저녁이 되며 아침이 되니 이는 둘째 날이니라"(창 1:6-8).

태초에 하나님께서는 하늘과 땅을, 즉 우주를 창조하셨습니다. 창조의 첫째 날에 하나님께서는 **"빛이 있으라"**라고 말씀하심으로 빛을 창조하셨고, 그 빛으로 인하여 빛과 어두움, 즉 밤과 낮을 나누셨습니다. 천지창조의 둘째 날에는 하나님이 하늘에 궁창(穹蒼; firmament)을 만드셨고 그 궁창으로 인해 물들이 **궁창 위의 물과 궁창 아래의 물**로 나뉘게 되었습니다. 하나님의 말씀은 영육간(靈肉間)에 모두 진리입니다. 하나님께서 보이는 세계에 실제로 이런 일들을 행하셨고, 눈에 보이는 세계의 계시로 눈에는 보이지 않는 영적인 세계와 그러한 영원한 세계를 창조하신 하나님의 신성과 능력을 우리로 알게 하셨습니다. 그래서 성경은, **"창세로부터 그의 보이지 아니하는 것들 곧 그의 영원하신 능력과 신성이 그 만드신 만물에 분명히 보여 알게 되나니 그러므로 저희가 핑계치 못할찌니라"**(롬 1:20)고 말씀합니다. 눈에 보이는 세계인 자연의 아름다움과 오묘함만 보더라도, 우리는 하나님께서 살아 계신 것과 그분의 전능한 신성(神性)을 결코 부인할 수 없습니다. 저는 밤하늘의 별들을 바라보면서, 광활한 바다를 바라보면서 하나님의 신성과 능력을 찬양합니다. 볼을 스치고 지나가는 산들바람에 실려 오는 숲의 향기를 맡아 보십시오. 산책길에 피어 있는 산수국의 이름다운 자태를 보십시오. 저는 사려니 숲길을 거닐면서, 그 산책로를 따라 이슬을 머금은 채 만발한 산수국의 보라색 꽃망울들을 들여다보면서 하나님을 찬양하지 않을 수 없습니다.

"♬주 하나님 지으신 모든 세계 내 마음속에 그리어 볼 때
하늘의 별 울려 퍼지는 뇌성 주님의 권능이 우주에 찼네
주님의 높고 위대하심을 내 영혼이 찬양하네
주님의 높고 위대하심을 내 영혼이 찬양하네~♬"

창조의 첫째 날의 역사는 영적으로 **"거듭남의 역사"**를 계시합니다. 창조의 첫째 날에 하나님께서는 천지와 빛을 창조하셨습니다. 땅(地)은 흙으로 만들어진 인간을 지칭하는데, **"땅이 혼돈하고 공허하며 흑암이 깊음 위에 있고 하나님의 신은 수면에 운행하시니라"**(창 1:2)는 말씀은 모든 사람이 **"혼돈하고 공허하며 흑암이 깊음 위에"** 있는 영적 상태로 태어난다는 뜻입니다. 거듭나지 않은 사람은 지식과 가치관이 혼돈되어 있고 마음에 만족이 없으며 흑암과 같은 죄만 가득한 존재입니다. **"죄의 삯은 사망"**(롬 6:23)이기에 결국 모든 사람은 지옥에 가야 될 운명이었습니다.

그런데 하나님께서는 그런 비참한 상태의 **땅**을 향해서 **"빛이 있으라"**라고 명하셨습니다. 하나님 아버지께서는 참 빛이신 예수 그리스도를 흑암으로 뒤덮인 이 땅(마음)에 보내 주셔서 전 인류에

게서 어두움(죄)을 단번에 몰아내시고 누구든지 그 진리의 빛을 믿음으로 영접(迎接)하면 죄 사함을 받고 의의 빛 가운데 거하게 하셨습니다. 하나님께서는 죄인들이 구원의 복음 안에 담긴 하나님의 의를 믿음으로 거듭나서 의인이 되게 해 주셨습니다. **"너희가 전에는 어두움이더니 이제는 주 안에서 빛이라 빛의 자녀들처럼 행하라"**(엡 5:8). 하나님께서는 당신의 온전한 구원의 사랑을 입은 믿음의 사람들이 당신의 자녀인 **"빛의 자녀"**가 되게 하셨고, 당신의 자녀들과 아직도 어두움에 속한 사단 마귀의 자녀들을 구별해 놓으셨습니다.

창조의 둘째 날에 이루신 하나님의 역사

하나님께서는 창조의 둘째 날에 물을 두 종류로 나누어 놓으셨습니다. 그러면 하나님께서 **창조의 둘째 날**에 행하신 일, 즉 **궁창 위의 물과 궁창 아래의 물로 나누신 역사**는 영적으로 어떤 진리를 계시하는 말씀일까요? 그것은 "거듭난 자들은 인간의 생각이 섞이지 않은 순수한 하나님의 말씀만을 듣고 믿어야 한다"라는 교훈입니다. **궁창 위의 물**은 땅의 불순물이 섞이지 않은 **순수한 하나님의 말씀**을 의미합니다. 거듭난 하나님의 종들은 하나님의 말씀을 그대로 순수하게 전합니다. 자기의 욕망을 좇아 성경 말씀을 해석하거나 성경 말씀에 자기의 생각을 첨가해서 전하지 않습니다. 하나님의 종들이 전하는 **궁창 위의 물**은 **"순전하고 신령한 젖"**(벧전 2:2)이 되어 거듭난 의인들에게 생명의 양식이 되고 그들을 영적으로 자라게 합니다.

그러나 **궁창 아랫물**에는 이 땅의 온갖 불순물이 용해(溶解)되어 있습니다. 물론 **궁창 아랫물**도 오랫동안 침전시키면 육안(肉眼)으로 보기에 제법 맑은 물처럼 보입니다. 그러나 그 물을 떠다가 성분을 분석하고 현미경으로 들여다보면 철분, 염분, 중금속, 세균 등 땅의 온갖 더러운 성분들이 다 포함되어 있습니다. 거듭나지 못한 종교지도자들은 성경 말씀에 자기의 욕망과 거짓된 지식과 혼돈된 가치관을 뒤섞어서 설교합니다. 그들은 교인들에게 궁창 아래의 물, 즉 땅의 성분이 녹아 있는 더러운 물을 먹여서 영혼들을 죽이는 일을 합니다. 이런 거짓 선지자들은 반드시 하나님의 심판을 받을 것입니다. 에스겔서에는 이런 거짓 선지자에 대하여 경고하시는 하나님의 말씀이 기록되어 있습니다.

"여호와의 말씀이 내게 임하여 가라사대 인자야 너는 이스라엘의 예언하는 선지자를 쳐서 예언하되 자기 마음에서 나는 대로 예언하는 자에게 말하기를 너희는 여호와의 말씀을 들으라 주 여호와의 말씀에 본 것이 없이 자기 심령을 따라 예언하는 우매한 선지자에게 화가 있을찐저"(겔 13:1-3). 이 말씀에서 **"주 여호와의 말씀에 본 것이 없이 자기 심령을 따라 예언하는 우매한 선지자"** 가 바로 거짓 선지자입니다. 오늘날의 종교지도자들은 거듭나지도 못한 채 자기의 욕망과 거짓 교리가 뒤섞인 **"궁창 아래의 물"** 을 교인들에게 먹이고 있습니다. 그들은 영적으로 소경이기에 하나님의 말씀의 참뜻을 제대로 알지 못합니다. 그러니 그들은 "장님이 코끼리 만지듯" 하나님의 말씀을 자의적(恣意的)으로 해석해서 **"거짓말을 곧이 듣는"**(겔 13:19) 맹신자들에게 "믿습니까?"를 연발하며 거짓 교설을 강변(强辯)할 수밖에 없습니다.

그 결과 그들은 성경 말씀을 거꾸로 해석하는 일이 허다합니다. 그들은 "악을 선하다 하며 선을 악하다 하며 흑암으로 광명을 삼으며 광명으로 흑암을 삼으며 쓴 것으로 단 것을 삼으며 단 것으로 쓴 것을 삼는"(사 5:20) 자들입니다. 거듭나지도 못했으면서 종교지도자 행세를 하는 거짓 선지자들은 왜 그렇게 하나님께서 진노하시는 일만 골라서 할까요? 사실 그들 자신은 자기들이 그렇게 악을 행하고 있다는 생각을 전혀 하지 않습니다. 오히려 그들은 자신들이 하나님을 잘 섬기는 "하나님의 종들"이며 자기들은 헌신적으로 하나님께 영광을 돌리고 있다고 생각합니다. 그러나 그들의 마음에는 성령님이 계시지 않기 때문에, 자기 육신의 소욕을 마음속에 감추고서 종교의 세계에서 자기의 욕망을 이루려고 합니다. 그러니 종교지도자 행세를 하는 거짓 선지자들은 외식과 위선을 떨며 온갖 거짓말을 지어낼 수밖에 없습니다. 하나님은 그들을 다음과 같이 책망 하십니다:

"너 인자야 너의 백성 중 자기 마음에서 나는 대로 예언하는 부녀들을 대면하여 쳐서 예언하여 이르기를 주 여호와의 말씀에 사람의 영혼을 사냥하고자 하여 방석을 모든 팔뚝에 꿰어 매고 수건을 키가 큰 자나 작은 자의 머리를 위하여 만드는 부녀들에게 화 있을찐저 너희가 어찌하여 내 백성의 영혼을 사냥하면서 자기를 위하여 영혼을 살리려 하느냐 너희가 두어웅큼 보리와 두어조각 떡을 위하여 나를 내 백성 가운데서 욕되게 하여 거짓말을 곧이 듣는 내 백성에게 너희가 거짓말을 지어서 죽지 아니할 영혼을 죽이고 살지 못할 영혼을 살리는도다"(겔 13:17-19).

끊임없이 "궁창 아래의 물"을 토해 내는 거짓 선지자들은 자기의 욕망을 이루려고 즉 "두어 움큼 보리와 두어 조각 떡을 위하여" 거짓말을 지어서 하나님의 말씀을 왜곡합니다. 그들은 "사람의 영혼을 사냥하고자 하여 방석을 모든 팔뚝에 꿰어 매고 수건을 키가 큰 자나 작은 자의 머리를 위하여 만드는 부녀들"입니다. 이 말씀은 거짓 선지자들이 사람의 영혼들을 사냥하려고 교인들에게 감투와 직분을 남발한다는 뜻입니다. 거짓 선지자들은 초신자가 교회에 등록하고 예배에 참석만 잘하면 얼마 되지 않아서 바로 "집사"라는 호칭을 붙여 줍니다.

어떤 이가 자기의 블로그에 "집사의 종류"라는 제목으로 아래와 같은 글을 올렸습니다.

> 어느 교회에서 주일 예배를 마치고 서로 초면인 남자 교인 몇 명이 서로 인사를 하게 됐는데, 첫 번째 남자가 "안녕하십니까? 저는 오○○기 안수집사입니다" 하자, 두 번째 교인이 "네, 반갑습니다. 저는 이○○ 서리집사입니다"라고 인사를 했답니다.
> 그러자 교회에 출석한지 며칠 안됐지만 교인들이 "집사님"이라고 불러 주는 맛에 열심을 내며 교회에 발 도장을 찍던 세 번째 교인이,
> "아, 그러세요. 저는 박○○ 포리집사입니다"라고 당당하게 자기 소개를 했답니다.
> 그러자 앞서 자신을 소개하며 인사를 했던 두 집사들이 무슨 소리인지 몰라서 의아한 눈으로 그 사람을 쳐다보자, 그가 웃으면서 말을 이었습니다.
> 삼십 대(代) 집사님이 서리(thirty)집사면, 사십 대인 저는 포리(forty)집사가 아닌가요?"

썰렁하고도 쓸쓸한 유머 글입니다. 아무튼 우리나라 사람들은 유난히 감투를 좋아하는데, 거듭나지 못한 목회자들은 그런 심리를 이용해서 사람들에게 감투를 남발해서 교인들의 체면을 세워 줌으로써 자기에게 충성하게 만듭니다. 그래서 교회에 출석만 잘하면

초신자라도 금새 집사가 되고, 조금만 더 목사님에게 충성하면 장로나 권사가 되는 일도 그리 어렵지 않습니다. 교회 조직을 들여다 보면, 이 세상의 어느 재벌기업보다 더 복잡하고 방대한 경우가 많습니다. 무슨 위원회니 무슨 선교회니, 무슨 구역회니 하는 조직들이 허다해서 많은 이들에게 ○○장(長)이라는 직분을 붙여 줄 수 있습니다. 한 사람에게 방석 하나면 족한데, 팔뚝에까지 꿰매 줄 수 있을 정도로 방석(감투)을 남발하는 자들이 바로 오늘날의 종교지도자들이고 거짓 선지자들입니다.

거짓 선지자들은 영혼을 사냥하는 수단으로 하나님의 말씀에서 본 것도 없이, 자기의 욕망을 하나님의 말씀으로 포장하고 각색해서 설교를 합니다. 그 결과, 그들은 **"죽지 아니할 영혼을 죽이고 살지 못할 영혼을 살리는"**(겔 13:19) 죄악을 범합니다. 지금도 수많은 영혼들이 거짓 선지자들이 토해 내는 **"궁창 아래의 물"**을 마시고 죽어가고 있습니다. 거듭난 하나님의 종들을 만나서 **"궁창 위의 물"**을 마셨더라면 그들이 죄 사함을 받고 거듭나서 영생의 생명을 얻었을 터인데, 거짓 선지자들이 자신의 생각을 뒤섞어서 토해 낸 궁창 아래의 물을 교인들에게 계속 먹이고 있으니, 살릴 수 있었던 영혼도 사망에 이를 수밖에 없습니다.

"죽지 아니할 영혼"은 어떤 심령입니까? 자기의 의가 다 깨어져서 하나님 앞에서 주님의 긍휼만을 바라는 영혼이 바로 **"죽지 아니할 영혼"**입니다. 심령이 가난하고 정직한 영혼은 **"죽지 아니할 영혼"**이며 진리의 원형복음을 듣기만 하면 죄 사함을 받고 영생을 얻을 수 있는 영혼입니다. 그러나 이런 영혼들은 종교화된 오늘날의 교회에서 환영을 받지 못합니다. 종교의 세계에서는 바리새인같이 자기 의가 충만한 사람들이 대접과 환영을 받고 높은 직분을 차지합니다. 종교지도자들은 열심이 특심인 자들의 기를 팍팍 살려줍니다. 그러나 그런 자들은 거듭날 수 없는 자, 즉, **"살지 못할 영혼"**들입니다. 이렇게 거짓 선지자들은 **"죽지 아니할 영혼은 죽이고 살지 못할 영혼은 살리는"**(겔 13:19) 일을 합니다. 그들은 하나님을 대적하는 자들이며, 그런 자들 때문에 주님의 이름이 믿지 않는 사람들에게 조롱과 모욕을 당합니다.

하나님의 말씀에 육신의 생각을 보태는 자는 죽임을 당합니다

하나님의 말씀에 육신의 생각을 뒤섞은 **"궁창 아랫물"**을 마시면 영적으로 사망에 이릅니다. 하나님의 말씀에 자기 육신의 생각을 더해서 믿거나 전하는 자는 반드시 죽임을 당합니다. 창세기에 기록된 요셉의 기사는 이 부분을 분명히 경고합니다. 요셉은 형들의 시기와 미움을 받고 애굽으로 팔려 가서 애굽 왕의 시위대장인 보디발의 종이 되었습니다. 그런데 요셉이 잘 생기고 건장했으니, 보디발의 아내는 자기의 남편이 출근하고 나면 요셉에게 잠자리를 같이 하자고 강요했습니다. 요셉이 그녀의 요구를 거절하자, 보디발의 아내는 요셉이 자신을 성폭행하려 했다고 모함해서 결국 요셉을 감옥에 처넣었습니다. 그러나 하나님께서는 요셉을 축복하셔서 그 감옥의 제반 사무를 처리하는 직무를 맡게 하셨습니다.

그때에 애굽 왕 바로(Pharaoh)의 술 맡은 관원장과 떡 굽는 관원장이 왕에게 죄를 범하고 요셉이 갇혀 있던 감옥에 수감되었습니다. 며칠 후에, 이 두 관원장들이 비슷한 꿈을 꾸고 그 꿈의 뜻을 알지 못해서 근심하고 있을 때, 요셉이 하나님의 지혜를 받아서 그들의 꿈을 해석해 줍니다. 창세기 40장에 기록된 말씀입니다.

"술 맡은 관원장이 그 꿈을 요셉에게 말하여 가로되 내가 꿈에 보니 내 앞에 포도나무가 있는데 그 나무에 세 가지가 있고 싹이 나서 꽃이 피고 포도송이가 익었고 내 손에 바로의 잔이 있기로 내가 포도를 따서 그 즙을 바로의 잔에 짜서 그 잔을 바로의 손에 드렸노라

요셉이 그에게 이르되 그 해석이 이러하니 세 가지는 사흘이라 지금부터 사흘 안에 바로가 당신의 머리를 들고 당신의 전직을 회복하리니 당신이 이왕에 술 맡은 자가 되었을 때에 하던 것 같이 바로의 잔을 그 손에 받들게 되리이다 당신이 득의하거든 나를 생각하고 내게 은혜를 베풀어서 내 사정을 바로에게 고하여 이 집에서 나를 건져내소서 나는 히브리 땅에서 끌려온 자요 여기서도 옥에 갇힐 일은 행치 아니하였나이다

떡 굽는 관원장이 그 해석이 길함을 보고 요셉에게 이르되 나도 꿈에 보니 흰떡 세 광주리가 내 머리에 있고 그 윗광주리에 바로를 위하여 만든 각종 구운 식물이 있는데 새들이 내 머리의 광주리에서 그것을 먹더라

요셉이 대답하여 가로되 그 해석은 이러하니 세 광주리는 사흘이라 지금부터 사흘 안에 바로가 당신의 머리를 끊고 당신을 나무에 달리니 새들이 당신의 고기를 뜯어 먹으리이다 하더니

제삼일은 바로의 탄일이라 바로가 모든 신하를 위하여 잔치할 때에 술 맡은 관원장과 떡 굽는 관원장으로 머리를 그 신하 중에 들게 하니라 바로의 술 맡은 관원장은 전직을 회복하매 그가 잔을 바로의 손에 받들어 드렸고 떡 굽는 관원장은 매달리니 요셉이 그들에게 해석함과 같이 되었으나 술 맡은 관원장이 요셉을 기억지

않고 잊었더라"(창 40:9-23).

　술 맡은 관원장이 꾼 꿈의 내용은 이러했습니다: "**내가 꿈에 보니 내 앞에 포도나무가 있는데 그 나무에 세 가지가 있고 싹이 나서 꽃이 피고 포도송이가 익었고 내 손에 바로의 잔이 있기로 내가 포도를 따서 그 즙을 바로의 잔에 짜서 그 잔을 바로의 손에 드렸노라.**" 요셉은 술 맡은 관원장의 꿈 이야기를 듣고 그가 사흘 안에 복권(復權)이 될 것이라고 해몽해 주었습니다. 그의 해몽이 좋은 것을 들은 떡 맡았던 관원장도 자기의 꿈을 이야기했습니다: "**나도 꿈에 보니 흰떡 세 광주리가 내 머리에 있고 그 윗광주리에 바로를 위하여 만든 각종 구운 식물이 있는데 새들이 내 머리의 광주리에서 그것을 먹더라.**" 그런데 떡 맡은 관원장이 꾼 꿈의 내용을 들은 요셉은 그가 사흘 안에 처형될 것이라고 해몽(解夢)해 주었습니다. 그리고 두 사람은 요셉의 해몽대로 되었습니다. 술 맡은 관원장은 전직이 회복되어 애굽 왕 바로(Pharaoh)의 시중을 들게 되었지만, 떡 맡은 관원장은 교수형을 당했습니다.

　하나님은 이 사건을 통해서 "하나님의 말씀을 그대로 믿는 자는 살게 되고 하나님의 말씀에 자기의 생각을 더하는 자는 반드시 죽임을 당한다"라고 경고하십니다. 술 맡은 관원장은 참 포도나무이신 우리 주님이 "**물과 피와 성령으로 임하셔서**"(요일 5:6-8) 우리의 모든 죄와 허물을 온전하게 없애 주셨다는 복음의 말씀을 아무 가감(加減) 없이 그대로 듣고 왕이신 하나님 앞에 나아간 자입니다. 그래서 그는 죽음을 면하고 생명을 얻게 되었습니다. 세 송이의 포도가 계시하는 **물과 피와 성령의 증거(요일 5:8)**는 모든 영혼들이 죄 사함을 받게 하는 진리의 원형복음(原形福音)입니다.

　"예수께서 하나님의 아들이심을 믿는 자가 아니면 세상을 이기

는 자가 누구뇨

이는 물과 피로 임하신 자니 곧 예수 그리스도시라 물로만 아니요 물과 피로 임하셨고 증거하는 이는 성령이시니 성령은 진리니라 증거하는 이가 셋이니 성령과 물과 피라 또한 이 셋이 합하여 하나이니라"(요일 5:5-8). 사도 요한은 우리 구주 예수님께서 **"물과 피와 성령으로 임하셨다"**라고 말씀합니다. 예수님은 거룩한 영(靈)이신 하나님입니다. 예수님께서는 창세전부터 하나님 아버지와 성령님과 함께 계신 성자(聖子) 하나님이십니다. "예수께서 성령으로 임하셨다"라는 말씀은 **"예수님은 육신을 입고 오신 하나님이시다"**라는 진리를 증거합니다.

그러면 "이는 물과 피로 임하신 자니 곧 예수 그리스도시라 물로만 아니요 물과 피로 임하셨고"(요일 5:6)라는 말씀에서 **"물"**은 무엇이며 **"피"**는 무엇을 의미합니까? **"피"**는 예수님께서 십자가에서 흘리신 보혈인 줄을 여러분도 다 잘 압니다. 그런데 **"물"**은 도대체 무엇을 의미합니까? **"물"**은 예수님께서 세례 요한에게 안수의 형식으로 받으신 세례를 의미합니다. **"그 세례"**(the Baptism, 행 10:37)가 우리를 모든 죄에서 구원하기 위한 예수님의 구원 사역의 출발점입니다. 그래서 모든 복음서들이 세례 요한의 등장과 예수님의 세례를 **"복음의 시작"**(막 1:1)으로 기록하고 있습니다.

신약의 세례는 구약의 안수(按手)와 같습니다. 대속죄일에 대제사장 아론은 아사셀 염소의 머리에 안수를 함으로써, 이스라엘 민족이 지난 1년 동안 지은 모든 죄를 그 염소의 머리에 단번에 넘겼습니다. 그리고 그 염소를 정한 사람에게 맡겨 광야에 내어버려서 죽게 함으로써 모든 백성은 자기들의 1년 치 죄를 단번에 사함 받았습니다(레 16:20-22). 이렇듯 안수(按手)는 대속(代贖)의 희생제물에게 사람의 죄를 넘기는 하나님의 법입니다.

인류의 죄를 단번에 담당하신 예수님의 세례

마태복음 3장에는 하나님의 어린양으로 오신 예수님께서 인류의 대표자이며 아론의 후손인 세례 요한에게 세례를 받으신 말씀이 기록되어 있습니다.

"이 때에 예수께서 갈릴리로서 요단강에 이르러 요한에게 세례를 받으려 하신대 요한이 말려 가로되 내가 당신에게 세례를 받아야 할 터인데 당신이 내게로 오시나이까

예수께서 대답하여 가라사대 <u>이제 허락하라 우리가 이와 같이 하여 모든 의를 이루는 것이 합당하니라</u> 하신대 이에 요한이 허락하는지라

예수께서 세례를 받으시고 곧 물에서 올라 오실째 하늘이 열리고 하나님의 성령이 비둘기 같이 내려 자기 위에 임하심을 보시더니

하늘로서 소리가 있어 말씀하시되 이는 내 사랑하는 아들이요 내 기뻐하는 자라 하시니라"(마 3:13-17).

예수님께서는 제사장이 기름부음을 받는 나이인 30세가 되셨을 때에, 세례자 요한이 사람들에게 세례를 베풀고 있었던 요단강으로 나오셨습니다. 세례 요한은 하나님의 보내심을 받은 종이었기에 지금 자기에게 다가오시는 분이 육신을 입고 오신 성자(聖子) 하나님인 줄을 곧바로 알아보고 순간적으로 두려운 마음이 들었습니다. 그래서 당황한 나머지 세례 수기를 정하는 예수님에게, "**내가 당신에게 세례를 받아야 할 터인데 당신이 내게로 오시나이까**" 하고

머리를 조아렸습니다 그러나 주님은 요한에게 **"이제 허락하라 우리가 이와 같이 하여 모든 의를 이루는 것이 합당하니라"**(마 3:15) 하고 준엄하게 명령했습니다. 이 명령은 엄청난 성취를 이루시려는 능력의 말씀이었습니다. 세례(洗禮)는 안수(按手)의 형식으로 베푸는데, 구약의 안수가 바로 신약의 세례입니다. 대제사장 아론의 후손이고 인류의 대표자인 세례 요한이 전 인류의 대속의 제물이 되기 위하여 어린양으로 오신 예수님의 머리에 안수하여 세상 죄를 단번에 넘긴 사건이 바로 예수님께서 받으신 세례입니다. 그렇기에 **"우리가 이와 같이 하여 모든 의를 이루는 것이 합당하니라"**라고 예수님께서 말씀하신 것입니다.

"우리가 이와 같이 하여"라는 말씀은, "세례 요한은 예수님의 머리에 안수하고 예수님은 그의 안수를 받아서"라는 뜻입니다. 그래야만 아담에서 세상 종말까지의 인류의 모든 죄는 예수님의 육체로 다 넘어가고 이 세상에는 **"모든 의"**가 이루어집니다. 세상의 모든 죄를 다 없애고 이 세상이 하나님의 의로 충만하게 할 유일한 방법은 이렇게 흠 없는 어린양으로 오신 예수님이 인류의 대표자에게 안수를 받아 **세상 죄를 단번에 온전히 담당하는 방법뿐**입니다. 이것이 하나님께서 전 인류를 죄에서 구원하시기 위해서 세우신 **가장 합당한 구원의 방법**이었습니다.

변조된 가짜 복음을 믿는 종교인들

진리의 원형복음은 **"물과 피의 복음"**입니다. 그런데 기독교 종교인들은 진리의 원형복음인 **"물과 피의 복음"**에서 **"물"**(예수님의 세례)을 빼버리고 **십자가의 피만** 믿습니다. 만일 예수님께서 세례를 받지 않으시고 그냥 십자가에 오르셨다고 하면, 언제 그리고 어떻게 우리의 죄가 예수님에게 전가(轉稼, 옮겨 심음)되었다는 말입니까? 만일 예수님께서 받으신 세례의 사역을 빼버리고 십자가의 피만 믿는다면 예수님의 피와 자신의 죄와는 아무 상관이 없게 됩니다. 그런데도 대부분의 기독교인들이 예수님께서 받으신 세례를 단순히 "메시아 선포식"으로 해석하는 수준으로 이해하고 넘어갑니다. 그들은 예수님께서 받으신 세례의 능력은 무시하고, "예수님이 십자가에서 우리의 죄를 다 담당했다"라고 두리뭉실하게 믿습니다. 십자가는 죄를 담당한 곳이 아니라 죄의 대가를 치르신 곳입니다. 기독교인들이 그렇게 반쪽짜리 복음을 믿으니까, 죄 사함도 받지 못하고 **"불법을 행하는 자"**(마 7:23)가 되고 마는 것입니다. 그러한 자들은 예수님의 완전한 구원의 사역을 짓밟고 있으니 그들은 하나님 앞에서 큰 죄를 짓고 있습니다.

술 맡은 관원장의 꿈에 보였던 포도 세 송이와 같이, 예수님께서는 **"물과 피와 성령"**의 세 가지 증거로 임하셔서 우리를 모든 죄와 허물에서 온전히 구원하셨습니다. 궁창 위의 물은 "물과 피와 성령으로 임하신 예수님을 구주로 믿으면 죄 사함을 받는다"라고 말씀합니다. 그렇기에 사도 요한도 **"예수께서 하나님의 아들이심을 믿는 자가 아니면 세상을 이기는 자가 누구뇨 이는 물과 피로 임하신 자니 곧 예수 그리스도시라 물로만 아니요 물과 피로 임하셨고 증거하는 이는 성령이시니 성령은 진리니라 증거하는 이가 셋이니 성령과 물과 피라 또한 이 셋이 합하여 하나이니라"**(요일 5:5-8)고 증거한 것입니다.

"물"은 예수님께서 받으신 세례를 지칭합니다. 우리 주님은 인류의 대표자, 즉 여자의 몸에서 난 자 중에 제일 큰 자(마 11:11)

인 세례 요한에게 안수의 형식으로 세례를 받으셨는데, 그때에 예수님은 **"세상 죄"** 즉 인류 전체의 모든 죄를 단번에 넘겨받았습니다. 아담에서부터 세상 끝에 태어나 죄만 짓다가 죽어갈 그 마지막 사람의 죄까지가 바로 **"세상 죄"**입니다. 예수님은 그 모든 **"세상 죄"**를 당신의 육체에 단번에 넘겨받아 심었습니다. 예수님의 세례로 인류의 죄가 예수님의 육체에 전가(轉稼)되었습니다. 전가(轉稼)라는 한자어에서 전(轉) 자는 옮길 "전" 자이며 가(稼) 자는 심을 "가" 자입니다. 우리의 모든 죄와 허물이 세례 요한의 팔을 통해 예수님에게 옮겨져서 예수님의 육체에 "팍팍" 심어진 것입니다. 인류가 범했거나 앞으로 범할 한 톨의 죄라도 흘러 떨어져서 제외되는 일이 없도록 주님의 육체에 온전히 넘어가서 심어졌습니다. 그래서 세례를 받으신 이튿날에 예수님은 세례 요한에게서 **"보라 세상 죄를 지고 가는 하나님의 어린양이로다"(요 1:29)**라는 증거를 받으셨습니다. 주님은 그 모든 세상 죄를 짊어진 채로 십자가에 오르셔서 **"다 이루었다"(요 19:30)**라고 크게 외치신 후 돌아가셨습니다. 그리고 사흘 만에 부활하셨습니다.

사도 요한은 **"증거하는 이가 셋이니 성령과 물과 피라 또한 이 셋이 합하여 하나이니라"(요일 5:8)**고 말씀하셨습니다. 우리가 모든 죄와 허물에서 온전히 구원을 받았다고 증거하는 이는 **"성령과 물과 피"** 이렇게 셋인데, 이 세 증거를 다 믿어야 온전한 **"하나"**의 구원을 이룹니다. 만일 그 셋 중에서 하나를 빼고 믿으면 온전한 구원이 이루어집니까? **"물"**을 빼버리고 **"성령과 피"**만 믿어도 온전한 하나님의 구원이 이루어집니까? 절대 그럴 수 없다고 주님께서는 단언하셨습니다.

신약성경에서 예수님의 **"육체"**나 **"몸"** 또는 **"살"**은 **"우리의 모든 죄와 허물을 단번에 다 넘겨받으신 예수님의 세례를 전제하는 말씀입니다. 성자(聖子) 하나님이신 예수님께서 육체를 입고 오시지 않았더라면, 인류의 대표자인 세례 요한이 도대체 어디에 안수를 해서 인류의 죄를 넘기겠습니까? 그래서 사도 요한은, **"하나님의 영은 이것으로 알찌니 곧 예수 그리스도께서 육체로 오신 것을 시인하는 영마다 하나님께 속한 것이요"**(요일 4:2)라고 말씀하셨고, **"미혹하는 자가 많이 세상에 나왔나니 이는 예수 그리스도께서 육체로 임하심을 부인하는 자라 이것이 미혹하는 자요 적그리스도니"**(요이 1:7)라고 말씀하신 것입니다.

  술 맡은 관원장은 하나님께서 우리에게 베풀어 주신 세 가지 구원의 증거 말씀을 아무 가감(加減) 없이 그대로 믿고 하나님께로 나아갔기 때문에 구원을 얻었습니다. 그는 포도 세 송이, 즉 예수님께서 **"물과 피와 성령"**으로 임하셨다는 증거의 말씀을 온전히 믿었습니다. 주님 앞에 진정으로 구원을 바라며 **"물과 피와 성령의 증거"**를 믿음으로 듣고 나아오는 자는 그가 이미 범한 모든 죄와 그가 장차 범할 모든 죄까지도 흰 눈과 같이 씻어져서 거듭난 의인이 됩니다.

  그러면 떡 맡은 관원장은 왜 죽임을 당했습니까? 그는 무엇을 들고 바로(Pharaoh) 왕 앞에 나아갔습니까? 그는 흰 떡 세 광주리 위에 **"바로를 위하여 만든 각종 구운 식물"**을 얹어서 왕에게 나아갔다가 죽임을 당했습니다. 그는 "흰 떡 세 광주리"만 들고 왕에게 나갔어야 했습니다. 하나님께서 말씀하신 순수한 **"궁창 위의 물"**을 그대로 믿는 것이 믿음입니다. 하나님의 말씀에 자기 생각을 보태면 죽습니다. 떡 맡은 관원장처럼 오늘날의 기독교인들도 나름대로 하나님을 좀 더 잘 섬겨 보겠다고 하나님의 순수한 말씀에 온갖 자기 생각과 교리를 더해서 믿고 있는데, 그것이 화근입니다. **"궁창 위의 물"** 인 성경 말씀을 그대로 믿으면 하나님의 구원의 역사가 일어납니다. 가나의 혼인잔치 집에서 마리아는 그 집 하인들에게 **"예수께서 너희에게 무슨 말씀을 하시든지 그대로 하라"** 라고 명하였고, 예수님께서 명하신 그대로 순종한 하인들은 물이 포도주로 변하는 놀라운 하나님의 역사를 제일 먼저 맛보았습니다.

지금 기독교 안에서는 **"흰 떡 세 광주리"** 만을 순수하게 그대로 믿는 믿음을 찾아보기 힘듭니다. 피자에는 토핑(topping)을 많이 하면 더 맛이 있을 수 있습니다. 그러나 하나님의 말씀에 자기의 생각이나 교단의 교리들을 토핑(topping)하여 자기도 먹고 남에게도 먹이면 둘 다 죽임을 당합니다. 지금은 **"궁창 아래의 물"** 이 온 땅을 다 덮어서 영혼들이 순수한 **"궁창 위의 물"** 을 만나 보기가 심히 어려운 시대입니다. 요즘 기독서점에서 팔고 있는 성경책들은 주석을 달아 놓은 것들이 대부분이어서 이제는 주석이 달리지 않은 성경을 사기도 어려운 시대가 되었습니다. 그 주석들은 별로 도움도 되지 않을뿐더러 완전히 엉터리인 주석도 많습니다. 또한 **"묵은 포도주를 마시고 새 것을 원하는 자가 없나니 이는 묵은 것이 좋다 함이니라"** (눅 5:39)고 하신 말씀처럼, 많은 기독교인들이 **"궁창 아래의 물"** 에 배부르고 길들여져서 **"궁창 위의 물"** 을 찾지도 않습니다. 술에 만취한 사람이 자기는 "절대 술에 취하지 않았다"라고 우기는 것과 같이 오늘날의 기독교 종교인은 묵은 포도주에 만취해서 더 이상 부족함이 없다고 자만하고 있으니, 자기가 지옥에 가야 할 자라는 사실을 전혀 모른다는 것이 그들의 가장 큰 문제입니다.

사람이 **"궁창 아랫물"** 을 평생 동안 마신다고 해도 그 물로는 결코 거듭날 수 없습니다. 그 물에는 온갖 불순물이 섞여 있기 때문입니다. 첫 번째 유월절에 하나님이 모세에게 주신 규례에, **"너희는 칠일 동안 무교병을 먹을찌니 그 첫날에 누룩을 너희 집에서 제하라 무릇 첫날부터 칠일까지 유교병을 먹는 자는 이스라엘에서 끊쳐지리라"**(출 12:15)고 명하셨습니다. 이스라엘 백성은 무교절(無酵節)에 누룩을 섞지 않은 곱고 순수한 가루로 떡을 만들어 먹어야 했습니다. 그렇지 않고 누룩을 넣어서 부풀린 반죽으로 떡을 만들어 먹은 사람은 죽임을 당했습니다. 하나님의 말씀은 순수하며 확실하고 세미합니다.

예수님은 **"삼가 바리새인과 사두개인들의 누룩을 주의하라"**(마 16:6)고 경고하셨습니다. 그들의 교훈은 **"궁창 아랫물"**입니다. 바리새인은 "율법주의"의 누룩을, 사두개인은 "세속주의"의 누룩을 섞어서 하나님의 말씀을 오염시켰습니다. "~주의"(~ism) 곧 이념(理念)이란 특정 집단의 사람들이 가지고 있는 신념체계(belief system)이며 그들의 "행동지향적 사고"(action-oriented thoughts)에 불과합니다. 그런 자들은 **"주 여호와의 말씀에 본 것이 없이 자기 심령을 따라 예언하는 우매한 선지자"**(겔 13:3)들이기에 자기 생각에 옳다고 여기는 가치를 따라 자기 마음대로 성경을 해석하고 가르칩니다. 그들은 하나님의 말씀에 자기의 생각을 더하는 것을 다반사로 여깁니다. 그렇기에 그들이 토해 놓은 **"궁창 아랫물"**을 마신 사람은 결코 죄 사함을 받지 못하고 오히려 하나님을 대적하다가 결국 하나님의 심판을 받고 지옥의 영벌(永罰)에 떨어지게 됩니다.

저는 이 글을 읽는 모든 이들이 **"궁창 위의 물"**인 진리의 원형 **복음**을 찾아 나와서 마음껏 마시고 영원한 생명을 얻기를 간절히 소망합니다.

아멘!

"이는 물과 피로 임하신 자니
곧 예수 그리스도시라
물로만 아니요
물과 피로 임하셨고
증거하는 이는 성령이시니
성령은 진리니라
증거하는 이가 셋이니
성령과 물과 피라
또한 이 셋이 합하여
하나이니라"
(요일 5:6-8).

신앙인 8
궁창 위의 물만 마시는 자들

"빌라델비아 교회의 사자에게 편지하기를 거룩하고 진실하사 다윗의 열쇠를 가지신 이 곧 열면 닫을 사람이 없고 닫으면 열 사람이 없는 그이가 가라사대 볼찌어다 내가 네 앞에 열린 문을 두었으되 능히 닫을 사람이 없으리라 내가 네 행위를 아노니 네가 적은 능력을 가지고도 내 말을 지키며 내 이름을 배반치 아니하였도다 보라 사단의 회 곧 자칭 유대인이라 하나 그렇지 않고 거짓말 하는 자들 중에서 몇을 네게 주어 저희로 와서 네 발 앞에 절하게 하고 내가 너를 사랑하는 줄을 알게 하리라
　네가 나의 인내의 말씀을 지켰은즉 내가 또한 너를 지키어 시험의 때를 면하게 하리니 이는 장차 온 세상에 임하여 땅에 거하는 자들을 시험할 때라 내가 속히 임하리니 네가 가진 것을 굳게 잡아 아무나 네 면류관을 빼앗지 못하게 하라 이기는 자는 내 하나님 성전에 기둥이 되게 하리니 그가 결코 다시 나가지 아니하리라 내가 하나님의 이름과 하나님의 성 곧 하늘에서 내 하나님께로부터 내려 오는 새 예루살렘의 이름과 나의 새 이름을 그이 위에 기록하리라 귀 있는 자는 성령이 교회들에게 하시는 말씀을 들을 찌어다"(계 3:7-13).

　주님께서는 사도 요한을 통해 아시아의 일곱 교회들에게 책망과 경고의 말씀을 주셨는데, 그 일곱 교회 중에서 주님의 책망을 듣지 않고 칭찬만 받은 교회는 빌라델비아(Philadelphia) 교회 하나뿐입니다. 주님께서 빌라델비아 교회를 칭찬하신 이유는 무엇이며

어떤 상을 약속하셨습니까? 빌라델비아 교회의 성도들은 **"적은 능력을 가지고도 내 말을 지키며 내 이름을 배반치 아니하였도다"**라고 주님은 칭찬하셨습니다. 빌라델비아 교회는 성도의 수가 그리 많지 않았던 것 같습니다. 그러나 빌라델비아 교회의 성도들은 하나님의 말씀을 순수하게 믿고 지켰습니다. 그들은 철저하게 **"궁창 아랫물"**을 배척했고, 하나님의 **순수한 말씀**인 **"궁창 위의 물"**만을 마시며 하나님께서 베풀어 주신 구원의 은총을 믿음으로 온전히 지켰습니다.

사단 마귀가 토해 낸 **"궁창 아랫물"**은 아담과 하와의 시대부터 인류에게 침투해 들어왔습니다. 하나님께서는 당신의 형상을 따라 아담과 하와를 만드시고 에덴동산에서 살게 하셨습니다. 하나님께서는 그들에게 **"동산 각종 나무의 실과는 네가 임의로 먹되 선악을 알게 하는 나무의 실과는 먹지 말라 네가 먹는 날에는 정녕 죽으리라"**(창 2:16-17)는 **"궁창 위의 물"**을 주셔서 그들이 그 말씀을 지키도록 명령하셨습니다. 그런데 사단 마귀는 **"궁창 아랫물"**을 토해 내서 하와의 마음에 의심의 불을 지폈습니다. **"여호와 하나님의 지으신 들짐승 중에 뱀이 가장 간교하더라 뱀이 여자에게 물어 가로되 하나님이 참으로 너희더러 동산 모든 나무의 실과를 먹지 말라 하시더냐 여자가 뱀에게 말하되 동산 나무의 실과를 우리가 먹을 수 있으나 동산 중앙에 있는 나무의 실과는 하나님의 말씀에 너희는 먹지도 말고 만지지도 말라 너희가 죽을까 하노라 하셨느니라 뱀이 여자에게 이르되 너희가 결코 죽지 아니하리라 너희가 그것을 먹는 날에는 너희 눈이 밝아 하나님과 같이 되어 선악을 알 줄을 하나님이 아심이니라"**(창 3:1-5).

에덴동산의 중앙에는 **선악을 알게 하는 나무**만 있는 것이 아니라 **생명나무도 있었습니다**. 하나님께서 주신 **"궁창 위의 물"**은 **"동산의 모든 나무 실과는 마음껏 따먹되 선악을 알게 하는 나무의 열매만은 절대 따먹지 말라"**라는 말씀이었습니다. 또 하나님은 "너희가 그것을 먹는 날에는 너희는 반드시 죽는다"라고도 말씀하셨습니다. 그러나 사단 마귀는 "하나님이 참으로 너희더러 동산 모든 나무의 실과를 먹지 말라 하시더냐" 하고 하와를 시험했습니다. 하와는 "동산 나무의 실과를 우리가 먹을 수 있으나 동산 중앙에 있는 나무의 실과는 하나님의 말씀에 너희는 먹지도 말고 만지지도 말라 너희가 죽을까 하노라 하셨다"라고 사단에게 대답했습니다. 그런데 우리는 하와의 대답에서 하나님께서 그들에게 주신 **"궁창 위의 물"**과 크게 다른 세 부분을 발견할 수 있습니다.

첫째, 동산 중앙에는 생명나무와 선악을 알게 하는 나무가 있었고 하나님께서는 그 두 나무 중에서 선악을 알게 하는 나무의 실과만을 먹지 말라고 하셨습니다. 그런데 하와는 그 둘을 분명하게 구별하지 않고, 먹지 말아야 할 과실이 **"동산 중앙에 있는 나무 실과"**라고 두리뭉실하게 대답했습니다.

둘째, 하나님은 선악을 알게 하는 나무의 실과를 "절대 따먹지 말라"라고 명령하셨지만, 하와는 "먹지도 말고 **만지지도 말라**"라고 자기의 생각을 더했습니다.

셋째, 하나님께서는 누구든지 그 선악을 알게 하는 나무 실과를 따먹으면 **"정녕 죽으리라"** 즉, "반드시 죽는다"라고 말씀하셨습니다. 그러나 이미 사단의 덫에 걸린 하와는 "죽을까 하노라"라고 대답했습니다. 그녀의 대답은 하나님의 말씀을 자의적(恣意的)으로 해석한 결과였습니다. "설마 사랑의 하나님께서 그런 일로 정말 우리를 죽이실까? 그냥 먹지 말라고 겁을 주는 말씀이겠지!"—하와는 이렇게 생각했다는 것입니다.

그러자 하와의 믿음이 온전하지 않다는 점을 발견한 사단 마귀는 하와를 마음껏 유린하며 그녀에게 **"궁창 아래의 물"**을 먹이기 시작했습니다. **"너희가 결코 죽지 아니하리라 너희가 그것을 먹는 날에는 너희 눈이 밝아 하나님과 같이 되어 선악을 알 줄을 하나님이 아심이니라"**라고 사단 마귀는 하와가 하나님의 말씀을 부인하도록 본격적으로 자기의 거짓말을 주입했습니다. 사단은 하나님을 불의하고 독선적인 하나님으로 만드는 반면 자기는 진정으로 인간에게 유익을 주는 존재로 하와에게 다가갔습니다. 그렇게 하와와 아담은 사단 마귀가 주는 **"궁창 아래의 물"**을 마셨습니다. 그 결과가 어떻게 되었습니까? 사단 마귀가 토해 낸 **"궁창 아래의 물"**을 마신 아담과 하와는 하나님의 말씀대로 **"반드시 죽어야 하는 존재"**(mortal beings)로 전락하게 되었습니다. 지금도 사단 마귀는 끊임없이 궁창 아랫물을 강같이 토해 내고 있습니다(계 12:15). 모든 인류를 그 물로 휩쓸어서 멸망으로 떨어지게 하려는 사단의 깊은 계략에 걸려든 사단의 종들은 **"궁창 위의 물"**인 하나님의 말씀에 온갖 인본주의적인 해석을 섞어서 더욱더 혼잡하게 된 **"궁창 아래의 물"**을 지금도 강같이 토해 내고 있습니다.

저는 인도 북부의 갠지스강에 가본 적이 있습니다. 사람들은 그 강가에서 시신을 화장(火葬)해서 그 재를 강물에 버리는데, 다른 사람들은 그 물에서 목욕도 하고 빨래를 하고 어떤 이들은 심지어 그 강물을 마십니다. 이 세상의 모든 종교는 궁창 아랫물을 만들어 마시고 또 토해 내는데, 종교인들은 그 토해 낸 것을 다시 마시고 있습니다. 종교인들은 좀 더 물맛이 좋은 **"궁창 아래의 물"**을 마시려고 자신의 우물을 깊게 팝니다. 어떤 인물이 자기의 고행이나 수도를 통해서 나름대로 어떤 깨달음의 경지에 이르면, 그는 자기 마음속의 깊은 우물에서 퍼 올린 교훈으로 사람들의 영적 갈증을 해갈시키려고 합니다. 그렇게 해서 하나의 종교나 교단의 우물이 생겨납니다. 그리고 그의 제자들은 그런 우물을 처음 판 창시자를 신격화하면서 그 우물물의 탁월함이나 정통성을 자랑합니다.

사마리아 수가성의 여인도 야곱의 우물물을 마시면서 그런 자부심이 있었습니다. 그러나 이 땅의 물, 즉 **"궁창 아래의 물"**로는 영혼의 갈증을 결코 해결할 수 없습니다. 예수님은 그 여인에게 **"이 물을 먹는 자마다 다시 목마르려니와 내가 주는 물을 먹는 자는 영원히 목마르지 아니하리니 나의 주는 물은 그 속에서 영생하도록 솟아나는 샘물이 되리라"**(요 4:13-14)고 말씀하셨습니다. 우리는 **"궁창 위의 물"**을 마셔야만 영생을 얻습니다. 모든 죄인들은 먼저 자신이 지금까지 마셨던 물이 **"궁창 아래의 물"**이었다는 깨달음이 있어야겠고, 이제는 돌이켜서 주님께서 주시는 생명의 물, 즉 **"궁창 위의 물"**을 받아 마셔야겠다는 결단이 있어야 합니다. 하나님의 말씀을 순수하게 믿고 온전히 지키는 자만이 빌라델비아 성도들처럼 예수 그리스도의 이름을 배반하지 않습니다.

궁창 위의 물의 증거

"궁창 위의 물"은 하나님만이 유일하신 참 신이시고 그분 외에 다른 신은 없다고 증거합니다. **"궁창 위의 물"**은 하나님께서 말씀으로 우주와 그 안의 모든 피조물들을 창조하셨다고 증거합니다. **"궁창 위의 물"**은 예수님이 하나님 아버지의 외아들인 성자(聖子) 하나님이라고 증거합니다. 성경은 하나님이신 예수님께서 우리를 모든 죄에서 단번에 구원하시려고 육신을 입고 이 땅에 오셨다고 증거합니다. **"궁창 위의 물"**은 예수님이 **"동이 서에서 먼 것같이 우리 죄과를 우리에게서 멀리 옮기"**(시 103:12)려고, 세례 요한에게 안수의 형식으로 세례를 받으심으로 우리의 모든 죄와 허물을 당신의 육체에 단번에 넘겨받았다고 증거합니다. **"궁창 위의 물"**은 예수님께서 세례를 받으심으로, 이 세상에는 하나님의 **"모든 의"**가 온전히 이루어졌다고 증거합니다. 세례 받으신 이튿날 예수님에게 안수로 세례를 베풀었던 세례 요한은 자기 앞을 지나시던 예수님을 가리키며 **"보라 세상 죄를 지고 가는 하나님의 어린양이로다"**(요 1:29)라고 증거했습니다. 이제 세상 죄는 받으신 세례를 통해서 예수님의 육체로 온전히 넘어갔다고 **"궁창 위의 물"**은 증거합니다.

　"궁창 위의 물"은 예수님이 십자가에서 피 흘려 죽으신 것은 예수님께서 인류의 대표자인 세례 요한에게 안수의 형식으로 받으신 세례의 결과라고 증거합니다. 예수님이 요단강의 세례를 통해서 인류의 죄를 넘겨받아 담당하지 않으셨다면, 예수님은 십자가에서 피 흘려 돌아가실 이유가 없었습니다. 그러나 예수님께서는 받으신 세례로 우리 모든 인류의 죄와 허물을 단번에 당신의 육체에 넘겨받고 짊어지셨기에, 이제 그 모든 죄의 대가를 지불하기 위해서 예수님께서는 십자가에서 피 흘려 돌아가셔야만 했다고 **"궁창 위의 물"**은 증거합니다. **"궁창 위의 물"**은 예수님이 운명하시기 직전에 **"다 이루었다"**(요 19:30)라고 외치심으로 우리의 모든 죄를 완벽하게 대속(代贖)했다고 증거합니다. 예수님께서는 우리 모든 인류의 죄와 허물을 흰 눈처럼 완전하게 없애 주셨습니다. 예수님께서는 첫 사람 아담부터 세상 종말에 이르기까지 인류의 모든 죄를 받으신 세례로 단번에 당신의 육체에 짊어지셨고 십자가의 보혈로 흰 눈보다 깨끗하게 다 갚아 주셨습니다.

"**궁창 위의 물**"은 "**물과 피의 복음**"을 믿어서 거듭난 자들에게는 "**결코 정죄함이 없다**"(롬 8:1)라고 선포합니다. "**궁창 위의 물**"은 "**이 뜻을 좇아 예수 그리스도의 몸을 단번에 드리심으로 말미암아 우리가 거룩함을 얻었노라…또 저희 죄와 저희 불법을 내가 다시 기억지 아니하리라 하셨으니 이것을 사하셨은즉 다시 죄를 위하여 제사드릴 것이 없느니라**"(히 10:10, 17-18)고 증거함으로써 거듭난 우리는 죄와 상관없는 자들이 되었다고 선포합니다. "**궁창 위의 물**"은 예수 그리스도께서 요단강에서 받으신 세례와 십자가의 죽으심으로 이 세상의 모든 죄를 없애는 사역을 완수했기 때문에 하나님 아버지께서 그를 다시 살리셔서 하나님 보좌 우편에 앉히셨다고 증거합니다. "**궁창 위의 물**"은 "**사람이 물과 성령으로 나지 아니하면 하나님 나라에 들어갈 수 없느니라**"(요 3:5)고 선포합니다. "**궁창 위의 물**"은 이제 누구든지 자기가 지옥에 가야 할 죄 덩어리임을 시인하고 예수님께서 받은 세례와 십자가의 죽음으로 자기와 같은 죄인을 죄에서 온전히 구원하셨다는 "**물과 피의 복음**"을 믿으면 죄 사함을 받고 거듭난 의인이 된다고 증거합니다. "**궁창 위의 물**"은 죄인을 거듭나게 해서 의인되게 하는 진리의 원형 복음이 바로 "**물과 피의 복음**"이라고 증거합니다.

구약의 속죄의 제사

하나님의 말씀에는 짝이 있습니다—"너희는 여호와의 책을 자세히 읽어보라 이것들이 하나도 빠진 것이 없고 하나도 그 짝이 없는 것이 없으리니 이는 여호와의 입이 이를 명하셨고 그의 신이 이것들을 모으셨음이라"(사 34:16). 진리를 증거함에 있어서 하나님의 말씀에는 빠진 것이 없고, 모든 말씀에는 짝이 있어서 하나님의 말씀이 진리임을 성경 스스로 확증합니다. 이제 말씀의 짝을 이루고 있는 구약의 안수와 신약의 세례에 대해서 살펴봅시다.

구약성경에는 번제단을 쌓고 양을 잡아 드리는 속죄제사가 수도 없이 기록되어 있습니다. 아벨, 노아, 아브라함과 야곱 등 모든 믿음의 조상들은 양이나 염소를 제물로 삼아 대속(代贖)의 제사를 드렸습니다. 대속(代贖)의 속죄제사는 ①흠 없는 염소나 양을 끌고 와서, ②그 제물의 머리에 안수(按手)해서 자신의 죄를 그 희생제물에게 넘기고, ③그 제물의 목을 따서 그 피(생명)로써 죗값을 치르게 한 후에 그 제물을 번제단 위에서 불로 태워 하나님께 드리는 제사입니다. 다시 한번 요약하자면, ①**흠 없는 제물**, ② **죄를 넘기는 안수(按手)**, ③**대속의 피 흘림**—구약의 하나님의 백성들은 이 3가지 요건이 충족된 제사를 드려야만 죄 사함을 받을 수 있었습니다.

그래서 평민 한 사람이 어떻게 하루치의 죄를 사함 받는가에 대하여 성경은 다음과 같이 기록하고 있습니다. "만일 평민의 하나가 여호와의 금령 중 하나라도 부지중에 범하여 허물이 있었다가 그 범한 죄에 깨우침을 받거든 그는 <u>흠 없는 암염소를 끌고 와서 그 범한 죄를 인하여 그것을 예물로 삼아 그 속죄제 희생의 머리에 안수하고 그 희생을 번제소에서 잡을 것이요</u> 제사장은 손가락으로 그 피를 찍어 번제단 뿔에 바르고 그 피 전부를 단 밑에 쏟고 그 모든 기름을 화목제 희생의 기름을 취한 것 같이 취하여 단 위에 불살라 여호와께 향기롭게 할지니 제사장이 그를 위하여 속죄한 즉 그가 사함을 얻으리라"(레 4:27-31).

이스라엘 백성들은 ①흠 없는 제물, ② 죄를 넘기는 안수(按手), ③대속의 피 흘림으로 이루어진 속죄제사를 드려서 하루치의 죄를 사함 받았습니다. 그런데 그들은 죄를 지을 때마다 빠짐없이 제사를 드리지는 못했기 때문에 그들의 마음에는 죄가 쌓여갈 수밖에 없었습니다. 그래서 하나님께서는 이스라엘 백성 전체의 일 년 치 죄를 단번에 사함 받는 제사를 세워 주셨습니다. 그것이 매년 제칠월 제십 일에 드렸던 대속죄일(大贖罪日)의 제사였습니다. 이날에는 대제사장 아론이 이스라엘 백성을 대표해서 홀로 제사를 주관했는데, 먼저 수송아지를 제물로 삼아 자기와 자기 가족을 위해서 속죄제사를 드린 후에, 백성들을 위해서 두 마리 염소로 속죄제사를 드렸습니다. "아론은 자기를 위한 속죄제의 수송아지를 드리되 자기와 권속을 위하여 속죄하고 또 그 두 염소를 취하여 회막문 여호와 앞에 두고 두 염소를 위하여 제비뽑되 한 제비는 여호와를 위하고 한 제비는 아사셀을 위하여 할찌며 아론은 여호와를 위하여 제비 뽑은 염소를 속죄제로 드리고 아사셀을 위하여 제비 뽑은 염소는 산대로 여호와 앞에 두었다가 그것으로 속죄하고 아사셀을 위하여 광야로 보낼찌니라"(레 16:6-10).

아론은 먼저 흠 없는 수송아지를 성막으로 끌고 와서 그 머리에 안수를 해서 자기와 자기 식구들의 죄를 그 수송아지에게 넘긴 후에, 그 수송아지를 잡아서 그 피를 들고 성막 안으로 들어갔습니다. 그는 지성소의 언약궤를 덮고 있는 속죄소 위와 그 앞 동편에 수송아지의 피를 일곱 번 뿌렸습니다. 그리고 아론은 성소 밖으로 나와서 그 남은 피를 번제단 귀퉁이의 네 뿔에 바르고 단 위에도 피를 뿌렸습니다. 이렇게 대제사장 아론은 자신과 자기 가족의 죄를 먼저 사함 받은 후에 백성 전체를 위한 속죄의 제사를 드렸습니다. 백성들의 일 년 치 죄를 사함 받기 위하여 아론은 예비해 놓았던 흠 없는 두 마리의 염소 중에서 먼저 제비 뽑힌 한 마리의 머리에 안수하고 잡아서 수송아지의 피로 드렸던 방식 그대로 하나님께 제사를 드렸습니다. 첫 염소로 드리는 제사는 백성들의 죄를 위하여 성막과 단을 정결하게 하는 제사였으며, 하나님 앞에 있는 심판책에 기록된 그들의 모든 죄를 도말(塗抹)하는 제사였습니다.

아사셀 염소로 드린 속죄의 제사

아사셀 염소에게 안수하는 대제사장   ⓒ Uijedang Press

"그 지성소와 회막과 단을 위하여 속죄하기를 마친 후에 산 염

소를 드리되

　아론은 두 손으로 산 염소의 머리에 안수하여 이스라엘 자손의 모든 불의와 그 범한 모든 죄를 고하고 그 죄를 염소의 머리에 두어 미리 정한 사람에게 맡겨 광야로 보낼찌니 염소가 그들의 모든 불의를 지고 무인지경에 이르거든 그는 그 염소를 광야에 놓을찌니라"(레 16:20-22).

　아론은 이제 성막(聖幕)의 뜰 문을 열어젖히고 남은 염소 한 마리를 끌고서 백성들 앞으로 나왔습니다. 그리고 아론은 지난 일 년 동안 이스라엘 백성들의 마음 판에 쌓인 모든 죄를 염소에게로 다 넘기기 위해서 그 염소의 머리에 안수했습니다. 안수(按手)는 죄를 희생의 제물에게 넘기는 하나님의 공의(公義)한 법입니다. 이런 법을 세워 주시지 않았다면 우리는 결코 죄의 심판, 즉 지옥 형벌을 면할 수가 없었습니다. 그러므로 "안수의 법"은 하나님의 긍휼과 공의의 법입니다. 안수의 법도를 통해서 우리의 죄는 반드시 공의하게 대속의 심판을 받게 하시고 우리는 값없이 구원을 얻게 하심으로써, 하나님께서는 우리를 향한 당신의 사랑과 공의를 모두 이루셨습니다.

　이스라엘 백성의 대표자 아론이 아사셀 염소의 머리에 안수하고 백성의 모든 죄를 고하자 그들의 일 년 치 죄가 단번에 염소의 머리에 넘어갔다고 성경은 분명히 말씀합니다. 그리고 아론이 염소의 머리에서 손을 떼자 이제 이스라엘 모든 백성들이 지난 일 년 동안 지었던 모든 죄들은 이미 그들의 마음 판에서 끊어져서 염소의 머리 위로 옮겨졌습니다. 이제 그 염소는 이스라엘 백성들이 지난 1년 동안 지은 죄를 모두 짊어진 채로 미리 정한 사람에 의해 사막 깊은 곳으로 끌려갔습니다. 이스라엘 백성들은 **아사셀**(내어놓음이라는 뜻) 염소가 점점 멀어져서 사라질 때까지 그 염소를 바라보았습니다. 그리고 드디어 자기들의 눈에 안 보이게 되면, 백성들은 환호성을 질렀습니다. "야! 지긋지긋했던 지난 일 년 치의 죄가 다 사라졌다! 할렐루야!" 한참 후에 염소를 사막 한가운데 버리러 갔던 사람은 돌아왔습니다. 사막에 내버려진 **"아사셀"** 염소는 풀 한 포기 없는 사막을 헤매다가 거기에서 죽었습니다. 이스라엘 백성을 위한 대속죄일(大贖罪日)의 제사는 이렇게 드려졌습니다.

예수님께서 드리신 영원한 속죄의 제사

그런데 이러한 대속죄일(大贖罪日)의 제사는 제사를 드린 자들의 죄를 영원토록 없애 주는 완전하고 영원한 제사가 아니었습니다. 대속죄일의 제사를 드려서 죄 사함을 받고 돌아오는 길에서 백성들은 다시 죄를 지었고 다시 죄인으로 전락(轉落)했습니다. 어떤 사람은 자기가 그렇게 찾아 헤맸던 원수 같은 놈을 만났습니다. 내 돈 떼어먹고 도망가서 나를 쫄딱 망하게 했던 놈을 만났으니 어떻게 했겠습니까? 화가 치밀어서 멱살을 잡고 쓰러뜨린 후에 발로 밟았습니다. 그들은 그렇게 또 죄를 지었으니 다시 죄인이 되었고 또 죄가 마음에 쌓여갔습니다.

그래서 구약의 속죄제사는 불완전한 것이었고 장차 올 완전하고 영원한 제사의 그림자(예고편)에 불과한 것이라고 히브리서는 말씀합니다. "율법은 장차 오는 좋은 일의 그림자요 참형상이 아니므로 해마다 늘 드리는바 같은 제사로는 나아오는 자들을 언제든시 온전케 할 수 없느니라 그렇지 아니하면 섬기는 자들이 단번에 정결케 되어 다시 죄를 깨닫는 일이 없으리니 어찌 드리는 일을 그치지 아니하였으리요"(히 10:1-2). 이제 때가 차매 예수님께서 하나님 아버지의 뜻을 좇아 이 땅에 육신을 입고 오셔서 "한 영원한 제사"(히 10:12)를 드려 주심으로 우리가 영원히 거룩하게 되었습니다. 이 제사는 제사장들이 자주 드렸던 제사와는 달리 우리가 다시는 죄를 위하여 제사드릴 것이 없도록 한 주님의 완벽하고 영원한 속죄제사였습니다.

"이 뜻을 좇아 예수 그리스도의 몸을 단번에 드리심으로 말미암아 우리가 거룩함을 얻었노라 제사장마다 매일 서서 섬기며 자주 같은 제사를 드리되 이 제사는 언제든지 죄를 없게 하지 못하거니와 오직 그리스도는 죄를 위하여 한 영원한 제사를 드리시고 하나님 우편에 앉으사 그 후에 자기 원수들로 자기 발등상이 되게 하실 때까지 기다리시나니 저가 한 제물로 거룩하게 된 자들을 영원히 온전케 하셨느니라

또한 성령이 우리에게 증거하시되 주께서 가라사대 그날 후로는 저희와 세울 언약이 이것이라 하시고 내 법을 저희 마음에 두고 저희 생각에 기록하리라 하신 후에 또 저희 죄와 저희 불법을 내가 다시 기억지 아니하리라 하셨으니 <u>이것을 사하셨은즉 다시 죄를 위하여 제사드릴 것이 없느니라</u>"(히 10:10-18). 아멘!

구약성경에 기록된 대속(代贖)의 속죄제사로는 이스라엘 백성들이 영원한 죄 사함을 받을 수 없었습니다. 그런 제사들은 단지 장차 올 온전하고 영원한 제사의 예고편이었습니다. 이제 하나님 아버지의 뜻을 따라서 성자(聖子) 하나님이신 예수 그리스도께서 처녀 마리아의 몸에 성령으로 잉태되셔서 육신을 입고 이 땅에 오셨습니다. 그리고 예수님께서는 당신의 흠 없는 육체를 제물로 삼아 **한 영원한 속죄의 제사**를 드려 주심으로써 우리 모든 인류의 죄를

영원토록 완벽하게 없애 주셨습니다. 율법을 좇아 드리는 첫째 제사에서도, 누구든지 죄 사함을 받으려면, ①흠 없는 제물, ② **죄를 넘기는 안수(按手)**, ③**피 흘림(제물의 생명으로 죗값을 대신 지불함)** 이라는 3가지 요건이 충족된 제사를 드려야만 죄 사함을 받을 수 있었습니다. 이 뜻을 좇아 예수 그리스도 이 세 가지 요건을 완전히 충족시키는 **"한 영원한 제사"**(히 10:12)를 드려 주셔서 인류의 모든 죄와 허물을 영원히 그리고 완벽하게 없애 주셨기 때문에 믿는 우리가 단번에 거룩함을 얻게 되었습니다.

예수님께서 드리신 **"한 영원한 제사"**(히 10:12)에서 이 세 가지 요건이 어떻게 이루어졌는지를 하나님의 말씀 안에서 좀 더 상세히 확인하겠습니다.

첫째, 예수님은 **흠 없는 합격 제물**입니다. 예수님은 **"참 하나님이시요 영생"**(요일 5:20)입니다. 궁창 위의 물은 예수님이 하나님이라고 증거합니다. 그러므로 그분은 죄를 알지도 못하고 회전하는 그림자도 없는 **흠 없는 제물**입니다. 예수님은 흠 없는 제물이 되어서 우리 모든 인류의 죄를 담당하시려고 육체를 입고 오신 하나님이기에, 전 인류의 속죄제사를 드리기에 아무 부족함이 없는 **합격 제물**입니다. 예수님은 처녀 마리아의 몸에서 육신을 입고 잠시 동안 사람이 되신 하나님이시니, 그분은 죄를 유전(遺傳)받고 태어난 아담(남자)의 후손이 아닙니다. 하나님께서는 하와를 속여 범죄하게 한 뱀(사단)에게, **"내가 너로 여자와 원수가 되게 하고 너의 후손도 여자의 후손과 원수가 되게 하리니 여자의 후손은 네 머리를 상하게 할 것이요 너는 그의 발꿈치를 상하게 할 것이니라"**(창 3:15)고 판결하셨습니다. 성자(聖子) 하나님이신 예수님은 여인의 몸에서 육신만 얻어 입고 태어나신 **"여자의 후손"**이므로 아담에게서 죄를 물려받지 않았기에 **"흠 없는" 합격** 제물이었습니다.

　둘째, 예수님께서는 인류의 대표자인 세례 요한에게 **안수(按手)의 형식으로 세례를 받으심**으로 인류의 죄를 단번에 당신의 육체에 넘겨받으셨습니다. 안수(按手)는 죄를 넘기는 하나님의 공의한 법입니다. 그리고 세례는 안수의 형식으로 행해집니다. 대속죄일의 제사에서는, 대제사장 아론이 백성들의 대표로 아사셀 염소의 머리에 안수하고 이스라엘 백성의 일 년 치 죄를 고했더니 백성 전체의 그 모든 일 년 치 죄가 단번에 아사셀 염소에게 다 넘어갔습니다. 인류의 대표자인 세례 요한이 예수님의 머리에 안수하고, 예수님은 그의 안수를 받은 상태로 물에 잠겼다가 물에서 다시 올라오셨습니다. 세례 요한은 대제사장 아론의 후손이고(눅 1:5) 여자의 몸에서 난 자 중에 제일 큰 자(마 11:11), 즉 인류의 대표자입니다. **"궁창 위의 물"**은 인류의 대표자인 세례 요한이 흠 없는 어린양으로 오신 예수님의 머리에 안수의 형식으로 베푼 세례로 인류의 모든 죄와 허물이 단번에 예수님에게 온전히 넘어갔다고 증거합니다.

신앙인 8 - 궁창 위의 물만 마시는 자들   157

인류의 대표자인 세례 요한이 안수로 행한 예수님의 세례 ⓒ Uijedang Press

 "이 때에 예수께서 갈릴리로서 요단강에 이르러 요한에게 세례를 받으려 하신대 요한이 말려 가로되 내가 당신에게 세례를 받아야 할 터인데 당신이 내게로 오시나이까 예수께서 대답하여 가라사대 이제 허락하라 우리가 이와 같이 하여 모든 의를 이루는 것이 합당하니라 하신대 이에 요한이 허락하는지라 예수께서 세례를 받으시고 곧 물에서 올라 오실째 하늘이 열리고 하나님의 성령이 비둘기 같이 내려 자기 위에 임하심을 보시더니 하늘로서 소리가 있어 말씀하시되 이는 내 사랑하는 아들이요 내 기뻐하는 자라 하시니라"(마 3:13-17). 아멘!
 "궁창 위의 물"은 "세례 요한이 예수님에게 베푼 안수 형식의 세례로 세상의 모든 죄가 예수님에게 온전히 넘어갔기에 이 세상에는 죄가 전혀 없는 하나님의 모든 의가 온전히 이루어졌다"라고 증거합니다. **"우리가 이와 같이 하여"**(마 3:15)라는 말씀이 무슨 뜻입니까? "너(세례 요한)는 내 머리에 안수를 베풀어서 이 세상 죄를 나에게 다 넘겨라"라는 뜻입니다. 그래서 예수님께서는 요한에게 **"이제 허락하라"** 즉 "어서 내가 시키는 대로 안수를 베풀어라" 하고 준엄하게 명령하신 것입니다. 예수님과 세례 요한―이 두 분이 **"이와 같이 하여 모든 의"**가 이루어졌습니다.

"모든 의"(all righteousness)는 세상의 모든 죄가 없어져야 이루어집니다. 이제 안수로 세례를 받은 예수님에게 세상 죄가 다 넘어갔기에 이 세상에는 **"모든 의"**가 이루어졌다고 **"궁창 위의 물"**은 증거합니다. 예수님이 받은 세례로 세상 죄가 예수님에게 다 넘어갔다고 세례 요한은 확실히 증거했습니다: **"이튿날 요한이 예수께서 자기에게 나아오심을 보고 가로되 보라 세상 죄를 지고 가는 하나님의 어린 양이로다"**(요 1:29). 여기 기록된 **"이튿날"**은 예수님께서 세례를 받으신 **"이튿날"**입니다. 자, 이래도 예수님의 세례가 단지 "메시아 선포식"이었고 "주님이 겸손의 모범을 보이기 위해서 받으신 것"이라고 주장하렵니까? 인간의 생각이 섞인 **"궁창 아래의 물"**은 끊임없이 **"궁창 위의 물"**을 오염시키고 혼잡하게 하려 하지만, **"궁창 위의 물"**은 마귀의 계략을 단번에 무너뜨리고 지금도 여전히 순수하고 도도하게 흐르고 있습니다.

셋째, 예수님께서는 **십자가의 피**로써 우리의 구원을 완성하셨습니다. 예수님은 세례 요한에게 안수의 형식으로 받으신 세례로 세상 죄를 모두 짊어진 것이 확실합니다. 그러면 나의 죄는 지금 어디에 남아 있습니까? 아직도 나의 마음 판에 그냥 남아 있습니까, 아니면 2000년 전에 이미 예수님께서 받으신 세례로 예수님에게 넘어가서 예수님의 보혈로 깨끗이 씻어졌습니까? "아니 예수님이 세례를 받은 것은 2000년 전의 일인데, 어떻게 주님이 세례를 받으신 지 2000년이나 지나서 짓고 있는 나의 죄가 예수님에게로 넘어갔겠어? 나는 도저히 그렇게 믿을 수가 없어!"—겨우 주먹 두 개만 한 사람의 뇌로는 아마 이렇게도 생각할 수도 있습니다

믿음은 **"바랄 수 없는 중에 바라고 믿는 것"**(롬 4:18)입니다. 나의 생각을 부인하고 하나님의 말씀을 믿는 것이 믿음입니다. 믿음의 조상 아브라함은 백세가 다 되었고 그의 아내 사라도 거의 90세가 되어서 경수가 끊어진 지도 오래되었을 때에, 하나님께서는 "너희 부부 사이에 아들이 있으리라"라고 말씀하셨습니다. 인간의 생각으로는 도저히 믿을 수 없는 말씀이었지만, 아브라함은 하나님의 약속 말씀을 **"바랄 수 없는 중에 바라고 믿었으니"**(롬 4:18) 하나님이 그의 믿음을 의로 여기셨습니다. 이렇게 믿음이란 자기 생각을 부인하고 하나님의 말씀을 믿는 것입니다.

예수님께서 세례를 받으심으로 세상 죄가 모두 예수님에게 넘어갔다고 **"궁창 위의 물"**은 선포하고 있습니다. 그렇기 때문에 세례 받으신 다음 날에 예수님은, **"보라 세상 죄를 지고 가는 하나님의 어린 양이로다"**(요 1:29)라는 증거를 세례 요한에게 받았습니다. **"세상 죄"**란 "아담에서부터 이 세상 마지막 날까지 모든 인류가 지었고, 짓고 있고, 앞으로 지을 모든 죄와 허물"을 다 일컫는 말입니다. 당신이 지금까지 지었고 앞으로 지을 모든 죄도 그 **"세상 죄"**와 함께 예수님께서 받으신 세례로 예수님에게 단번에 넘어갔습니다. 이 말씀이 맞습니까? 아니면 틀립니까? 이 말씀은 성경에 기록된 진리입니다! 전능하신 하나님께서 **"이와 같이 하여"** 우리를 죄에서 온전히 구원해 주셨습니다. 우리를 너무나 사랑하시기 때문에,

늘 죄를 지을 수밖에 없는 우리의 연약을 너무나 잘 아시는 주님께서 **"이와 같이 하여 모든 의를 이루어"** 주셨습니다. 그러면 당신의 죄는 그 "세상 죄" 안에 포함됩니까, 아니면 당신의 죄만 그 **"세상 죄"**에서 빠졌습니까?

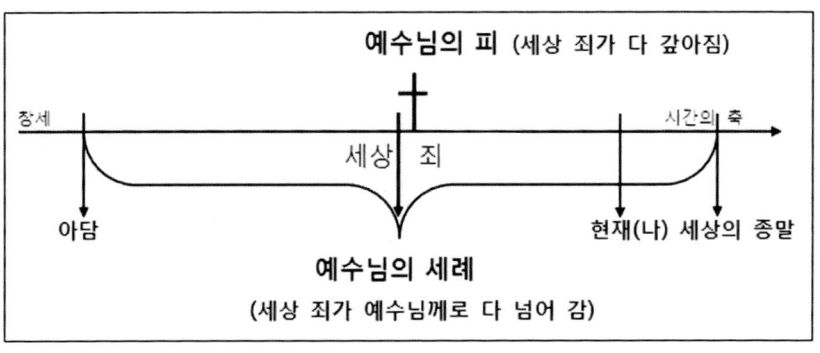

위의 도표를 보면 이제 저와 당신의 죄가 분명히 예수님에게로 다 넘어가서 이제 우리에게는 죄가 전혀 없다는 사실을 인정하게 될 것입니다. 하나님은 영원 전부터 영원까지 살아 계시며, 영원한 일도 단번에 이루시는 전능한 신입니다. 보통은 100년도 못 사는 것이 우리 인생입니다. 영원한 하나님의 눈에는 우리의 일생이 찰나에도 미치지 못합니다. 주님이 우리를 죄에서 깨끗하게 건져내서 하나님의 영생의 나라에 들어가게 하시려고 우리가 태어나기도 전에, 우리가 평생 동안 지을 모든 죄와 허물을 일방적으로 없애 주셨습니다. 그러니 하나님 앞에서 주님께서 인류의 모든 죄를 세례로 다 담당하셨다고 증거하는 **"궁창 위의 물"**을 그냥 감사함으로 받아서 믿으십시오.

우리의 모든 죄를 세례로 단번에 넘겨받으신 주님은 이제 인류의 죄를 짊어지고 십자가로 지고 가셨습니다. 합법적인 속죄제사에는 안수로 죄를 넘김 받은 희생제물이 반드시 대속(代贖)의 죽음을 당해야 합니다. 즉, **"생명이 피에 있으므로 피가 죄를 속하느니라"**(레 17:11)고 말씀하신 대로 속죄제물이 대신 피를 흘리고 죽어야 합니다. 그래서 율법에 속한 속죄제사를 날마다 드렸던 성막에서는 희생제물의 피가 늘 강같이 흘러나왔습니다. 이와 같이 인류의 어린양으로 오신 예수 그리스도도 우리의 죄를 짊어지고 예루살렘 영문 밖으로 나가셨습니다. 주님은 골고다 동산에 세워진 십자가에 못이 박혀서 여섯 시간 동안 온몸의 피를 다 쏟으시고 마지막에 **"다 이루었다"**(요 19:30)라고 크게 외치신 후 돌아가셨습니다. **"죄의 삯은 사망"**(롬 6:23)이라는 율법의 요구를 주님께서 다 이루어 주셨습니다. 주님께서는 당신께서 받으신 세례로 우리 인류가 이미 지은 죄와 앞으로 지을 죄를 당신의 육체에 다 넘겨받으시고 죽음의 형틀인 십자가에 달려서 6시간 동안 당신의 보혈을 쏟으셨습니다. 이로써 우리의 모든 죄를 단번에 도말(塗抹)하는 대속(代贖)의 구원사역을 **"다 이루었다"**라고 주님이 선포셨습니다. **"궁창 위의 물"**은 "예수님이 받은 세례로 이 세상의 모든 죄가 예수님에게 단번에 넘어갔고 주님은 그 모든 죄의 값을 십자가에서 온전히 지불해서 없애 주셨다"라고 선포합니다.

    자, 그러면 이제 저와 여러분의 마음에 죄가 남아 있습니까, 남아 있지 않습니까? 이제 우리의 마음에는 죄가 없습니다! 지옥에 가야 할 죄인이 하나님의 은혜로 값없이 의롭다 함을 받고 천국 영생에 들어가게 되었습니다. 이제 천국의 열쇠는 우리 각자의 손에 들려 있습니다. 하나님께서 주신 **궁창 위의 말씀**을 믿음으로 은혜의 문을 열고 담대히 들어가느냐, 아니면 하나님의 말씀을 의심하고 은혜의 문 바로 앞에서 돌아서느냐 하는 것은 여러분 각자의 선택에 달려 있습니다.

물과 피와 성령으로 임하신 구원의 역사

"궁창 위의 물은" 예수 그리스도께서 "물과 피와 성령으로 임하셨다"라고 분명히 증거합니다. "대저 하나님께로서 난 자마다 세상을 이기느니라 세상을 이긴 이김은 이것이니 우리의 믿음이니라 예수께서 하나님의 아들이심을 믿는 자가 아니면 세상을 이기는 자가 누구뇨 <u>이는 물과 피로 임하신 자니 곧 예수 그리스도시라 물로만 아니요 물과 피로 임하셨고 증거하는 이는 성령이시니 성령은 진리니라 증거하는 이가 셋이니 성령과 물과 피라 또한 이 셋이 합하여 하나이니라</u>"(요일 5:4-8).

"궁창 위의 물"은 이렇게 선포합니다—"하나님께로서 난 자, 즉 거듭난 자만이 믿음으로 세상을 이긴다. 그렇다면 거듭난 자란 누구인가? 하나님의 아들이신 예수 그리스도께서 **물과 피와 성령**으로 임하셔서 우리의 모든 죄를 다 없애 주셨다는 **진리의 원형복음**을 믿는 사람이 거듭난 자다. **물로 임하셨다**는 것은 주님이 요단강에서 세례 요한에게 세례를 받아 인류의 죄를 단번에 담당했다는 증거이고, **피로 임하셨다**는 것은 그 모든 죄를 십자가에서 다 갚아 주셨다는 증거이다. 그리고 **성령으로 임하셨다**는 것은 성자(聖子) 하나님께서 처녀 마리아의 몸에 성령으로 잉태되어서 태어나심으로 우리에게 임마누엘의 하나님이 되어 주셨다는 증거이다!" 할렐루야!

"궁창 위의 물"은 예수님께서 "물로만 아니요 물과 피로 임하셨고 증거하는 이는 성령이시니 성령은 진리"(요일 5:6)라고 선포합니다. 이 말씀은 **물과 피**의 관계를 분명히 밝히고 있습니다. 예수님께서는 인류의 모든 죄를 "물"(세례)로 담당하셨기에 반드시 십자가에서 피 흘려 돌아가셔야만 했습니다. 그리고 이 진리를 증거하시는 이는 성령입니다. 성령님께서는 예수님은 하나님이라고 증거하십니다. **"궁창 위의 물"**은 **"증거하는 이가 셋이니 성령과 물과 피라 또한 이 셋이 합하여 하나이니라"**라고 선포했습니다. 이 말씀에서 **"또한 이 셋이 합하여 하나이니라"**라는 말씀은 성령과 물과 피가 증거하는 바를 모두 믿어야만 온전히 죄 사함을 받는다는 뜻입니다. 만일 성령과 물과 피의 증거를 다 믿지 않고, "물"은 빼버리고 "성령과 피"의 증거만을 믿는다면 그것은 불완전한 믿음이기 때문에 결코 **"죄 사함으로 말미암는 구원"**에 이르지 못합니다. 그런데도 대부분의 기독교 종교인들은 **"물"의 증거를 빼버린 사이비(**似而非**) 복음**을 믿으면서도 자신들의 믿음이 온전하다고 확신하고 있으니 참으로 딱한 노릇입니다.

"물과 피"는 필연적 인과관계(因果關係)에 있습니다. 예수님이 요단강에서 받으신 "물"(세례)이 없었더라면 예수님께서는 십자가에서 "피"를 흘리실 이유가 전혀 없었을 것입니다. 만일 주님께서 세례를 받지 않은 상태로 십자가에서 "피"를 흘리셨다면, 그것은 당시의 종교적 기득권 세력이 자기들의 권세를 위태롭게 했던 한 선지자를 핍박하고 사형시킨 사건에 불과했을 것입니다. 그리고 예수님께서 십자가의 형벌을 받으신 사건은 2,000년 후에 태어난 우리의 죄와는 아무 상관이 없는 고대(古代)의 한 정치적 사건에 불과했을 것입니다. 그러나 예수님께서는 우리 인류를 모두 죄에서 구원하기 위해서 분명히 **"물과 피로 임"**하셨습니다.

"궁창 위의 물"은 **"예수님의 살을 먹고 예수님의 피를 마시는**

자만이 영생을 얻는다"라고 증거합니다. 예수님께서 보리떡 다섯 개와 물고기 두 마리로 오천 명이 넘는 사람들을 배불리 먹이신 후에, 그들이 육신의 배만 채우려고 예수님을 좇는 것을 책망하시고 당신께서 그 기적을 베푸신 참뜻을 그들에게 설명해 주셨습니다. "내가 곧 생명의 떡이로라 너희 조상들은 광야에서 만나를 먹었어도 죽었거니와 이는 하늘로서 내려오는 떡이니 사람으로 하여금 먹고 죽지 아니하게 하는 것이니라 나는 하늘로서 내려온 산 떡이니 사람이 이 떡을 먹으면 영생하리라 나의 줄 떡은 곧 세상의 생명을 위한 내 살이로라 하시니라 이러므로 유대인들이 서로 다투어 가로되 이 사람이 어찌 능히 제 살을 우리에게 주어 먹게 하겠느냐

　예수께서 이르시되 내가 진실로 진실로 너희에게 이르노니 <u>인자의 살을 먹지 아니하고 인자의 피를 마시지 아니하면 너희 속에 생명이 없느니라 내 살을 먹고 내 피를 마시는 자는 영생을 가졌고 마지막 날에 내가 그를 다시 살리리니 내 살은 참된 양식이요 내 피는 참된 음료로다</u> 내 살을 먹고 내 피를 마시는 자는 내 안에 거하고 나도 그 안에 거하나니 살아계신 아버지께서 나를 보내시매 내가 아버지로 인하여 사는 것 같이 나를 먹는 그 사람도 나로 인하여 살리라 이것은 하늘로서 내려온 떡이니 조상들이 먹고도 죽은 그것과 같지 아니하여 이 떡을 먹는 자는 영원히 살리라"(요 6:48-58).

　하나님이신 예수님께서 육체로 이 세상에 임하신 것은 그 육체에 세례를 받으심으로 세상 죄를 다 넘겨받아 우리를 대신해서 심판을 받기 위함이었습니다. 그리고 예수님께서는 당신의 살(몸, 육체)에 넘겨받은 인류의 죄를 대속하기 위해서 십자가에 오르시고

피 흘려 돌아가셨습니다. 예수님이 우리의 모든 죄를 넘김 받은 **안수의 세례**와 **십자가의 피**는 우리가 필히 믿어야 할 진리의 두 축(軸)입니다. 우리는 **"물과 피로 임하신 예수님"**을 믿어야 합니다. 그래서 예수님은 "내 살을 먹고 내 피를 마시는 자는 **영생을 가졌다**"라고 말씀하셨고, "인자의 살을 먹지 아니하고 인자의 피를 마시지 아니하면 너희 속에 생명이 없느니라"라고 분명하게 말씀하셨습니다. **"살과 피"** ― 이 두 가지의 구원사역을 다 믿어야만 우리는 죄 사함을 받고 천국의 영생을 얻습니다.

　예수님의 **"살은 먹지 않고 피만 마셔도"** 영생을 얻을 수 있습니까? 하나님의 법은 준엄합니다. 진리의 주님께서, **"인자의 살을 먹지 아니하고 인자의 피를 마시지 아니하면 너희 속에 생명이 없느니라"**라고 선포하셨으니, 이 말씀은 **"피"**만 마신 자는 결코 영원한 생명을 얻지 못한다는 뜻입니다. 예수님의 피만 믿으면 죄 사함을 받지 못한 외식하는 종교인으로 거룩한 척만 하다가 지옥에 갑니다. 그런데도, 기독교 종교인들은 "예수님의 피만 마시면 된다"라고 끝까지 고집을 부립니다. 십자가의 보혈로만 구성된 복음은 사단 마귀가 변질시켜 놓은 "반쪽짜리" 복음이며 **"궁창 아래의 물"**입니다. 마귀는 처음부터 속이는 자였습니다. 하와를 속여서 모든 인류를 죄 아래 갇히게 한 자가 사단 마귀입니다. 지금도 사단 마귀는 "예수님의 피만 마시면 된다"라고 전 세계의 기독교인들을 속이고 있습니다. 사단 마귀의 종들은 지금도 "십자가의 피가 예수님의 구원사역의 전부"라고 많은 사람들을 세뇌시키고 있습니다. 그래서 기독교 종교인들은 예수님께서 육체로 임하셔서 우리의 모든 죄를 세례로 다 담당하셨다고 선포하는 **"물과 피의 복음"**을 이단이라고 배척합니다. 그들은 박수를 치며 "♪주님의 보혈, 주님의 보혈, 보혈의 잔 마시네~ ♪이스라엘의, 이스라엘의, 거룩한 제사 같이~"하며 신바람 나게 주님의 보혈을 찬양합니다. 그들은 예수님의 **"살은 먹지 않고 피만 마셔도 구원을 받는다"**라고 고집을 부립니다.

성경은 덮어놓고 아무렇게나 예수님을 믿어도 구원을 받을 수 있습니까? "모로 가도 서울만 가면 된다"라는 속담처럼, 종교인들은 "어떻게 믿든 열심으로 하나님을 믿고 눈물이 메마르도록 회개 기도를 하면 하나님이 긍휼히 여기셔서 구원을 베풀어 주시지 않을까?" 하는 막연한 희망을 갖습니다. 이런 자들은 사실 하나님을 대적하는 자들이며 예수님을 부인하는 자들입니다. 사도 요한은 예수께서 육체로 임하신 것을 부인하는 자들을 적그리스도의 영이라고 선포했습니다. **"사랑하는 자들아 영을 다 믿지 말고 오직 영들이 하나님께 속하였나 시험하라 많은 거짓 선지자가 세상에 나왔음이니라 하나님의 영은 이것으로 알찌니 곧 예수 그리스도께서 육체로 오신 것을 시인하는 영마다 하나님께 속한 것이요 예수를 시인하지 아니하는 영마다 하나님께 속한 것이 아니니 이것이 곧 적그리스도의 영이니라 오리라 한 말을 너희가 들었거니와 이제 벌써 세상에 있느니라"**(요일 4:1-3).

신학자들이나 설교자들은 **"예수 그리스도께서 육체로 오신 것을 부인하는 자"**를 초대교회에 나타났던 이단인 영지주의자(靈知主義者; Gnosticists)들을 지칭하는 말씀으로 해석하고 그들을 적그리스도라고 정죄했습니다. 그러나 사도 요한은 요한일서 5장에서, 예수께서는 육체를 입고 오신 하나님의 아들이시며 **"물과 피"**로 임하셔서 우리를 모든 죄에서 구원하셨다고 선포했습니다. 따라서 **"적그리스도"**란 예수님의 **"피만 마시고 살을 먹지 않는 자들"**을 포괄적으로 지칭하는 말씀입니다. 사단 마귀는 이미 초대교회 때부터 자기의 종들을 통해서 "십자가의 피만 믿으면 된다"라는 **"궁창 아래의 물"**을 토해 내서 사람들이 그 오염된 물을 마시고 "적그리스도"의 무리가 되도록 계략을 꾸몄습니다.

"궁창 위의 물"은 "그러므로 이제 그리스도 예수 안에 있는 자들에게는 결코 정죄함이 없다"(롬 8:1)라고 선언합니다. 그러나 예수님께서 받으신 세례의 능력을 부인하고 예수님의 피만 믿는 자들의 마음에는 죄가 그대로 남아 있을 수밖에 없습니다. 그런 자들을 기독죄인들(Christian sinners)이라고 부릅니다. **"궁창 위의 물"**은 **"만일 우리가 그리스도 안에서 의롭게 되려 하다가 죄인으로 나타나면 그리스도께서 죄를 짓게 하는 자냐 결코 그럴 수 없느니라"**(갈 2:17)고 선포합니다. **"궁창 위의 물"**은 예수님의 세례를 믿는 믿음이 우리의 "구원의 표"라고 증거합니다. "<u>물은 예수 그리스도의 부활하심으로 말미암아 이제 너희를 구원하는 표니 곧 세례라 육체의 더러운 것을 제하여 버림이 아니요 오직 선한 양심이 하나님을 향하여 찾아가는 것이라</u>"(벧전 3:21).

지금도 **"궁창 위의 물"**은 "물과 피의 원형복음으로 돌아오라"라고 영혼들에게 간절히 외치고 있습니다. 그 부르심에 응답해서 하나님께로부터 은혜와 긍휼을 입을 자들은 그동안 자기들의 영혼을 유린하며 죄에 찌들게 했던 **"궁창 아래의 물"**을 모두 토해 낼 것입니다. **"궁창 아래의 물"**은 시궁창 물입니다. 아직도 마음에 죄 사함을 받지 못한 분은 손가락을 영혼의 목구멍에 깊이 넣어서 사단 마귀가 먹였던 **"궁창 아래의 물"**을 다 토해 내고 가난하고 주린 심령으로 주님께 나아오십시오.

저는 이 글을 읽는 모든 이들이 순수하고 맑은 **"궁창 위의 물"**

을 마음껏 마시기 위해서 진리의 샘 곁으로 나아오시기를 간절히 소원합니다.

아멘!

"내 말을 듣고
또 나 보내신 이를 믿는 자는
영생을 얻었고
심판에 이르지 아니하나니
사망에서 생명으로
옮겼느니라"
(요 5:24).

종교인 9

가만히 들어온 자들

"사랑하는 자들아 내가 우리의 일반으로 얻은 구원을 들어 너희에게 편지하려는 뜻이 간절하던 차에 성도에게 단번에 주신 믿음의 도를 위하여 힘써 싸우라는 편지로 너희를 권하여야 할 필요를 느꼈노니 이는 가만히 들어온 사람 몇이 있음이라 저희는 옛적부터 이 판결을 받기로 미리 기록된 자니 경건치 아니하여 우리 하나님의 은혜를 도리어 색욕거리로 바꾸고 홀로 하나이신 주재 곧 우리 주 예수 그리스도를 부인하는 자니라…이 사람들은 당을 짓는 자며 육에 속한 자며 성령은 없는 자니라"(유 1:3-4, 19).

"그러나 나와 함께 있는 헬라인 디도라도 억지로 할례를 받게 아니하였으니 이는 가만히 들어온 거짓 형제 까닭이라 저희가 가만히 들어온 것은 그리스도 예수 안에서 우리의 가진 자유를 엿보고 우리를 종으로 삼고자 함이로되 우리가 일시라도 복종치 아니하였으니 이는 복음의 진리로 너희 가운데 항상 있게 하려 함이라"(갈 2:3-5).

기독교 종교인들은 **"가만히 들어온 자들"**입니다. 그러면 그들이 **"가만히 들어왔다"**라는 말씀은 무슨 뜻이며 **"어디에"** 가만히 들어왔다는 말씀인가요? 이 말씀은 "거듭나지 못한 자들이 거듭난 척하며, 거듭난 성도의 모임인 하나님의 교회에 살며시 끼어들었다"라는 뜻입니다. 초대교회 때부터 하나님의 교회는 **"가만히 들어온 자들"** 때문에 영적인 곤욕을 치렀습니다. 그리고 초대교회의 목자들과 성도들이 **"가만히 들어온 자들"**을 경계하고 몰아내지 않았기 때문에 하나님의 교회는 진리의 말씀을 지키지 못하고 끝내 세속화(世俗化)와 제도화(制度化)라는 타락의 과정을 거쳐서 하나의 종교로 전락한 것입니다. **"가만히 들어온 자들"**은 사단 마귀의 일꾼들입니다. 그들은 하나님의 교회에 가만히 들어와서 교회 안에 파당(派黨)을 만들고, 교회가 부와 권력과 명예와 같은 세상의 가치와 육신적 욕망을 따라가게 했습니다. 그 결과 하나님의 교회는 끝내 진리의 복음을 잃어버리고 하나의 거대한 종교로 전락하게 되었습니다.

교회는 신약성경의 언어인 그리스어로 "에크레시아"(ἐκκλησία, ekklēsia)인데 이 말은 "밖으로 불러내다"라는 뜻입니다. 하나님께서는 이스라엘 민족을 애굽의 종살이에서 불러내서 약속하신 가나안 땅으로 인도하셨는데, 애굽에서 불러낸 이스라엘 총회가 하나님의 교회의 모형(模型)입니다. 이와 같이 하나님께서 진리의 복음을 듣고 믿어 죄 사함 받은 성도들을 죄악의 세상에서 불러내서 따로 거하게 하신 모임이 바로 하나님의 교회입니다. 성경은 **"고린도에 있는 하나님의 교회 곧 그리스도 예수 안에서 거룩하여지고 성도라 부르심을 입은 자들**과 또 각처에서 우리의 주 곧 저희와 우리의 주 되신 예수 그리스도의 이름을 부르는 모든 자들에게"(고전 1:2)라고 하나님의 교회를 정의하고 있습니다. 즉 **"하나님의 교회"**란 **"그리스도 예수 안에서 거룩하여지고 성도라 부르심을 입은 자들의 모임"**이라고 성경은 정확하게 정의합니다. 거듭난 성도들의 모임, 죄 사함 받은 하나님의 자녀들의 모임이 하나님의 교회입니다.

그러므로 성도(聖徒)가 아닌 자들, 즉, 죄 사함을 받지 못해서 아직도 마음에 죄가 있는 죄도(罪徒)들의 모임은 결코 **하나님의 교회**가 될 수 없습니다. 성경은 거듭나지 못한 영적 소경들의 모임을 "**사단의 회(會)**"라고 정의합니다. "내가 네 환난과 궁핍을 아노니 실상은 네가 부요한 자니라 자칭 유대인이라 하는 자들의 **훼방**도 아노니 실상은 유대인이 아니요 사단의 회라"(계 2:9). 주님은 "자칭 유대인이라 하는 자들의 **훼방**도 아노니 실상은 유대인이 아니요 사단의 회라"라고 말씀하셨습니다. "**사단의 회(會)**"란 "우리도 하나님의 백성이라고 스스로를 자랑하지만 실상 그들은 거듭난 자들이 아니기에 성령님이 아니라 악한 사단의 영의 지배를 받고 있는 모임"이라는 뜻입니다. 오늘날의 기독교는 이미 "**사단의 회**"(the synagogue of Satan)로 전락했다고 해도 과언이 아닙니다. 제가 어떻게 감히 그토록 엄청난 말을 담대하게 하냐고요? 그것이 사실이기 때문에 저는 담대하게 말할 수 있습니다. 기독교 지도자들은 영혼들을 사냥해서 자기보다 배나 더 지독한 지옥의 자식들로 만들고 있습니다. 이미 종교화된 기독교 안에는 영혼들이 죄 사함을 받고 거듭나게 하는 진리의 원형복음을 찾아볼 수 없습니다. 오늘날의 기독교가 전파하고 있는 "**십자가의 피만의 복음**"은 반쪽짜리 복음입니다. 두 쪽으로 잘린 만 원짜리 지폐의 반쪽으로 만 원짜리 물건을 살 수 있겠습니까? 예수님의 보혈만 믿고 날마다 회개 기도를 한다고 마음의 죄가 흰 눈같이 깨끗이 씻어지는 거듭남의 역사를 맛볼 수 있겠습니까? "**물과 피의 원형복음**"에서 물을 빼버린 반쪽짜리 복음으로는 결코 죄 사함을 받을 수 없습니다.

예수님께서는 산헤드린의 공회원이었고 유대인의 선생이었던 니고데모에게, "**진실로 진실로 네게 이르노니 사람이 거듭나지 아니하면 하나님 나라를 볼 수 없느니라**"(요 3:3)고 말씀하셨습니다.

니고데모는 당시에 명망이 높은 종교 지도자였지만 "거듭난다"라는 말씀의 뜻을 도저히 이해할 수가 없어서, **"사람이 늙으면 어떻게 날 수 있삽나이까 두 번째 모태에 들어갔다가 날 수 있삽나이까"** 하고 예수님께 반문(反問)했습니다. 그러자 예수께서는, **"진실로 진실로 네게 이르노니 사람이 물과 성령으로 나지 아니하면 하나님 나라에 들어갈 수 없느니라 육으로 난 것은 육이요 성령으로 난 것은 영이니 내가 네게 거듭나야 하겠다 하는 말을 기이히 여기지 말라"**(요 3:5-7)고 그에게 가르쳐 주셨습니다. 사람이 천국의 영생을 얻으려면 반드시 **"물과 성령으로"** 거듭나야 합니다. 누구든지 **"물과 성령으로 나지 아니하면"** 절대로 영생의 천국에 들어갈 수 없습니다. 그리고 물과 성령으로 거듭나는 은혜가 하나님께서 우리에게 주시는 가장 귀중한 선물입니다. 우리는 천하를 다 준다고 해도 천국의 영생과는 바꿀 수 없습니다. 그래서 예수님은, **"사람이 만일 온 천하를 얻고도 제 목숨을 잃으면 무엇이 유익하리요 사람이 무엇을 주고 제 목숨을 바꾸겠느냐"**(마 16:26)라고 말씀하신 것입니다.

그런데 불행하게도 오늘날의 기독교인들은 자기들을 영생의 천국에 들어가게 하는 구원의 진리에 대해서 완전히 무지(無知)하고 관심도 없습니다. 니고데모처럼 거듭나는 것이 무엇을 의미하는지조차 전혀 모르는 자들이 성경 선생의 자리에 앉아서 자신은 거듭난 척하고 있습니다. 그리고 그들은 온갖 교설(巧說)로 거듭남에 관한 하나님의 말씀을 혼잡(混雜)하게 하고 있습니다. 자기가 제대로 모르는 것을 가르치려면 횡설수설하게 마련입니다. 저는 대학에서 10여 년간 교수로 재직한 적이 있습니다. 제가 전공한 분야를 강의할 때에는, 저도 쉽게 가르치고 학생들도 이해를 잘했습니다.

그런데 한번은 어떤 강좌의 강사가 개강을 앞두고 갑자기 유학을 가게 되어서, 학과장인 제가 부득이 그 과목의 강의를 맡은 적이 있었습니다. 그러니 저는 개강을 며칠 앞두고 그 강좌의 책들을 급히 구해서 공부하면서 학생들을 가르칠 수밖에 없었습니다. 저는 학생들이 무슨 질문을 할까 봐 두려웠습니다. 저도 피상적으로밖에 알지 못하는 개념들을 학생들에게 가르치려니 저는 횡설수설할 수밖에 없었습니다. 정말 지금 생각해도 참으로 부끄럽고 학생들에게 미안한 일이었습니다. 이와 같이 오늘날 기독교에는 거듭나지 못한 영적 소경들이 인도자의 자리에 앉아서 횡설수설하고 있습니다. 예수님께서, **"저희는 소경이 되어 소경을 인도하는 자로다 만일 소경이 소경을 인도하면 둘이 다 구덩이에 빠지리라"**(마 15:14) 하신 경고의 말씀을 지금의 기독교 지도자들은 엄중히 들어야 합니다.

지옥에 가야 할 죄인이 복음의 능력과 은혜를 입어서 의인이 되는 역사가 거듭남입니다. **물과 피의 원형복음**을 믿어서 죄 사함을 받은 사람은 마음의 모든 죄가 흰 눈같이 씻어져서 의인(義人)이 됩니다. 거듭난 자는 하나님의 놀라운 은혜와 능력으로 인하여 영적으로 눈을 뜨게 된 의인입니다. 그래서 거듭난 의인들은 다른 영혼들도 자신들처럼 하나님의 은혜로 죄 사함을 받고 거듭날 수 있도록 인도할 수 있습니다. 그러나 **"가만히 들어온"** 종교인들은 **"소경이 되어 소경을 인도하는 자들"**입니다. 성경에서 소경이란 죄 사함을 받지 못해서 아직 흑암(죄)이 마음을 덮고 있는 사람을 뜻합니다. 우리 속담에, "장님이 코끼리 만지듯 한다"라는 말이 있습니다. 장님이나 소경이라는 말이 시각장애인을 비하하는 호칭이라고 해서 요즘은 잘 쓰지 않지만, 저는 영적인 진리를 말씀드리고자 할 뿐, 절대 장애우들을 비하하는 의미로 이런 말들을 쓰는 것이 아니니 오해하지 마시기 바랍니다.

  옛날에 임금님을 비롯해서 모든 백성이 다 소경인 소경 나라가 있었습니다. 그 소경 나라 임금님의 생신을 맞아서 그 이웃 나라의 왕이 코끼리 한 마리를 생일 선물로 보냈습니다. 소경 나라 임금님은 그 선물을 받고 "이 코끼리라는 물건이 뭣에 쓰는 물건인고?" 하고 신하들에게 물었습니다. 그랬더니 바로 대답하는 신하가 없어서, 신하들 중에 제법 똑똑하다는 인물 셋을 뽑아 조사를 시켰습니다.

  첫째 신하는 더듬거리면서 코끼리에게 다가가다가 코끼리의 다리 하나를 부둥켜안았습니다. 굵고 거친 다리는 위를 더듬어 보나 아래를 더듬어 보나 마치 세워 놓은 통나무와 같았습니다. 그래서 그는, "전하, 코끼리라는 물건은 통나무입니다. 틀림없습니다" 하고 확신에 차서 보고를 드렸습니다. 두 번째 소경 신하는 더듬거리며 코끼리에게 다가가다가 요동치는 코를 붙들었습니다. "전하, 코끼리는 지랄 맞고 굵은 호스 같은 것인데 그 끝에 구멍이 있어서 더운 김을 마구 내뿜습니다." 마지막으로 세 번째 소경 신하는 코끼리의 뒤쪽에서 더듬거리며 다가가다가 그놈의 꼬리를 붙들었습니다. 무슨 줄 같은 것이 마구 움직이기에 그 소경이 한번 당겨 봤는데, 때마침 그 코끼리는 오줌을 쏟아부었습니다. "전하, 이 코끼리라는 물건은 정말 희한한 물건이네요! 요동치는 팽이채 같은데, 그것을 당기면 뜨거운 물이 콸콸 쏟아지네요."

  세 사람의 소경이 모두 다 확신에 차서 임금님에게 보고를 드렸지만, 임금은 더 헷갈리기만 했습니다. 그리고 그들끼리 논쟁이 붙어서 서로 자기가 옳다고 머리가 터지게 싸웠습니다. 이후 그들은 자기의 지지 세력을 모아서 자기의 옳음을 끝까지 증명하려고 했습니다. 이렇게 해서 "통나무파" "호스파" "팽이채파" 등의 당파가 생겨나고, 내가 정통이니 너는 이단이니 하며 지금까지 머리가 터지게 싸우고 있답니다. 정말 웃기는 얘기지만, 웃고 넘길 일만은 아닙니다. 이 이야기는 종교화된 기독교의 실상을 정확하게 묘사하고 있는 우화(偶話)입니다. 자신이 영적 소경인 줄 알아야 눈을 뜨게 해달라고 하나님께 간구하게 되고 주님의 은혜를 입어서 거듭날 수 있습니다. 영적 소경(죄인)은 물과 피와 성령의 증거를 가진 원형복음을 믿어서 거듭나야만 영적으로 눈을 뜬 의인이 될 수 있습니다. 그런데 소경인 기독교 지도자들은 자기들이 밝히 본다고 확신하고 있으니 그들은 결코 죄 사함을 받고 영의 눈을 뜰 수 없습니다.

예수님께서 한 소경의 눈을 뜨게 하는 이적을 베푸신 후에 바리새인들과의 변론을 하셨습니다. 그때에 주님은 **"내가 심판하러 이 세상에 왔으니 보지 못하는 자들은 보게 하고 보는 자들은 소경 되게 하려 함이라"**라고 말씀하셨습니다. 바리새인들이 이 말씀을 듣고, **"우리도 소경이란 말인가?"**라고 반문했습니다. 그때에 예수님은 **"너희가 소경 되었더면 죄가 없으려니와 본다고 하니 너희 죄가 그저 있느니라"**(요 9:41)고 말씀하셨습니다. 예수님 시대의 바리새인들처럼, 이 시대의 종교인들도 자기들이 소경인 줄도 모르고 본다고 하니 그것이 더 큰 문제입니다.

인터넷에서 "거듭남이란 무엇인가요?" 또는 "물과 성령으로 거듭남"이라고 입력하고 검색을 해 보십시오. 혹은 구글(Google) 같은 검색엔진에서 "물과 성령으로 거듭난다는 말씀이 무슨 뜻인가요?"(What does it mean to be born of water and the Spirit?)라고 입력해서 답변을 찾아보십시오. 그러면 수많은 답변들을 발견하게 됩니다. 소위 성경을 좀 안다고 하는 사람들이 그 질문에 제각각 희한한 답변을 하고 있습니다만, 모두 횡설수설하는 얘기들뿐이어서 그들이 대답한 글들을 읽으면 읽을수록 무슨 소리를 하는지 도무지 이해할 수가 없습니다. 이는 다 자기가 소경이면서 다른 소경을 인도하려고 만용을 부리기 때문에 벌어진 웃지 못할 결과입니다. 이런 종교인들은 자기가 소경인 줄이나 알면 좋으련만, 제 깐에는 본다고 주장하니 그런 자들은 결코 거듭날 수가 없습니다.

저도 그런 영적 소경 중의 한 사람이었습니다. 저는 거듭나지 못한 채로 온갖 거짓 교리와 교훈을 전해서 많은 사람들을 잘못 인도했고, 공동체 운동을 한답시고 제 가족을 포함해서 여러 사람들을 고생시켰습니다. 그러나 제가 하나님의 긍휼을 입을 수 있었던 것은, 저는 마음에 쌓인 죄로 늘 괴로워했기 때문입니다. 저는 마음의 죄를 어찌할 수가 없어서, "하나님, 저는 지옥에 가야 마땅한 자입니다. 저를 불쌍히 여겨 주십시오" 하고 제가 바로 영적인 소경임을 늘 하나님께 고백했습니다.

주님께서는 흑암에 싸여 있었던 저의 눈에 진흙을 발라 주시고 **"실로암 못에 가서 씻으라"**(요 9:7)고 말씀하셨습니다. "실로암"이란 "보내심을 받다"라는 뜻입니다. 저는 하나님께서 보내신 예수님을 만나서 주님께서 전해 주신 물과 피의 복음을 듣고 믿어서 의인으로 거듭나게 되었습니다. 그렇게 저는 하나님의 은혜를 입어서 영의 눈을 떴습니다.

저는 모든 사람이 저와 같이 진리의 말씀, 즉 **물과 피와 성령의 복음**을 알고 믿어서 **"죄 사함으로 말미암는 구원"**(눅 1:77)을 받게 되기를 원합니다. 그리고 거듭난 이들은 저와 함께 이 진리의 원형 복음을 전파하기를 바랍니다. 그러면 기독교 안에 **"가만히 들어온**

자들"도 거듭나서 하나님의 자녀가 될 수 있다고 확신합니다.

아멘! 할렐루야!

"내 살을 먹고 내 피를 마시는 자는
영생을 가졌고
마지막 날에 내가 그를 다시 살리리니
내 살은 참된 양식이요
내 피는 참된 음료로다"
(요 6:54-55).

신앙인 9

물과 피의 원형복음으로 거듭난 의인들

"너희가 거듭난 것이 썩어질 씨로 된 것이 아니요 썩지 아니할 씨로 된 것이니 하나님의 살아 있고 항상 있는 말씀으로 되었느니라"(벧전 1:23).

어떤 사람이 "**거듭난다**"라는 것은 죄인인 그 사람이 **진리의 원형복음을 믿음으로**
　죄 사함을 받고 의인(義人)이 되는 역사(役事)이고,
　사단 마귀의 종이었던 자가 하나님의 자녀가 되는 영광이고,
　지옥의 영벌(永罰)에 떨어져야 할 자가 천국의 영생(永生)을 얻게 되는 은혜이며,
　악한 영의 지배를 받던 자가 성령을 선물로 받는 축복입니다.
　하나님은 모든 사람이 하나님께서 거저 주시는 **죄 사함의 축복**을 받아서 하나님의 자녀가 되는 영광에 이르게 하시려고 우리를 이 땅에 태어나게 하셨습니다. 누구든지 이 땅에 태어날 때에는 죄인으로 태어나지만, 살아 있는 동안에 하나님의 은혜를 입어 죄 사함을 받고 거듭나면 자기를 향한 하나님의 선하신 뜻이 다 이루어진 것입니다. 우리를 구원하시려는 하나님의 뜻에 순종함으로 거듭난 자는 하나님의 기쁨이며 영광입니다. 어두운 땅속의 굼벵이는 매미로 탈바꿈하여 창공을 날며 노래하도록 하나님께서 정하셨듯이, **죄인들이 거듭나서 의인이 되게 하는 것이 하나님의 뜻입니다.**

굼벵이가 굼벵이로만 살다가 그대로 소멸하는 것이 하나님의 뜻이 아니고 그런 벌레가 매미가 되어 창공을 날며 하나님께서 창조하신 세계를 찬미하는 것이 굼벵이의 지향(志向)이듯이, 죄인인 인간은 거듭나서 의인으로 하나님의 의를 전파하며 살다가 하나님의 나라에 들어가는 것이 그들의 존재이유(存在理由, the reason of being)입니다.

하나님은 거듭난 의인들의 하나님입니다. 죄 사함을 받지 못한 죄인은 하나님을 아버지라고 부를 수 없습니다. 예수님은 "**나는 아브라함의 하나님이요 이삭의 하나님이요 야곱의 하나님이로라 하신 것을 읽어 보지 못하였느냐 하나님은 죽은 자의 하나님이 아니요 산 자의 하나님이시니라**"(마 22:32)고 말씀하셨습니다. 여기에서 "**산 자**"란 천국의 영원한 생명을 얻은 의인들을 지칭합니다. 하나님은 죽은 자, 즉 지옥에 갈 죄인들의 하나님이 아니라 거듭난 자, 즉 **산 자의 하나님**입니다.

한 번 죽는 것은 모든 사람에게 정해진 운명이고 그 후에는 하나님의 심판이 있는데, 만일 죄 사함을 받지 못하고 하나님의 심판대 앞에 서게 된다면 그 사람은 영원한 지옥의 형벌을 피할 수 없습니다. 마음에 호리(毫釐)라도 죄가 있으면 결단코 지옥의 영벌(永罰)을 피할 길이 없다고 주님께서 말씀하셨습니다. 그러나 "**물과 피의 원형복음을 믿어서 거듭난 자**"는 결코 정죄함이 없는 죄 사함을 받았기 때문에, 의인들은 하나님의 심판을 받을 것도 없고 이미 사망에서 생명으로 옮겨진 자들입니다. "**또 내가 보니 죽은 자들이 무론 대소하고 그 보좌 앞에 섰는데 책들이 펴 있고 또 다른 책이 펴졌으니 곧 생명책이라 죽은 자들이 자기 행위를 따라 책들에 기록된 대로 심판을 받으니**"(계 20:12)라고 요한계시록의 말씀에 기록되어 있습니다. 죄인들은 장차 하나님의 심판대 앞에 서게 되는데, 그들은 자기의 죄를 하나님께 직고(直告)하게 될 것입니다. 거듭나지 못한 죄인들의 모든 죄는 하나님 앞에 있는 심판 책(행위록책)에 낱낱이 기록되어 있기 때문에, 죄인들은 하나님께 자기들의 죄를 이실직고(以實直告)하지 않을 수 없습니다. 그리고 그들은 각각 자기의 죄과를 따라 지옥 즉 영원히 불과 유황으로 타오르는 못에 던져질 것입니다.

그러나 물과 피의 복음을 믿어서 거듭난 의인들의 이름은 생명책에 기록되어 있습니다. 생명책에 이름이 기록된 의인들에게는 심판 자체가 없습니다. 우리의 모든 죄와 허물에 대한 심판과 형벌은 이미 예수 그리스도께서 다 받아 주셨기 때문입니다. 주님께서 죄인들을 심판하실 때에 우리 의인들은 방청석에 앉아서 구경만 하면 됩니다. 그러므로 모든 죄인들은 반드시 그리고 속히 **"물과 피와 성령으로 임하신 예수 그리스도"**(요일 5:6-8)를 믿어서 거듭나야 합니다. 그래야만 심판에 이르지 않고 바로 천국의 영생에 들어가게 됩니다. 주님께서는 **"내가 진실로 진실로 너희에게 이르노니 내 말을 듣고 또 나 보내신 이를 믿는 자는 영생을 얻었고 심판에 이르지 아니하나니 사망에서 생명으로 옮겼느니라"**(요 5:24)고 말씀하셨습니다.

그리스도 예수 안에 들어가려면 죄가 없어야 합니다. 그리고 거듭난 자들, 즉 의인들만이 참된 신앙생활을 시작할 수 있습니다. 성경은 **"여호와의 도는 정직하니 의인이라야 그 도에 행하리라 그러나 죄인은 그 도에 거쳐 넘어지리라"**(호 14:9)고 말씀합니다. 죄 사함을 받은 자만이 예수 그리스도 안에 거하면서 하나님의 은혜로 신앙생활을 할 수 있습니다. 그러나 거의 모든 기독교인들은 아직 거듭난다는 것이 무엇인지도 모른 채 예배당 문턱이 닳도록 열심을 다해서 넘나들고 있으니 참으로 안타까운 일입니다. 거듭나지 못한 죄인이 "자신은 이미 하나님의 자녀가 되었다"라고 확신하는 것은 진정으로 하나님의 자녀가 되는 길을 스스로 포기하는 것입니다. 아무리 하나님의 이름을 부르고 예수 그리스도를 주님이라고 시인해도 거듭나지 못한 자는 아직 마귀의 자녀입니다. 여러분이 봉사활동을 많이 하고 교회의 모든 모임에 빠지지 않고 주의 종을 지극정성으로 섬긴다고 해서 그것이 하나님께서 기뻐하시는 신앙생활인줄 압니까? 그것은 그저 종교생활을 잘하는 것에 불과합니다. 거듭나는 역사가 모든 기독교인들에게 가장 황급한 일입니다. 그러니 자기 자신이 물과 피의 원형복음을 믿어서 거듭난 자인지 아닌지를 스스로 시험하고 확증해야 합니다. **"너희가 믿음에 있는가 너희 자신을 시험하고 너희 자신을 확증하라 예수 그리스도께서 너희 안에 계신 줄을 너희가 스스로 알지 못하느냐 그렇지 않으면 너희가 버리운 자니라"**(고후 13:5)고 주님은 말씀하셨습니다.

　누구든지 하나님의 진리의 복음을 온전히 믿으면 하나님께서 그의 믿음을 보시고 죄 사함의 은총을 베풀어 주십니다. 하나님이 우리 모든 인류에게 주신 죄 사함의 복음은 오직 **"물과 피와 성령의 복음"**(요일 5:8)입니다. 성자(聖子) 하나님이신 예수님께서 육체로 이 세상에 오셔서 세례를 받으심으로 이 세상의 모든 죄를 당신의 육체에 온전히 담당하셨습니다. 예수님은 인류의 대표자인 세례 요한에게 안수의 형식으로 세례를 받으심으로 **"세상 죄를 지고 가는 하나님의 어린양"**(요 1:29)이 되셨습니다. 받으신 세례로 세상 죄를 짊어지신 예수님은 십자가로 가셔서 못 박히셨습니다. 주님은 십자가 위에서 **"다 이루었다"**(요 19:30)라고 외치시고 돌아가시기까지 대속의 피를 흘려 주셔서 우리의 모든 죄를 완벽하게 갚아 주셨습니다. 이것이 바로 **물과 피의 원형복음**입니다. 그리고 이 진리의 복음 이외에 다른 복음은 없습니다.

복음의 시작인 예수님의 세례

예수님께서 인류의 대표자인 세례 요한에게 받으신 세례는 세상 죄를 담당하는 세례이며 우리 인류를 모든 죄에서 구원하신 주님의 구원사역의 출발점입니다. 그래서 4복음서가 한결같이 예수 그리스도의 세례를 복음의 사역의 출발점이라고 기록하고 있습니다. 마가복음은 아예, "**하나님의 아들 예수 그리스도 복음의 시작이라**"(막 1:1)고 시작해서 바로 세례 요한의 등장과 그가 예수님에게 세례를 베풀었다는 사실을 기록하고 있습니다. 또 모든 사도들, 즉 바울이나 베드로, 요한도 하나같이 예수님의 세례와 십자가의 복음을 전했습니다. 사도 바울은 "**다른 복음은 없나니 다만 어떤 사람들이 너희를 요란케 하여 그리스도의 복음을 변하려 함이라 그러나 우리나 혹 하늘로부터 온 천사라도 우리가 너희에게 전한 복음 외에 다른 복음을 전하면 저주를 받을찌어다 우리가 전에 말하였거니와 내가 지금 다시 말하노니 만일 누구든지 너희의 받은 것 외에 다른 복음을 전하면 저주를 받을찌어다**"(갈 1:7-9)라고 다른 복음을 전하는 자들에게 경고하고 그들을 경계했습니다. 또한 바울은 동일한 갈라디아서에서, "**누구든지 그리스도와 합하여 세례를 받은 자는 그리스도로 옷 입었느니라**"(갈 3:27)고 선포함으로 자신이 언급한 유일한 진리의 복음이 예수님의 세례와 십자가의 복음임을 확증했습니다.

참 신앙인은 **물과 피의 복음**을 믿어서 거듭난 의인들입니다. 주님은 이 진리의 원형복음(原形福音)을 믿는 자들에게 **"소자야 네 죄 사함을 받았느니라"**(막 2:5)고 선포하십니다. 사람에게 있어서 죄 사함을 받는 것보다 더 큰 축복은 없습니다. 만일 어떤 이가 로또 복권 1등에 당첨되었다면, 그 돈을 까먹는 잠시 동안에는 행복할 수 있습니다. 그러나 그 돈으로는 지옥의 영원한 형벌에서 자신을 구원할 수 없습니다. 이 땅에서 출세하여 명예를 얻고 큰돈을 벌어서 권세를 누린다고 해도 아무도 자기의 죽음을 피할 수 없고 지옥의 형벌을 피할 수도 없습니다. 그리고 마음에 죄가 있는 채로 죽으면 영원한 지옥의 형벌을 피할 수 없습니다. 누구든지 마음에 죄가 있으면 지옥에 갑니다. 하나님은 어떤 사람의 마음에 죄가 있는데도 착각하셔서 그를 천국에 들여보내 주시는 어수룩한 신이 아닙니다. 하나님은 거룩하시고, 하나님의 나라에는 거룩한 자가 아니면 결코 들어갈 수 없습니다. 천년왕국의 시대부터는 하나님의 나라가 전개되는데, 이사야 선지자는, **"거기 대로가 있어 그 길을 거룩한 길이라 일컫는 바 되리니 깨끗지 못한 자는 지나지 못하겠고 오직 구속함을 입은 자들을 위하여 있게 된 것이라 우매한 행인은 그 길을 범치 못"**(사 35:8)한다고 말씀하셨습니다. 누구든지 마음에 죄가 있으면 그는 반드시 지옥에 떨어집니다.

죄인은 절대로 천국에 못 들어갑니다. 그런데 거의 대부분의 기독교인들은 마음에 죄가 있으면서도 자기는 구원을 받았다고, 천국에 갈 확신이 있다고 강변(強辯)합니다. 그것은 천부당만부당(千不當萬不當)한 자기 확신에 불과합니다. **"죄의 삯은 사망"**(롬 6:23)이라고 말씀하셨습니다. 누구든지 마음에 죄가 있으면 반드시 지옥에 떨어집니다. 또 어떤 이들은 유일한 진리의 복음인 **"물과 피의**

복음"을 믿지 않으면서도 자기의 마음에 죄가 없다고 주장합니다. 그들은 예수님의 보혈을 믿어서 자기 마음의 모든 죄가 온전히 씻어졌다고 주장합니다. 예수님의 세례를 빼놓고 십자가의 피만 믿어서 죄 사함을 받을 수 있습니까? 결코 그럴 수 없습니다. 예수님의 세례를 믿지 않는데 어떻게 자기의 죄가 예수님에게 전가(轉稼, 옮겨 심겨짐)될 수 있습니까? 자기의 모든 죄가 예수님에게 넘어간 적이 없는데 어떻게 마음의 죄가 흰 눈같이 씻어집니까?

하나님은 아브라함과 **할례의 언약**을 세우셨습니다. 아브라함과 그의 권속의 모든 남자는 반드시 생식기 끝을 덮고 있는 포피(包皮)를 끊어 버려야만 하나님의 백성이 될 수 있다는 약속이 **할례의 언약**입니다. 그리고 할례를 받지 않은 자는 하나님의 백성에서 끊어졌습니다. **할례의 언약**은 하나님께서는 장차 독생자 예수 그리스도를 이 땅에 구원자로 보내 주셔서, 그 예수님께서 인류의 대표자 세례 요한에게 안수의 형식으로 세례를 받으심으로 우리의 마음에서 우리의 모든 죄가 뚝 끊어져서 예수님에게로 넘어가는 **마음의 할례**가 이루어지게 하겠다는 약속의 예표였습니다. 그런데 예수님께서 받으신 세례의 능력을 믿지 않아서 자기의 모든 죄가 마음에서 뚝 끊어진 **마음의 할례**를 받지 못한 자가 어떻게 하나님의 백성이 될 수 있겠습니까? "**할례는 마음에 할찌니 신령에 있고 의문에 있지 아니한 것이라**"(롬 2:29)고 하신 말씀이나, "**네 하나님 여호와께서 네 마음과 네 자손의 마음에 할례를 베푸사 너로 마음을 다하며 성품을 다하여 네 하나님 여호와를 사랑하게 하사 너로 생명을 얻게 하실 것이며**"(신 30:6)라고 하신 말씀들은 다 우리가 마음에 할례를 받아야만 하나님의 백성이 되고 하나님의 뜻을 좇을 수 있다고 단언하고 있습니다.

복음 진리의 두 축(軸)

우리를 모든 죄에서 구원하신 주님의 복음사역은 세례와 십자가의 두 축(軸)으로 이루어졌습니다. 자전거에 앞바퀴와 뒷바퀴가 모두 있어야 온전한 자전거입니다. 앞바퀴를 빼버린 자전거를 상상해 보십시오. 그런 자전거가 제대로 굴러갈 수 있겠습니까? 예수님의 세례를 빼버리고 십자가의 피만을 믿으면서도, "나는 구원의 확신이 있다"라고 고집하는 사람은 마치 앞바퀴가 없는 자전거를 온전한 자전거라고 우기는 사람과 같습니다. 그런 자전거를 타고 힘껏 페달을 밟아 보세요! 계속 쓰러지기만 합니다. 그래도 의지의 종교인들은 끝까지 앞바퀴가 없는 자전거를 일으켜 세워서 다시 올라타고 넘어지기를 죽을 때까지 할 것입니다. 그런 작태가 어처구니없는 종교인의 영적 모습입니다.

물과 피의 원형복음을 믿어서 거듭난 의인들은 하나님께서 베푸신 온전한 구원의 은총에 감사하며 유구무언(有口無言)의 심령으로 잠잠히 신앙생활을 합니다. 자기가 얼마나 추악한 죄인인 줄을 잘 아는 사람들이 **물과 피의 원형복음**을 만나면 그 복음을 기뻐하며 생명처럼 여기고 믿습니다. 그리고 자기에게는 아무것도 자랑할 것이 없기 때문에, 그저 하나님이 자기와 같이 추악한 죄인을 아무 대가도 없이 온전한 의인으로 만들어 주신 것이 황감(惶感)하기에, 하나님의 은혜에 감사하며 잠잠히 하나님의 말씀을 따라갑니다. 거듭난 자는 자신에게는 아무것도 자랑할 것이 없기에, 자기를 구원해 주신 예수 그리스도만을 자랑합니다.

반면에 죄 사함을 받지 못한 종교인들은 자기의 의를 내세우기에 심히 요란하고 급급합니다. 그들은 자기 스스로를 자랑하기가 쑥스러우면 서로서로 치켜세웁니다. 종교인들이 기독교 방송에 출연해서 온갖 겸손과 위선을 떠는 꼴을 보면 구역질이 납니다. 그들은 역겨운 인간의 의를 서로 치켜세우며 침이 마르도록 자랑합니다. 사람에게 진정한 의가 있습니까? 사람은 가까이하면 할수록 그 입에서 구린내만 납니다. 저도 물과 피의 원형복음을 믿어서 죄 사함을 받기 전에는 제 의로움과 잘남을 은근히 자랑했던 자입니다. 저는 속으로 "내가 신앙생활을 제법 잘하고 있지!" 하고 착각을 하며 살았습니다. 그러나 제 마음속에는 늘 죄가 있었고, 제 마음은 **"만물보다 거짓되고 심히 부패"**(렘 17:9)해서 썩은 악취가 난다는 사실을 부인할 수 없었습니다. 주님께서 **"화 있을찐저 외식하는 서기관들과 바리새인들이여 잔과 대접의 겉은 깨끗이 하되 그 안에는 탐욕과 방탕으로 가득하게 하는도다"**(마 23:25) 하신 경고의 대상이 바로 저였습니다. 회칠한 무덤처럼 겉은 깨끗해 보이지만 제 마음속에는 숨은 죄악들이 무덤 속의 시체처럼 썩고 있었습니다.

저는 부랑자를 데려다가 목욕을 시키고 밥을 같이 먹고, 가출한 어린이를 양자로 삼아서 내 자녀들과 같이 학교에 보내고, 초대교회의 생명력을 회복한답시고 제 재산을 내어놓고 공동체 교회를 인도했습니다. 그래서 많은 종교인들에게 인정을 받고 여기저기 초청을 받아 말씀을 전하고 다녔지만, 회칠한 무덤과 같은 내 마음속에는 더러운 죄가 가득했습니다. 제 마음은 생각과 행위로 짓는 죄로 인하여 늘 괴로웠습니다. 다른 이들은 저를 칭송해도 제 마음속의 은밀한 죄들은 늘 저를 참소했습니다. 그래서 자주 금식하며 회개 기도를 드리고 죄를 짓지 않으려고 몸부림치며 나 자신을 더욱 더 채찍질했습니다. 그러나 제 마음의 죄는 결코 씻어지지 않았고,

심판의 두려움을 떨칠 수도 없었습니다.

그런데 주님께서 **물과 피의 원형복음**으로 저를 만나 주셨습니다. 이 복음이 내 마음에 역사되기까지는 적지 않은 시간이 걸렸지만, 하나님은 오래 참고 기다리시는 중에 저 같은 죄 덩어리도 **마음의 할례**를 받게 해 주셨습니다. 이제 저의 마음에는 죄가 전혀 없습니다. "**오라 우리가 서로 변론하자 너희 죄가 주홍 같을찌라도 눈과 같이 희어질 것이요 진홍 같이 붉을찌라도 양털 같이 되리라**"(사 1:18)고 하신 약속의 말씀이 저에게도 이루어졌습니다. 저를 불쌍히 여기시고 죄 사함의 은혜를 입혀 주신 하나님께 감사를 드립니다. 저의 모든 죄와 허물을 받으신 세례로 온전히 담당해서 십자가의 피로 깨끗이 갚아 주신 구주 예수님을 찬양합니다. 당신에게 긍휼을 바라고 나오는 자들에게 반드시 구원의 상을 베푸시는 자비의 주님을 찬양합니다. 지옥에 갈 수밖에 없는 죄인이었던 저를 주님이 **물과 피의 복음**으로 눈과 같이 깨끗이 씻어 거룩한 의인으로 만들어 주셨기에, 저는 주님의 이 큰 구원의 은혜 앞에 황감(惶感)할 뿐입니다. 저와 같은 죄인 괴수가 오직 믿음으로 죄 사함을 받고 거룩함을 입은 의인으로서 그리스도 예수 안에 거하게 하신 하나님 아버지를 찬양합니다.

주님은 "**세례 요한의 때부터 지금까지 천국은 침노를 당하나니 침노하는 자는 빼앗느니라**"(마 11:12)고 말씀하셨습니다. 천국은 담대한 믿음으로 쳐들어가는 자의 것입니다. 세례 요한이 예수님에게 안수의 형식으로 세례를 베푼 이후로 이제 천국은 "주님이 받으신 세례로 제가 마음에 할례를 받고 하나님의 자녀가 되었습니다!" 하고 믿음으로 담대하게 고백하는 자들의 것입니다. 저는 하나님께서 거저 주신 구원의 은혜 앞에서 아무 할 말이 없습니다.

의인들이 지은 찬양 중에 "무슨 말이 더 필요하리요"라는 아름다운 찬양 가사가 있습니다.

"♪어둠 속에 있던 날 빛으로 끌어내신
놀라우신 분, 존귀하신 분 그 이름 높이세~
영원으로 이끌어 눈을 밝게 하신 분
주를 높이며 찬양하면서 감사 드리리~
할렐루야~ 할렐루야~ 무슨 말이 더 필요하리요~
할렐루야~ 할렐루야~ 무슨 말이 더 필요하리요~ ♪"

거듭난 의인들은 주님 앞에서 "감사합니다"라는 말 외에는 아무 할 말이 없습니다. 거룩함을 입은 신앙인들은 주님의 의만을 자랑하며 말씀에 순종하며 잠잠히 주님을 따라갑니다. 자기에게는 아무것도 내세울 것이 없기에, 유구무언(有口無言)의 심령이 된 의인들은 오직 주님께서 행하신 아름다운 구원의 역사만을 자랑합니다. 물과 피의 복음을 믿어서 거듭나지 않고서는 아무도 참 신앙인이 될 수 없습니다. 또한 거듭난 의인들만이 하나님께서 기뻐하시는 의로운 일들을 하면서 하나님의 말씀을 좇는 올바른 신앙생활을 할 수 있습니다. 주님은 **"여호와의 도는 정직하니 의인이라야 그 도에 행하리라 그러나 죄인은 그 도에 거쳐 넘어지리라(호 14:9)**고 말씀하셨습니다.

여러분이 참 신앙인의 대열에 합류하도록, 여러분을 예수 그리스도의 이름으로 물과 피의 원형복음 안으로 초대합니다.

아멘!

"세례 요한의 때부터 지금까지
천국은 침노를 당하나니
침노하는 자는 빼앗느니라"
(마 11:12).

종교인 10

회개 기도로 죄 사함을 받으려는 기독죄인들

"지금 내가 나를 보내신 이에게로 가는데 너희 중에서 나더러 어디로 가느냐 묻는 자가 없고 도리어 내가 이 말을 하므로 너희 마음에 근심이 가득하였도다
그러하나 내가 너희에게 실상을 말하노니 내가 떠나가는 것이 너희에게 유익이라 내가 떠나가지 아니하면 보혜사가 너희에게로 오시지 아니할 것이요 가면 내가 그를 너희에게로 보내리니 그가 와서 죄에 대하여, 의에 대하여, 심판에 대하여 세상을 책망하시리라
죄에 대하여라 함은 저희가 나를 믿지 아니함이요 의에 대하여라 함은 내가 아버지께로 가니 너희가 다시 나를 보지 못함이요 심판에 대하여라 함은 이 세상 임금이 심판을 받았음이니라
내가 아직도 너희에게 이를 것이 많으나 지금은 너희가 감당치 못하리라
그러하나 진리의 성령이 오시면 그가 너희를 모든 진리 가운데로 인도하시리니 그가 자의로 말하지 않고 오직 듣는 것을 말하시며 장래 일을 너희에게 알리시리라"(요 16:5-13).

예수님은 십자가에 못 박혀 돌아가시기 전날 밤에 제자들에게 많은 가르침을 주셨습니다. 주님은 믿음이 없고 연약한 그들을 이 땅에 두고 가시는 것이 안쓰러워서 제자들에게 가르쳐 줄 것이 너

무 많았지만, 제자들은 모든 교훈을 깨달아 알아들을 수 없는 상태였습니다. 그래서 주님은 **"내가 아직도 너희에게 이를 것이 많으나 지금은 너희가 감당치 못하리라"**라고 말씀하셨습니다. 그러나 주님께서 약속하신 성령이 오시면, 성령께서는 이 세상에 속한 종교인들의 잘못된 지식과 생각을 책망하실 것이라고 주님은 말씀하셨습니다. 즉, 성령님은 세상 사람들이 **죄에 대하여, 의에 대하여** 그리고 **심판에 대하여** 가지고 있는 잘못된 지식을 책망해서 바로잡아 주시겠다는 말씀입니다.

성경은 **"죄는 불법"**(요일 3:4)이라고 말씀합니다. 율법을 어긴 모든 것이 죄입니다. 그리고 죄에는 반드시 하나님의 심판이 따릅니다. 우리 마음에 눈곱만 한 죄가 있어도 우리는 지옥의 판결을 면하지 못합니다. 그러나 우리 주님이 인류의 모든 죄를 없애러 이 땅에 육신을 입고 오셔서 **세상 죄를 다 담당한 세례**와 그 모든 죄의 대가를 다 지불한 **십자가의 피**로 세상 죄를 없애는 사역을 완수하시고 다시 아버지께로 가셨기 때문에 이제 이 세상에는 죄가 없습니다. 그래서 이제는 예수 그리스도께서 이루신 **"하나님의 의"**를 믿지 않는 것이 지옥에 떨어지게 하는 죄입니다.

"의에 대하여라 함은 내가 아버지께로 가니 너희가 다시 나를 보지 못함이요"라는 말씀은 예수님께서 육신을 입고 이 땅에 오셔서 **"물과 피의 사역"**으로 우리에게 하나님의 완전한 의를 이루어 주시고 다시 하나님 아버지께로 가셨다는 말씀입니다. 그러므로 이제는 예수께서 **"물과 피로 임"**(요일 5:6)하셔서 이루신 하나님의 의를 믿지 않는 죄가 바로 **지옥에 가는 죄**입니다. 성경은 **"사망에 이르는 죄와 사망에 이르지 아니하는 죄"**(요일 5:16-17)에 대해서 말씀하는데, 사망에 이르는 죄란 **"둘째 사망"**(계 20:14)인 지옥의 판결을 받게 하는 죄입니다. 주님이 우리의 죄와 허물을 다 없애 놓았는데, 이제 사람이 어떤 죄 때문에 지옥의 판결을 받게 됩니까? 예수 그리스도께서 물과 피로 임하셔서 인류의 모든 죄를 온전히 없애 주셨다는 진리의 복음을 믿지 않는 죄가 바로 **"사망에 이르는 죄"**입니다. 예수님의 온전한 구원의 사역을 믿지 않는 죄가 바로 **"사망에 이르는 죄"**이며 **"죄에 대하여라 함은 저희가 나를 믿지 아니함이요"**라고 지적하신 그 죄입니다.

어떤 이들은 물과 피의 복음을 듣고서 그것이 진리인 줄 알면서도 이 진리의 원형복음을 믿지 않습니다. 그들은 진리의 원형복음을 믿고 좇으면 그로 인해서 많은 것을 잃어버릴까 봐 잔뜩 겁을 먹고서 이를 악물고 진리의 복음을 외면합니다. 그런 자는 금세에서나 내세에서나 결코 죄 사함을 받을 수 없다고 말씀하셨습니다. 모든 죄와 불법은 사하심을 받을 수 있지만 **"성령을 훼방하는 죄"(막 3:28-29)**는 영원히 사하심을 받지 못한다고 하신 주님의 말씀은 바로 이런 죄를 지적하시는 말씀입니다(히 6:4-6, 10:28-29). 죄 사함은 주님께서 완성하신 **하나님의 의**를 믿음으로 값없이 얻는 것인데 어떤 종교인들은 이 진리의 원형복음을 듣고서도 믿지 아니함으로 자기의 죄 가운데 죽어서 지옥의 심판을 받게 됩니다.

이와 같이 종교인들은 **"죄에 대하여, 의에 대하여, 심판에 대하여"** 모두 잘못된 지식과 신념을 가지고 있습니다. 그들은 죄를 지으면 회개 기도를 드려서 죄 사함을 받으려고 합니다. 그래서 죄 사함을 받겠다고 새벽마다 울고불고 회개 기도를 드립니다. 기독교의 종교인들은 예수님을 구주로 믿으면 일단 "칭의(稱義)구원"(Justification)을 받는다고 믿습니다. 그리고 그들은 회개 기도로써 날마다 짓는 자범죄를 용서를 받으면서 죄를 더 이상 짓지 않도록 노력해서 "성화(聖化) 구원"(Sanctification)을 이루고자 노력하면, 자기가 죽을 때에 마침내 "영화(榮華) 구원"(Glorification)의 은총을 입게 된다는 **"점진적 성화론"**(Doctrine of Incremental Sanctification)을 신봉합니다.

물론 그들도 입술로는 "오직 믿음으로, 오직 은혜로, 오직 말씀으로 구원을 받는다"라고 고백합니다. 기독교의 교단마다 "믿음의 선언"(Statement of Faith)이라는 것이 있는데, 대부분의 교단이 말로는 "오직 믿음으로, 오직 은혜로, 오직 말씀으로 구원을 받는다"라는 개신교의 공통 신조를 표방합니다. 그러나 그것은 그저 "입술로만" 외치는 공허한 교리에 불과합니다. 그들이 실제로 믿는 것은 칭의 구원-성화 구원-영화 구원의 과정을 거쳐서 구원을 받는다는 **"단계적 구원론"**입니다. 따라서 **"점진적 성화론"**에 입각한 그들의 신앙생활은 회개 기도가 중심이 될 수밖에 없습니다. 기독교 종교인들의 모든 기도 모임은 회개의 기도로 시작합니다. 종교인들이 주일예배를 드릴 때에도 "참회의 기도"라는 순서가 예배의 도입부에 들어 있는 경우가 많습니다. 교인들이 지난 주간에 지은 죄를 자백하고 회개하는 통성(通聲)의 기도를 하고 나면 목회자가 "죄 사함의 확신"을 주는 성경 말씀을 봉독함으로써, 자가발전식(自家發電式)으로 죄의식을 떨쳐버리고 나서야 종교인들은 예배를 드리기 시작합니다.

이러한 전통은 사실 가톨릭교회의 고해성사 제도와 다를 것이 없습니다. 가톨릭 신자가 고해소(告解所)에 들어가면, 그는 먼저 (십자성호를 그으며) "성부와 성자와 성신의 이름으로, 아멘" 하고 조그만 창 너머의 신부(神父)에게 고해성사를 보러 왔음을 알립니다. 그러면 신부는 "하느님의 자비와 은총을 굳게 믿으며 그동안 지은 죄를 뉘우치고 사실대로 고백하십시오" 하고 그 신자에게 죄의 자백을 촉구합니다. 그러면 그 신자는 "저는 고해성사를 본지 (며칠, 몇 주일, 몇 달) 됩니다. 그동안 저는 이런저런 죄를 지었습니다" 하며 자기가 기억하고 있는 죄를 낱낱이 고백합니다. 그리고 "이 밖에 알아내지 못한 죄도 많사오니 모두 용서하여 주시고 다시는 죄를 짓지 않게 자비를 베풀어 주십시오" 하고 신부에게 사죄(赦罪)를 요청합니다.

그러면 신부(神父)는 고백자에게 훈계를 하고 벌칙으로, "형제님은 보속으로 주모경(主母經, 주의 기도와 성모 마리아를 기리는 기도)을 3번 드리고, 금주에 선행을 3번 이상 하십시오" 등의 보속(補贖)을 준 후에 "나는 성부와 성자와 성령의 이름으로 이 교우의 죄를 용서합니다" 하고 사죄를 선포합니다. 그러면 신자는 "아멘" 으로 화답합니다. 마지막으로 신부는 "주님께서 교우님의 죄를 용서해 주셨습니다. 평안히 가십시오" 하고 마무리를 짓습니다. 이것이 고해성사(告解聖事) 제도인데 참으로 웃기는 얘기입니다. 진리의 복음이 사라진 후 기독교라는 종교는 정죄감(定罪感)을 벗어버리려고 희한한 제도를 개발해 냈습니다.

그런데 그런 가톨릭교회를 개혁하겠다고 일어났던 종교개혁은 문자 그대로 "종교"라는 외모의 개혁이었지 근본적인 "신앙"의 개혁이 아니었습니다. 16~18세기의 유럽의 정치사회적 상황이 가톨릭이라는 세계종교의 지배에서 벗어나려는 변혁의 일환으로 종교개혁이라는 결실을 맺은 것입니다. 당시의 강력한 군주들과 신흥자본 세력은 가톨릭이라는 거대한 종교권력의 지배에서 벗어나기를 원했는데, 그들은 마침 가톨릭교회의 제도적-형식적인 변화를 요구하는 종교개혁자들을 발견하고서 그들을 후원하면서 전개되었던 역사적 사건이 종교개혁입니다. 그런데 사실 종교개혁자들은 가톨릭의 교리에서 근본적으로 벗어나지 못했습니다. 종교개혁자들은 가톨릭 성직자들의 절대권력을 무너뜨리려고 만인제사장설(萬人祭司長說)을 주장했습니다. 교황을 정점으로 하는 가톨릭 권력구조(Catholic hierarchy)를 무너뜨리려면 교황을 비롯한 가톨릭 성직자들의 사죄권(赦罪權)을 부인하고 고해성사를 무력화해야 했지만, 그런다고 마음의 죄 문제를 근본적으로 해결할 수는 없었습니다. 그들은 **고해성사 제도가 없어진 허전한 빈자리를 대체할 회개 기도의 교리**가 필요했습니다. 그 결과 외형만 개혁한 종교로서의 기독교는 "회개 기도로 죄 사함을 받고 하나님의 은사도 받는다"라는 회개 기도의 교리를 신봉하게 되었습니다.

이렇게 가톨릭의 고해성사를 대신한 회개 기도의 교리가 개신교의 중심적 교리로 자리 잡게 되었습니다. 특히 한국기독교는 1907년 평양 장대현교회의 부흥사경회에서 일어난 회개운동으로 그 부흥의 시발점을 잡고 있습니다. 아래의 글은 소위 단일 교회로는 전 세계에서 제일 크다는 여의도○○○교회의 담임목사인 이○○의 주일예배 설교에서 발췌한 것입니다.

"우리 한국 교회 역사 가운데 가장 큰 부흥의 역사가 1907년 평양 부흥 운동인데요. 1903년 하디 선교사님의 회개운동을 통한 원산 부흥 운동부터 시작해서 4년 후에 원산으로부터 부흥의 역사가 평양까지 전국에 퍼져 나가게 되는데 1500명이 넘는 많은 사람들이 평양 장대현 교회에 모였고요. 열흘간 부흥회를 할 때 1907년 1월 6일 닐 서력 이와 같은 놀라운 일이 일어났습니다. (아래는) 선교사님들의 선교 보고입니다.

〈그날 밤 평양에는 성령님이 성도들의 참회하는 울음소리와 함께 우리에게 오셨다. 기도가 계속되고 죄에 대한 슬픔과 무거운 분위기 속에서 누군가가 한쪽에서 울기 시작했다. 그러자 갑자기 모든 사람들이 울음을 터뜨렸다. 길선주 조사가 일어나 (당시 장로님으로 신학 하시던 분인데요. 설교도 할 수 있었어요. 그래서 조사라고 불렀고요. 신학교를 졸업하자마자 목사가 되었는데.) '나는 아간과 같은 죄인이올시다'라고 회개했다. 그 내용은 친구가 죽으면서 재산을 처리해 달라고 부탁했는데, 그중 1백 원을 수고비조로 가졌다는 것이다. 그가 눈물로 회개하자, 회중 모두가 마룻바닥을 치며 회개했다.〉

친구가 죽기 전에 전 재산을 잘 정리해서 가족을 돌봐달라고 부탁을 했는데 그 친구 부인은 남편이 죽은 슬픔 때문에 재산이 어떻게 되었는지도 몰랐어요. 그러니까 그것을 정리하다가 일부를 본인이 수고비조로 가져간 것입니다. 아마 그 당시 100원이면 지금 몇 백만 원, 몇 천만 원이 될지 모르겠습니다. 그런데 교회 장로님이 가장 존경받는, 대표되는 장로님이 또 설교도 하시는 분이 모든 사람 앞에 회개하니까 다들 그냥 큰 하나님의 은혜를 체험하고 마룻바닥을 치고 뒹굴면서 회개하기 시작해가지고 밤새 회개운동이 일어나서 예배 끝났다고 집에 가라고 해도 집에 가지 않고 울고 울고 또 울고. 그래서 겨우 자정이 되어서 집으로 돌려보내니까 다음 날 새벽부터 나와 가지고 교회 옆에서 서성거리고 있어서 문을 열고 시작한 것이 바로 새벽기도입니다. 성령님께서 우리 한국에 새벽기도를 시작하게 하셨어요.

이후로 어떤 일이 일어났느냐? 그 후에 이 회개 열매로 맺혀진 한국 교회 역사에 대해서 해리스 선교사는 이렇게 기록합니다. "수

종교인 10 - 회개 기도로 죄 사함을 받으려는 기독죄인들

천 명이 글을 배우기 시작했고, 술주정꾼, 도박꾼, 살인자가 새 사람으로 바뀌었다. 학교가 설립되고, 문맹 퇴치 운동이 일어나고, 병원이 설립되고, 금주 금연 운동이 전개되었으며, 여성의 지위가 향상되고, 무속과 우상숭배에서 해방되고, 일제 식민지 정책에 대항할 민족의식이 고취되었다. 부흥운동의 결과, '한국의 소돔'이라고 불리던 평양은 불과 15년 만에 '동방의 예루살렘'으로 변화되었다."

이분은 또 다른 설교에서 위에 언급한 **해리스 선교사의 보고문**을 다시 한번 그대로 인용하면서 아래와 같이 아전인수격인 결론을 맺은 바 있습니다.

"할렐루야. 할렐루야. 이 오순절 성령운동의 역사가 55여 년 전에 불광동 천막교회에 옮겨 붙어서 우리 여의도 ○○○교회를 중심으로 하여 다시 한국에 제 2의 부흥의 역사가 일어나게 되었고 지금은 성령운동을 강조하는 모든 교회가 부흥하고 있는 것입니다. 그렇습니다. 우리 모두 모두가 성령으로 충만해서 성령의 사람이 되어서 이제 이 복음을 들고 땅끝까지 이르러 복음의 증인으로 쓰임 받는 귀한 역사가 있게 되길 주님의 이름으로 축원합니다."

그는 회개운동이 성령운동으로 계승되어 한국교회가 부흥되었다고 주장합니다. 정말 그럴까요? 그들이 그렇게 자랑하고 확신하는 바대로, 한국교회의 부흥의 역사가 회개 기도로 인한 것이며 그것이 과연 진정 성령의 역사였을까요? 예수님께서는 **"열매를 보아 나무를 안다"** 라고 말씀하셨습니다. 그들이 주장하는 한국 교회의 외형적 성장의 결과가 어떻게 나타나고 있습니까? 세계적인 부흥사라고 자처했던 조○○목사와 그의 아들을 포함한 가족들이 불신자들보다 더 추악한 죄악의 열매를 맺지 않았습니까? 그는 횡령과 불륜으로 여러 번 피소되어 재판을 받지 않았습니까? 그의 아들은 유죄판결을 받고 실형을 살지 않았습니까? 이런 죄악이 한국의 기독교에 만연되어 있습니다. 그래서 믿지 않는 이들이 기독교를 "개독교"라고 비하하며 조롱하고 있으니 참으로 부끄럽고 안타깝습니다.

위에서 언급된 이○○ 목사는 자기가 어떤 청년에게 안수하며 기도하자 그 청년에게 성령이 임하면서 중국어 방언이 터져 나왔다고 간증했습니다. 그런 일은 기독교 무당들이나 하는 짓이지 절대로 성령의 역사가 아닙니다. 성령은 진리의 복음을 믿어서 죄 사함을 받은 자에게만 임합니다(행 2:38). 죄가 있는 죄인의 심령에는 거룩한 성령님이 절대로 임하시지 않습니다. 예수님께서 승천하신 후, 약속하신 대로 제자들에게 성령님을 선물로 보내 주셨습니다. 주님의 부활 후 첫 오순절에 성령의 충만을 받은 베드로가 전한 복음을 듣고 사람들은 자기들의 악행을 깨닫고 마음이 찔려서, "형제들아, 그러면 우리가 어찌할꼬" 하며 사도들 앞에 무릎을 꿇었습니다. 그때에 베드로는 **"너희가 회개하여 각각 예수 그리스도의 이름으로 세례를 받고 죄 사함을 얻으라 그리하면 성령을 선물로 받으리니** 이 약속은 너희와 너희 자녀와 모든 먼데 사람 곧 주 우리 하나님이 얼마든지 부르시는 자들에게 하신 것이라"(행 2:38-39)고 선언했습니다.

이 말씀에서 **"너희가 회개하여"**라는 말씀은 평양 장대현교회의 길선주 조사라는 이가 회개의 기도를 한 것같이 "하나님, 나는 이런 죄를 지었습니다" 하고 어떤 죄목들을 열거하면서 용서해 달라고 하나님께 간청하라는 뜻이 아닙니다. 회개(repentance)라는 말은 고대 그리스어로 "메타노이아"(μετάνοια)인데, 이 말은 "메타"(μετά, metá; "너머" 혹 "뒤"라는 뜻)와 "노에오"(νόος, noeō; "인식" "이해" 또는 "마음")라는 말의 복합어로서 **"마음을 바꿔 뒤로 돌아서다"**라는 의미를 갖습니다. 즉, 참된 회개란 하나님을 등지고 악한 길로 나갔던 자가 자기의 죄악을 깨닫고 하나님께로 돌아오는 것을 의미합니다. 누가복음 15장의 **"잃었던 아들의 비유"**에서 둘째 아들이 자기의 악행을 깨닫고 회심(悔心)하여 아버지께로 돌아오는 것이 참된 회개(悔改)입니다. 아합 왕 시대의 이스라엘 백성들은 바알 신과 아세라 여신을 우상으로 섬겼습니다. 그들은 우상을 섬기던 거짓 선지자 850명과 갈멜산에서 대결해서 큰 승리를 거둔 엘리야의 역사를 보고서 하나님만이 참 신인 줄을 깨닫고 우상들을 다 불살라 버렸습니다. 그리고 하나님께로 돌아왔습니다. 하나님께서 말라기서를 통해서 보내시기로 약속했던 엘리야가 바로 세례 요한이었는데, 세례 요한은 당시의 이스라엘 백성들에게 "회개하라"라고 외쳤습니다. 이는 이스라엘 백성들이 하나님을 떠나갔던 악에서 돌이켜서 하나님께로 돌아오라는 말씀이었습니다.

　하나님께서는 이렇게 하나님께로 온전히 돌이킨 자들이 예수 그리스도의 이름 안에 있는 온전한 구원의 복음을 믿어서 단번에 죄 사함을 받게 하십니다. **"너희가 회개하여 각각 예수 그리스도의 이름으로 세례를 받고 죄 사함을 얻으라 그리하면 성령을 선물로 받으리니"**라고 약속하셨습니다. **"예수 그리스도의 이름"**은 하나님의 아들이신 우리 주님이 이 땅에 육신을 입고 오셔서 **"물과 피"**로 행하신 구원의 사역을 의미합니다. 주님께서는 **물(세례)과 피(십자가)로** 임하셔서 우리의 모든 죄와 허물을 단번에 없애 주셨습니다. 그러므로 예수 그리스도의 이름에 담긴 원형복음의 능력을 믿으면 단번에 죄 사함을 받고 성령을 선물로 받습니다.

세례는 "씻긴다, 죄가 넘어간다, 장사 지낸다"라는 의미를 내포합니다. 성자(聖子) 하나님이신 예수 그리스도께서는 인류의 대표자인 세례 요한에게 안수의 형식으로 세례를 받아서 인류의 모든 죄를 단번에 넘겨받았습니다. 그리고 주님은 그 모든 죄를 짊어지고 십자가에 못 박히셔서 대속의 죽음을 당해 주셨습니다. 주님의 구원사역은 인류의 죄를 짊어지기 위해서 받으신 **"세례"** 와 그 모든 죄를 대속하기 위해서 흘리신 **"십자가의 피"** 로 요약됩니다. 그래서 사도 요한은 **"이는 물과 피로 임하신 자니 곧 예수 그리스도시라 물로만 아니요 물과 피로 임하셨고"**(요일 5:6)라고 증언했던 것입니다. 물과 피로 임하신 예수 그리스도를 믿으면 마음의 죄가 뚝 끊어져 나가는 **"마음의 할례"(롬 2:29)**, 즉 **죄 사함**을 받습니다. 그렇게 믿음으로 거듭난 자, 즉 죄 사함 받은 자의 마음에 성령님께서 전자동으로 임하십니다. 죄 사함도 받지 못한 목사가 죄 사함을 받지 못한 청년의 머리에 안수하며 기도했더니 그 청년이 성령을 받았고 중국어 방언이 터졌다는 이○○ 목사의 거짓말은 사단의 역사에 불과합니다.

  여러분도 한번 솔직히 대답해 보십시오. 회개 기도를 했더니 당신의 마음에서 죄가 진정 흰 눈처럼 없어졌습니까? 당신이 아무리 간절한 마음으로 회개 기도를 드린다고 해도 당신의 마음에 새겨진 죄는 절대로 없어지지 않습니다. 눈물을 흘리면서 하나님께 용서를 빌면 보상심리의 작용으로 "작은 죄들"은 없어진 것 같은 "느낌"을 가질 수는 있습니다. 그러나 자기가 생각해도 너무나 끔찍한 죄의 경우에는, 보상심리도 작용하지 않습니다. 며칠 동안 금식하면서 회개를 하면 조금 없어진 것도 같다가도 기도의 약발이 떨어지고 나면, 자기의 마음 밑바닥에 따리를 틀고 있는 "그 끔찍한 죄"

를 다시 발견하게 됩니다. 그래서 기독교인들은 마음에 늘 죄를 품고 또 눈물로 회개 기도를 드리면서 살아갈 수밖에 없습니다.

"죄의 삯은 사망"(롬 6:23)입니다. 지옥의 대가를 치르지 않고서는 마음의 죄가 절대로 없어질 수 없습니다. "주 여호와 내가 말하노라 네가 잿물로 스스로 씻으며 수다한 비누를 쓸찌라도 네 죄악이 오히려 내 앞에 그저 있으리니"(렘 2:22)라고 주님께서 말씀하셨습니다. 또 주님은, "육체의 생명은 피에 있음이라 내가 이 피를 너희에게 주어 단에 뿌려 너희의 생명을 위하여 속하게 하였나니 생명이 피에 있으므로 피가 죄를 속하느니라"(레 17:11)고 말씀하셨고, "율법을 좇아 거의 모든 물건이 피로써 정결케 되나니 피 흘림이 없은즉 사함이 없느니라"(히 9:22)고도 말씀하셨습니다. 죄는 죽음으로 대가를 치러야만 없어집니다. 눈물 콧물을 흘리면서 하나님께 용서를 빈다고 죄가 없어지는 것은 절대로 아닙니다. 자기의 가슴을 치며 금식하고 통곡을 하면 마음은 잠시 후련할 수 있습니다. 그러나 그것은 다 보상심리(補償心理)의 작용일 뿐입니다. 그렇게 울고불고 회개 기도를 한다고 해도, 하나님 앞의 심판 책에 **"금강석 끝 철필"**(렘 17:1)로 기록된 당신의 죄는 절대로 지워지지 않습니다.

죄 사함을 받는 유일한 길

영원히 모든 죄의 사함을 받으려면 오직 우리 구주 예수 그리스도께서 이 땅에 육신을 입고 오셔서 행하신 **"의의 한 행동"**(롬 5:18)을 믿어야 합니다. 주님은 우리 인생들을 사랑하셔서 자신의 육체를 인류의 대속제물로 드렸습니다. 속죄제사를 드리려면, 흠 없는 양을 준비해서, 그 희생제물(犧牲祭物)의 머리에 "안수"함으로써 사람의 죄를 그 제물에게 넘기고, 죄를 넘긴 죄인을 대신해서 그 제물이 피 흘려 죽어야만 했습니다. 대속죄일에 대제사장 아론은 이스라엘 백성의 대표로 아사셀 염소의 머리에 안수하여 이스라엘 백성이 지난 1년 동안 지은 모든 죄를 단번에 아사셀 염소에게 넘겼습니다(레 16:21). 그런데 이러한 대속죄일(大贖罪日)의 제사는 **"장차 오는 좋은 일의 그림자"**(히브리서 10:1)였다고 성경은 말씀합니다. 두루마리 책(구약)에 기록된 제사법대로, 죄를 알지도 못하는 하나님의 아들이 육신을 입고 이 땅에 오셨으니 예수님께서는 우리 모든 인류의 죄를 담당하실 **합격 제물**이었습니다.

그리고 예수님은 30세가 되셨을 때에, 세상 죄를 당신의 육체에 담당하려고 대제사장 아론의 후손인 세례 요한에게 안수의 형식으로 세례를 베풀어 달라고 요청했습니다. 세례 요한은 대제사장 아론의 후손(눅 1:5)이자 여자가 낳은 자 중에서 가장 큰 자(마 11:11), 즉 인류의 대표자였습니다. 인류의 대표자인 세례 요한이 흠 없는 어린양으로 오신 예수님의 머리에 **안수의 형식으로 세례**를 베풀었습니다. **"안수"**는 희생제물에게 죄를 넘기는 하나님의 법입니다. 예수님은 당신에게 세례 베풀기를 망설이던 세례 요한에게, **"이제 허락하라 우리가 이와 같이 하여 모든 의를 이루는 것이 합당하니라"**(마 3:15)고 준엄하게 명령하셨습니다. **"이와 같이 하여"**라는 말씀은 "너 요한은 내 머리에 안수하여"라는 말씀입니다. 그렇게 인류의 대표자인 세례 요한은 "안수"의 방식으로 세상 죄를 단번에 예수님께 다 넘겼고, 그 안수로 이 세상에는 **"모든 의"**가 이루어졌습니다. 예수님께서 받으신 세례는 세상 죄를 당신의 육체에 다 넘겨받으신 엄청난 능력의 사역(事役)이었습니다. 그렇기 때문에 세례를 받으신 이튿날 예수님께서 세례 요한 앞을 지나가시자, **"보라 세상 죄를 지고 가는 하나님의 어린 양이로다"**(요 1:29)라고 세례 요한이 자기의 제자들에게 증거했습니다.

이렇게 받으신 세례로 세상 죄를 짊어지신 예수님께서는 이제 대속(代贖)의 제물이 피 흘려 죽어야 했던 속죄제사의 법을 따라 십자가에 못 박혀 피를 흘리시고 돌아가셔야 했습니다. **"피 흘림이 없은즉 사함이 없느니라"** 하신 말씀을 공의(公義)하게 이루시려고 주님은 친히 십자가에 못 박히셨습니다. 주님은 십자가 위에서 마지막 피 한 방울까지 다 흘리시고 모진 고통의 끝에 **"다 이루었다"**(요 19:30)라고 크게 외치신 후에 숨을 거두셨습니다. 주님은 우리를 죄에서 온전히 구원하는 일을 다 이루어 주셨습니다. 이와 같이 하여 주님께서는 **"물과 피로 임"**(요일 5:6)하셔서 하나님의 **"모든 의"**를 이루어 주셨습니다.

눈물을 흘리며 날마다 회개 기도를 드린다고 당신의 죄가 사해지는 것은 결코 아닙니다. 우리가 **죄 사함을 받는 길**은 예수님께서 **물과 피로 임하셔서 이루어 주신 하나님의 의를 믿는 길**밖에는 없습니다. 그런데도 **물과 피의 원형복음**을 모르거나 전해 주어도 배척하는 이들은 회개 기도와 성화 교리로 구원을 얻으려고 고집을 부리고 있으니 참으로 안타까운 일입니다. 그들도 아무리 금식을 하며 회개의 기도를 드리고 선행을 많이 해도 마음의 죄를 없앨 수 없다는 것을 잘 압니다. 그래서 그들은 소위 **"단계적 구원론"**을 의지할 수밖에 없게 된 것입니다.

진리의 복음을 믿음으로 단번에 얻는 구원

그 결과 기독교는 **"칭의 구원-성화 구원-영화 구원"**의 도식으로 구성된 **"단계적 구원론"**을 정통한 교리로 세웠습니다. 기독교 종교인들은 **"또 미리 정하신 그들을 또한 부르시고 부르신 그들을 또한 의롭다 하시고 의롭다 하신 그들을 또한 영화롭게 하셨느니라"**(롬 8:30)는 말씀을 제멋대로 해석해서 "구원은 단계적으로 이루어진다"라고 믿게 된 것입니다. 기독교 종교인들은 "사람이 예수님을 구주로 믿으면 하나님께서 그 사람을 의롭다고 불러 주시고(칭의 구원), 칭의 구원을 받은 후에 성화에 계속 힘쓰면 결국 영화에 이르게 된다"라고 주장합니다. 일부 신학교 교수들은 구원의 과정을 좀 더 세분해서 9단계로 정해 놓고 가르치기도 합니다. 그들은 "소명(부르심)-중생-회심-신앙-칭의-수양-성화-견인-영화"의 과정을 거쳐서 믿는 자의 구원이 완성된다고 가르칩니다.

"사람은 자기가 보고 싶은 것만 본다"고 합니다. 기독교 종교인들의 관점에는 존 번연(John Bunyan)의 『천로역정』 같은 책의 주장이 자기들이 **"본능으로 아는 그것"**(유 1:10)과 딱 맞습니다. 그래서 그런 책들이 기독교인들의 필독서로 추천되고 있습니다. 존 번연은 한 사람이 천국의 문에 들어가기까지는 많은 고난과 깨달음과 성화의 과정이 필요하다고 주장하였습니다. 그러나 구원은 하나님의 진리의 복음을 믿을 때에 **단번에 얻는 하나님의 은혜**입니다. 자신을 희생하며 고행으로 도를 닦아서 **단계적으로 구원을 얻고자 하는** 자는 종교인에 불과합니다. **"단계적 구원론"**을 좇는 기독교 종교인은 결코 구원을 얻지 못하고 오히려 하나님의 저주를 받게 됩니다. **"너는 충계로 내 단에 오르지 말라 네 하체가 그 위에서 드러날까 함이니라"(출 20:26)고 하신 말씀이 그런 뜻입니다. "또 미리 정하신 그들을 또한 부르시고 부르신 그들을 또한 의롭다 하시고 의롭다 하신 그들을 또한 영화롭게 하셨느니라"라는 로마서 8장 30절의 말씀이 어떻게 단계적 구원을 의미합니까? **"죄 사함으로 말미암는 구원"**(눅 1:77)은 오랜 시간 동안 성화의 과정을 통해서 단계적으로 완성되는 역사가 아닙니다. 구원은 예수님께서 이루신 하나님의 의를 믿음으로 단번에 얻는 축복이며 은혜입니다. 하나님은 우리를 당신의 아들의 복음으로 부르셔서 단번에 의롭게 하시고 거룩하게 하시고 영화롭게 하셨습니다.

기독교 종교인들은 **"또 미리 정하신 그들을"**(롬 8:30)이라는 말씀을 "하나님이 구원받을 자들과 구원 받지 못할 자들을 미리 정하셨다"라고 해석하고 소위 **"예정설"**을 주장했습니다. **"예정설"**은 하나님을 불의(不義)하게 만든 사단 마귀의 사악한 교설(巧說) 입니다. 하나님께서는 모든 사람을 사랑하시기에 그들을 예수 그리스도 안에서 구원하기 위해서 복음의 잔치에 모든 사람을 다 부르십니다. 그리고 하나님의 부르심에 믿음으로 응답하는 자는 **누구든지** 죄 사함을 받고 하나님의 자녀가 되는 영화를 입혀 주십니다. 천국 영생의 축복은 물과 피의 복음을 믿는 자에게 단번에 임합니다. 그래서 성경은 주님의 구원의 도(道)에 대하여 **"성도에게 단번에 주신 믿음의 도"**(유 1:3)라고 말씀합니다.

여러분도 밀렵꾼들이 쳐놓은 올가미나 덫에 걸려서 죽어 가는 야생동물들을 가끔 TV 뉴스에서 본 적이 있을 것입니다. 짐승이 한번 덫에 걸리면 누가 구해 주지 않는 한 결코 빠져나갈 수 없습니다. 올가미에 걸린 짐승이 몸부림을 치면 칠수록 상처만 깊어져서 다리가 잘리거나 굶어 죽습니다. 이처럼 거의 모든 기독교인들이 지금 **성화 교리**라는 올가미에 걸려서 죽어 가고 있습니다. 종교화된 기독교 안에서는 아무도 **성화 교리의 덫**을 벗어버릴 수 없습니다. 사단 마귀가 쳐놓은 **성화 교리의 덫**에 걸려든 기독교인들은 주님께서 우리의 모든 죄를 단번에 씻어 주셨다는 진리의 원형복음을 잃어버렸습니다. 거듭나지 못한 영적 소경들이 기독교의 인도자 자리에 앉아서 **"주 여호와의 말씀에 본 것이 없이 자기 심령을 따라 예언"**(겔 13:3)하며 영혼들을 죽음으로 이끌고 있습니다. 소경이 소경을 인도하면 둘 다 구렁에 빠져 멸망을 당합니다.

영적으로 소경인 인도자들은 영적인 하나님의 말씀을 제대로 해석할 수 없습니다. 그저 **"만일 우리가 우리 죄를 자백하면 저는 미쁘시고 의로우사 우리 죄를 사하시며 모든 불의에서 우리를 깨끗케 하실 것이요"**(요일 1:9)라고 말씀하신 것만 쏙 뽑아다가, "봐라, 이 말씀에 우리가 우리 죄를 자백하면 죄를 사해 주신다고 하나님께서 말씀하시지 않았느냐? 그러니 회개 기도를 더 열심히 해서 죄 사함을 받고 또 성화에 이르기를 힘써야 하느니라"하고 설교합니다. 그러나 요한일서 1장 5-10절의 말씀이 진정 그런 뜻입니까? 그 말씀은 회개 기도와 성화에 힘쓰라는 말씀이 결코 아닙니다. 사도 요한은 **자칭 예수님을 믿는다는 자**들과 진리의 복음 안에서 참된 사귐을 갖고 하나님께서 주시는 안식과 기쁨을 나누기를 원했습니다. 그러나 그러기 위해서는 먼저 그들이 진리의 원형복음으로 죄 사함을 받고 거듭나야만 했습니다. 그런데 아직 거듭나지도 못한 자들이 성도들의 모임에 섞여서 자기들도 **거듭난 "성도(聖徒)"**라고 속이고 있는 것이 문제였습니다. 거듭나지 못한 어떤 이들이 슬그머니 하나님의 교회에 들어와서 "성도" 또는 "의인" 행세를 했다는 것입니다. 성경은 그런 자들을 **"가만히 들어온 거짓**

형제"(갈 2:4)라고 지적합니다. 아직도 어둠(죄) 가운데 있는 자들은 자기가 거듭나지 못한 죄인임을 시인하고 예수님께서 이루어 주신 **"물과 피의 복음"**을 믿어서 거듭나야 한다는 뜻으로 권면하신 말씀이 바로 요한일서 1장의 말씀입니다.

"우리가 저에게서 듣고 너희에게 전하는 소식이 이것이니 곧 하나님은 빛이시라 그에게는 어두움이 조금도 없으시니라 만일 우리가 하나님과 사귐이 있다 하고 어두운 가운데 행하면 거짓말을 하고 진리를 행치 아니함이거니와 저가 빛 가운데 계신 것 같이 우리도 빛 가운데 행하면 우리가 서로 사귐이 있고 그 아들 예수의 피가 우리를 모든 죄에서 깨끗하게 하실 것이요 만일 우리가 죄 없다 하면 스스로 속이고 또 진리가 우리 속에 있지 아니할 것이요 만일 우리가 우리 죄를 자백하면 저는 미쁘시고 의로우사 우리 죄를 사하시며 모든 불의에서 우리를 깨끗케 하실 것이요 만일 우리가 범죄하지 아니하였다 하면 하나님을 거짓말 하는 자로 만드는 것이니 또한 그의 말씀이 우리 속에 있지 아니하니라"(요일 1:5-10).

하나님은 빛이시며 그분에게는 죄(어두움)가 전혀 없습니다. 따라서 만일 우리가 하나님과 사귐이 있으려면 우리의 마음에도 죄가 전혀 없어야만 합니다. 그리고 우리의 마음에 죄가 전혀 없어지려면 **물과 피의 복음을 믿어서 죄 사함을 받아야만 합니다.** 물과 피의 복음을 믿는 자들은 단번에 모든 죄의 사함을 받고 빛 가운데 행하며 하나님과 사귐이 있습니다. 참 빛은 이 진리의 복음으로 우리에게 오신 예수 그리스도입니다. 그러므로 요한일서 1장 6절과 8절 그리고 10절의 **"만일"**이라고 전제하며 권면하신 말씀은 거듭나지 못한 자들을 지적하며 사랑으로 권면하시는 말씀입니다. 죄 사함을 받지도 못한 자가 "나는 죄가 없다"라고 주장하면 그는 스스로를 속이는 것이고 **물과 피의 복음 진리**를 믿지 않는 자입니다. 그런 자는 모두 요한일서 1장 9절의 권고대로, 자기가 지옥에 가야 할 죄인임을 시인하고 하나님의 긍휼을 바라야 합니다. **"만일 우리가 우리 죄를 자백하면"**(요일 1:9)이라고 하신 말씀은, 자기가 잘못한 죄목을 하나하나 열거하면서 용서를 비는 회개 기도를 드리라는 말씀이 결코 아닙니다. 이 말씀은 "하나님, 저는 지옥에 가야 할 죄인입니다. 저를 불쌍히 여기셔서 모든 죄에서 저를 구원해 주십시오"라고 하나님께 자수하라는 말씀입니다. 이것은 간첩이 자유를 얻기 위해 자수하는 것과 같습니다. 간첩이 날마다 자수를 합니까? 간첩은 단 한 번 진솔하게 자수하면 됩니다. 그러면 우리나라의 정보 당국이 다 알아서 그를 우리 국민으로 편입시켜 주고 국가의 보호를 받으며 행복하게 살 수 있도록 조치를 해 줍니다.

"만일 우리가 우리 죄를 자백하면 저는 미쁘시고 의로우사 우리 죄를 사하시며 모든 불의에서 우리를 깨끗케 하실 것이요"(요일 1:9). 할렐루야! 만일 거듭나지 못해서 마음에 죄(어두움)가 있는 죄인이 자신은 죄 사함을 받지 못한 죄인임을 주님께 자백(자수)하고 또 자신은 지옥에 가야 할 비참한 자이니 긍휼을 베풀어 달라고 항복을 하면, 우리 주님께서는 미쁘시고 의로우셔서 물과 피의 복음으로 그를 만나 주십니다. 그러면 그 사람은 **단번에 모든 죄를 사함 받고 하나님의 거룩함을 옷 입은 의인**이 됩니다. 이렇게 **"물과 피로 임"**(요일 5:6)하신 예수 그리스도를 믿어서 거듭나야만 하나님과 그리고 성도들과 진리의 빛 안에서 서로 사귀며 충만한 기쁨을 누릴 수 있습니다. 의인들은 거듭나지 못한 사람과 영이 달라서 그들과 진리 안에서 교제할 수 없습니다.

"만일 우리가 범죄하지 아니하였다 하면 하나님을 거짓말하는 자로 만드는 것이니 또한 그의 말씀이 우리 속에 있지 아니하니라"(요일 1:10). 거듭나지 못한 종교인들 중에는 "나는 죄를 짓지 않는다"라고 엄청난 거짓말을 하는 이들도 있습니다. 이런 사람은, **"이러므로 한 사람으로 말미암아 죄가 세상에 들어오고 죄로 말미암아 사망이 왔나니 이와 같이 모든 사람이 죄를 지었으므로 사망이 모든 사람에게 이르렀느니라"**(롬 5:12)고 말씀하신 하나님을 거짓말쟁이로 만드는 자들입니다. 그런 자는 물과 피의 복음이 필요하지도 않기에 진리의 복음을 전해 주면 아예 들으려고 하지도 않습니다.

아직도 여러분은 회개 기도로 죄 사함을 받으려고 노력하고 있습니까? 그렇다면 여러분은 주님께로부터 안약을 사서 눈에 발라 자기의 **"곤고한 것과 가련한 것과 가난한 것과 눈먼 것과 벌거벗은 것"**(계 3:17)을 보아야 합니다. 거듭나지 못한 종교인들은 자기의 마음이 죄로 가득하다는 사실을 직시하고 정직하게 시인해야 합니다. 그리고 자기는 지옥에 가야 할 죄인임을 하나님께 자백(자수)하고 **"성도에게 단번에 주신 믿음의 도"**(유 1:3)로 죄 사함을 받아야 합니다. 그리하면 원형의 복음 안에 담긴 진리의 빛이 그들 마음의 모든 어두움(죄)을 단번에 몰아내고 빛의 자녀로 거듭나게 합니다.

우리를 물과 피의 원형복음으로 단번에 죄 사함을 받고 거듭나게 하셔서 죄가 전혀 없는 의인으로 살아가게 해 주신 하나님 아버지께 감사와 찬양을 드립니다.

할렐루야!

신앙인 10

단번에 영원한 죄 사함을 받은 의인들

"유월절 전에 예수께서 자기가 세상을 떠나 아버지께로 돌아가실 때가 이른 줄 아시고 세상에 있는 자기 사람들을 사랑하시되 끝까지 사랑하시니라

마귀가 벌써 시몬의 아들 가룟 유다의 마음에 예수를 팔려는 생각을 넣었더니

저녁 먹는 중 예수는 아버지께서 모든 것을 자기 손에 맡기신 것과 또 자기가 하나님께로부터 오셨다가 하나님께로 돌아가실 것을 아시고

저녁 잡수시던 자리에서 일어나 겉옷을 벗고 수건을 가져다가 허리에 두르시고

이에 대야에 물을 담아 제자들의 발을 씻기시고 그 두르신 수건으로 씻기기를 시작하여

시몬 베드로에게 이르시니 가로되 주여 주께서 내 발을 씻기시나이까

예수께서 대답하여 가라사대 나의 하는 것을 네가 이제는 알지 못하나 이 후에는 알리라

베드로가 가로되 내 발을 절대로 씻기지 못하시리이다 예수께서 대답하시되 내가 너를 씻기지 아니하면 네가 나와 상관이 없느니라

시몬 베드로가 가로되 주여 내 발 뿐 아니라 손과 머리도 씻겨

주옵소서

예수께서 가라사대 이미 목욕한 자는 발 밖에 씻을 필요가 없느니라 온 몸이 깨끗하니라 너희가 깨끗하나 다는 아니니라 하시니

이는 자기를 팔 자가 누구인지 아심이라 그러므로 다는 깨끗지 아니하다 하시니라

저희 발을 씻기신 후에 옷을 입으시고 다시 앉아 저희에게 이르시되 내가 너희에게 행한 것을 너희가 아느냐

너희가 나를 선생이라 또는 주라 하니 너희 말이 옳도다 내가 그러하다

내가 주와 또는 선생이 되어 너희 발을 씻겼으니 너희도 서로 발을 씻기는 것이 옳으니라

내가 너희에게 행한 것 같이 너희도 행하게 하려하여 본을 보였노라"(요한복음 13:1-15).

거듭나지 못한 **"기독죄인들"**(Christian sinners)은 "예수님의 보혈이 나를 모든 죄에서 구원했다"라고 입술로는 고백하지만 그들의 마음에는 분명히 죄가 있습니다. 누구든지 진리의 원형복음을 믿지 않으면 결코 **"죄 사함으로 말미암는 구원"**(눅 1:77)을 받을 수 없습니다. **기독죄인들**(Christian sinners)은 날마다 회개 기도를 하지 않으면, 얼굴을 들고 하나님 앞에 나올 수가 없습니다. 그러므로 기독교 종교인들은 속히 자기가 구원받지 못한 죄인이며 죄의 삯으로 지옥의 판결을 받아야 할 자임을 자백하고 하나님의 긍휼을 바라야 합니다. **"기독죄인들"**은 **"진실로 네게 이르노니 네가 호리라도 남김이 없이 다 갚기 전에는 결단코 거기서 나오지 못하

리라"(마 5:26)고 경고하신 주님의 말씀을 두려운 마음으로 받고 자기의 모든 죄를 없애달라고 주님께 간구해야 합니다.

죄 사함을 받지 못한 종교인이라도 마음이 정직한 **"기독죄인"** 은 자기 마음에 죄가 있음을 시인하고 하나님께서 자기를 모든 죄에서 구원해 주시기를 간구합니다. 그렇게 심령이 가난하고 정직한 자는 죄 사함으로 말미암는 구원을 받습니다. 그러나 마음에 죄가 있으면서도 "나는 구원을 받았다"라고 확신하는 **기독죄인들** (Christian sinners)은 구제불능입니다. 그런 사람은 태평양 한가운데 빠져 허우적거리면서도 "나는 물에 빠져 있지만 결코 죽지 않아! 나는 얼마든지 헤엄쳐서 나갈 수 있어!"라고 고집을 부리며 구원자가 다가와서 던져 준 밧줄을 잡지 않는 자와 같습니다. 구원자에게 도움을 청하지 않는 자에게는 주님도 구원의 손길을 내밀 수 없습니다. **"기독죄인들"**이 "저는 마음에 죄가 있어서 지옥에 갑니다. 저를 구원해 주세요"라고 정직하게 시인하고 하나님의 긍휼을 바래야 주님께서 그에게 죄 사함의 은혜를 입혀 주시지, 죄가 없다는데 "없다는 죄"를 주님께서 어떻게 없애 주시겠습니까? 주님이 스스로 의롭다고 하는 바리새인들을 향해서, **"너희가 소경 되었더면 죄가 없으려니와 본다고 하니 너희 죄가 그저 있느니라"**(요 9:41)고 하신 말씀이 그런 뜻입니다.

거듭나지 못했으면서도 스스로 거룩하고 의로운 척하는 종교인들과 교제를 해보면 정말 제 마음이 답답하고 안타깝습니다. 그런 자들은 제발 주님께로부터 안약을 사서 눈에 바르고 자기의 **"곤고한 것과 가련한 것과 가난한 것과 눈먼 것과 벌거벗은 것"**(계 3:17)을 보게 되기를 바랍니다. 사람이 회개 기도를 하면 마음의 죄가 정말 없어집니까? 그렇다면 기억도 나지 않아서 회개 기도로 하나님께 용서를 구하지도 못한 죄는 어떻게 사함을 받습니까? 회개 기도의 천주교 버전(Catholic version)이 고해성사(告解聖事)인데, 천주교 신자들은 지난 번 고백성사를 본 이후에 지은 죄를 신부 앞에서 기억나는 대로 열거하고 나서 맨 마지막에 "이 밖에 알아내지 못한 죄와 남이 나로 인하여 범한 죄도 있을 것이니 신부님은 이 모든 죄도 용서하여 주십시오"라고 뭉뚱그려서 신부(神父)에게 사죄를 요청합니다. 그러면 신부는 "하느님이 그 모든 죄도 사해 주셨다"라고 관대한(?) 사죄(赦罪)의 선언을 해 줍니다. 가톨릭교회는 문제의 소지가 있으니까, 미처 죄목으로 열거하지 못한 죄에 대한 교인들의 불안을 해소시켜 주려고 제도적 안전장치를 넣어둔 것입니다. 웃기지 않습니까? 그런데 개신교판(Protestant version) 고백성사 제도인 "회개 기도의 교리"는 그러한 문제를 어떻게 해결하겠다는 말입니까?

저도 지긋지긋하게 회개 기도에 매달렸던 자입니다. 저는 대학교수로 재직하면서도 한 달(30일)의 십일조를 하나님께 드리겠다고 매월 초 3일간은 금식하며 회개 기도를 드렸습니다. 저는 그렇게 자신을 쳐서 회개하며 죄를 짓지 않고 거룩하게 살아보려고 무진 애를 써 봤습니다. 그래도 제 마음에는 죄가 그저 있었습니다. 회개 기도로는 결코 죄가 없어지지 않습니다. 그런데도 종교인들은 어떻게 하든지 성경을 꿰어 맞춰서 회개 교리를 옹호하려고 합니다. 그들은 모든 성경의 말씀을 아전인수격(我田引水格)으로 해석해서 끝내 자기들의 생각에 맞춥니다.

거듭나지 못한 기독교인들은 마음에 죄가 있을 수밖에 없습니다. 예수님께서 제자들의 발을 씻겨 주시면서 베드로에게 **"이미 목욕한 자는 발 밖에 씻을 필요가 없느니라 온몸이 깨끗하니라"**(요

13:10)고 말씀하셨는데, 마음에 죄가 있는 종교인들에게는 이 말씀도 회개 기도를 촉구하는 말씀으로 해석합니다. "여기 봐라! 이 말씀은 이미 목욕한 자, 즉 예수님을 믿어서 원죄의 사함을 받은 사람도 날마다 짓는 자범죄를 용서해 달라고 회개 기도를 하면 그 죄가 씻어진다는 말씀이 아니냐? 그래서 예수님도 베드로의 발을 씻겨 주시면서 그렇게 그의 발을 씻어 주지 않으면 베드로와 주님이 아무 상관이 없게 된다고 말씀하시지 않았느냐? 죄를 짓고도 죄가 없다고 주장하는 자들은 양심에 화인(火印) 맞은 자들이다!"—기독교 종교인들은 이렇게 주장하며 **회개 기도의 교리**를 철석같이 옹호하고 신봉합니다.

파란색 색안경(sun glass)을 끼고 사물을 보면 모든 사물이 온통 파랗게 보입니다. 마음에 죄 사함을 받지 못한 영의 눈으로 성경을 읽으면 모든 말씀이 "날마다 짓는 죄는 회개 기도를 드려서 용서를 받고 성화에 이르도록 노력하면서 더 이상은 죄를 짓지 말고 살아라"라는 권고의 말씀으로 보입니다. 그러나 진리의 복음을 만나서 마음의 모든 죄를 온전히 사함 받고 성령을 선물로 받은 의인들의 눈에는, 모든 하나님의 말씀이 하나님의 넘치는 구속의 은혜와 조건 없는 사랑과 영생의 축복의 말씀으로 읽힙니다. 그래서 진리의 복음을 믿어서 거듭난 자는 **감사로 제사드리는** 자가 되고 **하나님을 영화롭게 하는 자**(시 50:23)가 됩니다.

다윗의 자백기도

"기독교 죄인들"(Christian sinners) 중의 어떤 이는 여기까지만 읽고서도 벌써 제 얘기에 항변하려는 마음이 부글부글 끓어오를 것입니다. "그럼 다윗 왕이 밧세바와 간음을 한 후에 그녀를 자기 아내로 삼고자 그녀의 남편이자 자기의 충직한 신하인 우리야를 간접 살해한 엄청난 죄를 짓고 나서, 하나님 앞에서 회개 기도를 한 것은 무엇이냐? 하나님이 선지자 나단을 다윗에게 보내서 그가 죄를 자복하게 하시고서야 죄 사함을 받게 하신 것은 우리에게도 죄를 지을 때마다 회개 기도를 해야 죄 사함을 받는다는 말씀이 아니냐?"—회개 기도의 교리를 옹호하는 종교인들은 이렇게 항변합니다.

다윗은 하나님의 종이었습니다. 그는 죄 사함을 받은 의인이었고 선지자였습니다. 그러나 거듭난 자라고 해서 죄를 짓지 않는 것은 결코 아닙니다. 우리가 거듭났다고 해서 육체의 악하고 더러운 본성(本性)이 제하여진 것은 아닙니다. **물과 피의 원형복음**을 믿어서 죄 사함을 받은 의인은 이제 마음에 성령을 선물로 받고 하나님의 은혜에 감화되어서 선한 양심으로 하나님을 향해 나아가게 되었습니다(벧전 3:21). 그러나 거듭난 의인들도 육신은 여전히 연약하기 때문에 얼마든지 죄를 지을 수 있습니다. 다만 의인들은 성령의 깨닫게 하심으로 하나님의 선한 뜻이 무엇인지를 분별하고 그 뜻에 자기를 드리기를 원합니다. 그리고 혹시 의인들이 죄를 짓게 되면 그 죄 문제를 해결하는 방식이 다릅니다.

자, 시편 51편의 말씀을 거듭난 자의 믿음의 눈으로 한번 봅시다. 이 시편 51편에는 **"다윗의 시, 영장으로 한 노래, 다윗이 밧세바와 동침한 후 선지자 나단이 저에게 온 때에"** 라는 부제(副題)가 붙어 있습니다.

"하나님이여 주의 인자를 좇아 나를 긍휼히 여기시며 주의 많은 자비를 좇아 내 죄과를 도말하소서

나의 죄악을 말갛게 씻기시며 나의 죄를 깨끗이 제하소서

대저 나는 내 죄과를 아오니 내 죄가 항상 내 앞에 있나이다

내가 주께만 범죄하여 주의 목전에 악을 행하였사오니 <u>주께서 말씀하실 때에 의로우시다 하고 판단하실 때에 순전하시다</u> 하리이다

내가 죄악 중에 출생하였음이여 모친이 죄 중에 나를 잉태하였나이다

중심에 진실함을 주께서 원하시오니 내 속에 지혜를 알게 하시리이다

우슬초로 나를 정결케 하소서 내가 정하리이다 나를 씻기소서 내가 눈보다 희리이다

나로 즐겁고 기쁜 소리를 듣게 하사 주께서 꺾으신 뼈로 즐거워하게 하소서

주의 얼굴을 내 죄에서 돌이키시고 내 모든 죄악을 도말하소서

하나님이여 내 속에 정한 마음을 창조하시고 내 안에 정직한 영을 새롭게 하소서

나를 주 앞에서 쫓아내지 마시며 주의 성신을 내게서 거두지 마소서

<u>주의 구원의 즐거움을 내게 회복시키시고 자원하는 심령을 주사 나를 붙드소서</u>

<u>그러하면 내가 범죄자에게 주의 도를 가르치리니 죄인들이 주께 돌아오리이다</u>

하나님이여 나의 구원의 하나님이여 피 흘린 죄에서 나를 건지소서 내 혀가 주의 의를 높이 노래하리이다

주여 내 입술을 열어주소서 내 입이 주를 찬송하여 전파하리이

다

주는 제사를 즐겨 아니하시나니 그렇지 않으면 내가 드렸을 것이라 주는 번제를 기뻐 아니하시나이다

하나님의 구하시는 제사는 상한 심령이라 하나님이여 상하고 통회하는 마음을 주께서 멸시치 아니하시리이다

주의 은택으로 시온에 선을 행하시고 예루살렘성을 쌓으소서

그 때에 주께서 의로운 제사와 번제와 온전한 번제를 기뻐하시리니 저희가 수소로 주의 단에 드리리이다"(시 51:1-19).

방금 전에 말씀을 드린 대로, **다윗은 모든 죄의 사함을 받은 의인**이었고 하나님의 종이었습니다. 그는 자기가 태어나서부터 죽을 때까지의 모든 죄와 허물을 단번에 사함 받은 하나님의 종이었습니다. 그러나 거듭난 자라 할지라도 육신은 여전히 연약하기 때문에 다윗도 욕망을 억제하지 못하고 끔찍한 죄를 짓고 말았습니다. 그리고 자기가 엄청난 죄를 지었다는 것을 깨달았을 때에, 다윗은 주님의 온전한 구원을 기억하며 **주님의 구원의 기쁨을 다시금 회복시켜 달라고 기도한 것**이 바로 시편 51편의 찬송 시(詩)입니다. 물론 다윗은 선지자 나단의 책망을 듣고서야, 자기가 욕망에 빠져서 엄청난 죄악을 저질렀다는 것을 비로소 깨달았습니다. 그리고 자기는 근본이 죄악 덩어리라는 사실을 하나님 앞에 토설(吐說)합니다. 그리고 다윗은 하나님께서 자기의 그러한 죄악까지도 이미 사해 놓으셨다는 진리를 다시 한번 확인했습니다.

여기에서 우리가 주목해야 할 부분은, 다윗이 "하나님, 내가 밧세바와 간음하였고, 그의 남편을 사지로 몰아서 죽이는 죄를 지었습니다. 내가 지은 그 간음죄와 살인죄를 용서하여 주옵소서. 그리

하면 내가 다시는 그런 죄를 짓지 않겠나이다"하고 죄목을 열거해 가면서 소위 구약판(舊約板) "회개 기도"를 하지 않았다는 점입니다. 그리고 주님도 다윗이 그렇게 구체적으로 자기의 죄목을 열거하며 회개 기도를 했기 때문에 "그의 구체적인 죄"에 한정(限定)해서 다윗의 죄를 사해 주신 것이 아닙니다.

"**내가 죄악 중에 출생하였음이여 모친이 죄 중에 나를 잉태하였나이다**"(시 51:5). 다윗은 먼저 자기의 근본이 죄를 지을 수밖에 없는 추악하고 연약한 자라는 사실을 시인했습니다. 다윗은 자신이 근본부터 죄 덩어리로 태어났기 때문에 이런 엄청난 죄를 지었고 앞으로도 그런 죄를 지을 수밖에 없는 쓰레기 같은 자라고 시인했습니다. 다윗은 주님께서 자기를 정죄하셔서 지옥에 보내셔도 자기는 아무 할 말이 없다고 인정한 것입니다. 자기를 정죄를 하시든, 의롭다고 인정하시든—모든 것은 오직 주님의 처분에 달렸다고 다윗은 고백했습니다. 그러나 다윗은 주님이 자신의 모든 죄악을 이미 다 담당하셔서 없애 주셨다는 **구원의 도**를 확신했기에, "**나로 즐겁고 기쁜 소리를 듣게 하사 주께서 꺾으신 뼈로 즐거워하게 하소서**" 하며, 자신에게 **구원의 기쁨을 회복시켜** 달라고 기도한 것입니다.

다윗은 구약의 속죄제사 안에 계시된 하나님의 **구원의 도**를 깨달아 믿어서 죄 사함을 받은 의인이었습니다. 다윗을 비롯한 구약 시대의 의인들, 즉 아담, 아벨, 노아, 아브라함, 이삭, 야곱, 모세, 그리고 모든 선지자나 사사(士師)들은 모두 대속(代贖)의 속죄제사를 통해서 계시(啓示)해 주신 하나님의 **구원의 도**를 믿어서 죄 사함을 받았습니다. 그들은 양이나 염소의 머리에 안수를 해서 자기의 죄를 제물에게 넘기고 자기 대신 그 속죄양을 죽여서 번제로 드리면서, 장차 오실 구원자 예수 그리스도를 믿음으로 바라보고 단번에 영원한 죄 사함을 받은 의인들이었습니다. 그래서 예수님도 **"너희 조상 아브라함은 나의 때 볼 것을 즐거워하다가 보고 기뻐하였느니라"**(요 8:56)고 증거한 것입니다.

구약의 속죄제사는 죄인이 ①**흠 없는 제물**(양이나 염소)을 번제단 앞으로 끌고 와서, ②그 제물의 머리에 **안수(按手)**해서 자기의 죄를 그 희생제물에게 넘기고, ③그 제물을 죽여서 그 **피**로써 자신의 죗값을 대신 치르게 하는 하나님의 구원의 법이었습니다. 그리고 매년 제칠 월 제십 일에 드리는 대속죄일(大贖罪日, the Day of Atonement)의 제사에서는 대제사장 아론이 이스라엘 백성 모두를 대표해서 아사셀 염소의 머리에 안수함으로써, 이스라엘 모든 백성의 1년 치 죄를 단번에 넘기는 방법으로 속죄제사를 드렸습니다. 그리고 아론의 안수를 통해서 백성들의 1년 치 죄를 단번에 넘겨받은 그 염소는 광야에 버려져서 죽었습니다. 그 대속죄일(大贖罪日)의 제사로 이스라엘 백성들의 지난 1년 치 죄가 단번에 사해졌습니다. 그런데 이스라엘 백성들은 그런 제사를 드리고 나서 다시 죄를 지으면 다시 죄인으로 전락했기 때문에, 대속(代贖)의 희생제물로 드렸던 속죄제사들로는 그들이 영원한 죄 사함을 받지 못했습니다. 그들은 황소와 염소로 드리는 제사를 통해서 계시된 완전하고 영원한 제사를 소망하며 믿었습니다.

이러한 대속죄일의 제사는 **"장차 오는 좋은 일의 그림자(예고편)"**(히 10:1)였습니다. 그리고 **"장차 오는 좋은 일"**이란 성자(聖子) 하나님이신 예수 그리스도께서 육신을 입고 이 땅에 오셔서 흠 없는 당신의 몸을 제물로 드리신 **"한 영원한 (속죄의) 제사"**(히 10:12)를 가리킵니다. 하나님께서는 근본 죄 덩어리로 태어난 인간

중에서는 인류를 죄에서 구원할 자가 전혀 없음을 아셨기에, 당신의 아들을 육신으로 이 땅에 보내셔서 우리를 모든 죄에서 단번에 구원하셨습니다. 하나님의 아들이신 예수 그리스도는 하늘의 대제사장으로 이 땅에 육신을 입고 오셔서 당신 자신을 속죄의 제물로 삼아 **"한 영원한 제사"**를 드려 주셨습니다.

흠 없는 제물로 오신 예수 그리스도는 이 세상 모든 죄를 없애 주기 위해서 안수(按手)의 형식으로 세상 죄를 담당하는 세례를 받으셨습니다. 예수님께 안수의 형식으로 세례를 베푼 세례 요한은 대제사장 아론의 후손이고 여자가 낳은 자 중에 가장 큰 자, 즉 **인류의 대표자**였습니다. 인류의 대표자인 세례 요한의 안수(按手)로 세상의 모든 죄가 예수님에게 단번에 넘어갔습니다. 예수님께서 세례를 받으실 때에 주님은 머뭇거리던 세례 요한에게 **"이제 허락하라 우리가 이와 같이 하여 모든 의를 이루는 것이 합당하니라"**(마 3:15) 하고 준엄하게 명령하셨고, 요한은 그 명령에 순종해서 예수님의 머리에 손을 얹었습니다. **"그 세례"**(행 10:37)로 세상의 모든 죄가 예수님에게 단번에 전가(轉稼, 옮겨 심음)되었습니다. 그래서 예수님께서 세례를 받은 이튿날, 세례 요한은 자기 앞을 지나가시던 예수님을 가리키면서 **"보라 세상 죄를 지고 가는 하나님의 어린양이로다"**(요 1:29)라고 자기의 제자들에게 증거했던 것입니다.

"너희 조상 아브라함은 나의 때 볼 것을 즐거워하다가 보고 기뻐하였느니라"(요 8:56)고 예수님께서 증거하셨습니다. **"아브라함이 바랄 수 없는 중에 바라고 믿었으니"**(롬 4:18) 하나님께서는 **"그의 믿음을 의로 여기셨다"**(롬 4:5)고 성경은 증거합니다. 아브라함은 장차 하나님의 아드님께서 이 땅에 오셔서 드려 주실 영원한 속죄의 제사를 바라보고 믿음으로 하나님께로부터 의롭다 하심을 얻었습니다. **"바랄 수 없는 중에 바라고 믿었던 아브라함의 믿음"**이란 어떤 믿음입니까? 그 믿음은 바로 장차 오실 메시아가 자기의 모든 죄를, 즉 자기가 지금까지 지은 죄뿐만 아니라 앞으로 지을 죄까지도 포함한 평생의 죄를, 안수의 방법으로 단번에 넘겨받고 대속의 죽음을 죽어 주실 것이라는 약속의 말씀을 믿는 믿음이었습니다. 그 약속이 아브라함에게는 참으로 바랄 수 없는 일이지만 아브라함은 그러한 하나님의 구원의 약속을 믿었습니다. 그래서 아브라함이 모리아산에서 아들 이삭을 번제로 드리라는 명령에 순종할 때에, 이삭이 **"내 아버지여, 불과 나무는 있거니와 번제할 어린 양은 어디 있나이까?"** 하고 묻자, 아브라함은 **"아들아 번제할 어린 양은 하나님이 자기를 위하여 친히 준비하시리라"**(창 22:8)고 대답했던 것입니다.

"믿음으로 아벨은 가인보다 더 나은 제사를 하나님께 드림으로 의로운 자라 하시는 증거를 얻었"(히 11:4)습니다. 양의 첫 새끼의 머리에 안수하여 자기의 죄를 그 양에게 넘기고 그 양을 잡아 그 양을 기름과 함께 번제로 드린 아벨의 제사도 장차 오실 하나님의 **맏아들 예수 그리스도의 영원한 대속의 제사**를 바라보고 믿음으로 드린 제사였습니다. 하나님은 예수님께서 완성하신 **하나님의 의**를 믿는 자에게 **"죄 사함으로 말미암는 구원"**(눅 1:77)을 베푸시지만, 하나님이 보시기에 더러운 옷과 같은 자기의 의를 자랑하며 자기 의의 옷을 입고 하나님께로 나왔던 가인과 같은 자에게는 진노와 심판으로 갚아 주십니다. 그래서 하나님은 아벨의 제사는 기쁘게 받으셨지만 땅의 소산, 즉 자기의 공로와 의(義)를 들고 나온 가인의 제사는 받지 않으셨습니다. 이처럼 구약의 모든 의인들도 장차 오실 메시아께서 자기의 모든 죄를 온전히 담당해서 없애 주실 것을 멀리서 바라보며 믿고 죄 사함을 받았습니다.

다윗도 아벨이나 노아 그리고 아브라함의 믿음의 계보를 이어 받은 의인이었습니다. 자기가 지은 죄가 아무리 끔직하고 엄청나더라도 그 죄도 장차 이루실 **하나님의 의**(義) 안에서 이미 사함을 받은 죄인 줄을 다윗은 믿었습니다. 그렇지만 모든 죄의 사함을 받은 의인이라 할지라도 죄를 짓고 나면 하나님 앞에 담대함을 잃어버리고 하나님의 눈길을 피하여 숨게 됩니다. 엄청난 죄를 짓고서 그 죄과에 눌린 다윗은 분명히 그 죄까지 주님이 다 담당해서 없애 주신 것을 마음으로는 믿었지만, 그는 "주님 제가 비록 엄청난 죄를 지었지만 저는 의인입니다"라고 담대하게 고백할 수 없었습니다. 다윗은 바로 그런 심정이었습니다. 그래서 자기의 모든 죄를 없애준 주님의 구원의 도를 의지하고 상한 심령으로 하나님 앞에 나아가서 다시 한번 구원의 기쁨을 회복시켜 달라고 간절히 기도한 것이 바로 시편 51편의 말씀입니다.

다윗은 결국 자기가 저지른 엄청난 죄까지 이미 사해 놓으신 하나님의 **구원의 도**를 다시 한번 믿음으로 확인했습니다. 그래서 다윗은 하나님의 **구원의 도**를 확신하고 하나님 앞에서 구원의 기쁨을 다시 회복하고 부른 찬양의 노래가 바로 시편 32편의 찬송시입니다.

"허물의 사함을 얻고 그 죄의 가리움을 받은 자는 복이 있도다
마음에 간사가 없고 여호와께 정죄를 당치 않은 자는 복이 있도다
내가 토설치 아니할 때에 종일 신음하므로 내 뼈가 쇠하였도다
주의 손이 주야로 나를 누르시오니 내 진액이 화하여 여름 가물에 마름 같이 되었나이다 (셀라)

내가 이르기를 내 허물을 여호와께 자복하리라 하고 주께 내 죄를 아뢰고 내 죄악을 숨기지 아니하였더니 곧 주께서 내 죄의 악을 사하셨나이다 (셀라)

이로 인하여 무릇 경건한 자는 주를 만날 기회를 타서 주께 기도할찌라 진실로 홍수가 범람할찌라도 저에게 미치지 못하리이다

주는 나의 은신처이오니 환난에서 나를 보호하시고 구원의 노래로 나를 에우시리이다 (셀라)

내가 너의 갈 길을 가르쳐 보이고 너를 주목하여 훈계하리로다

너희는 무지한 말이나 노새 같이 되지 말찌어다 그것들은 자갈과 굴레로 단속하지 아니하면 너희에게 가까이 오지 아니하리로다

악인에게는 많은 슬픔이 있으나 여호와를 신뢰하는 자에게는 인자하심이 두르리로다

<u>너희 의인들아 여호와를 기뻐하며 즐거워 할찌어다 마음이 정직한 너희들아 다 즐거이 외칠찌어다</u>"(시편 32:1-11). 아멘!

이미 모든 죄의 사함을 받은 의인들에게는 시편 32편의 말씀이 "회개 기도를 하면 하나님이 그 죄를 사하신다"라는 회개 교리의 근거로 읽히지 않습니다. 다윗은 먼저 **자신이 죄악 중에 출생하였고 자기의 모친이 죄 중에 자신을 잉태했기 때문**에 자기는 죄를 지을 수밖에 없는 비참한 자라는 사실을 고백했습니다. 이렇게 지옥에 갈 수밖에 없는 자를 하나님께서 불쌍히 여기셔서 당신의 독생자를 보내 주실 것이고, 인간의 육신을 입고 이 땅에 오실 메시아는 인류의 모든 죄를 안수의 형식으로 단번에 담당해서 대속의 죽음으로 다 없애 주실 것이니, 자기는 하나님 앞에 아무 할 말이 없다는 것입니다. 다윗은 **주님** 앞에 자기가 죄 덩어리인 것을 토설(吐說)하고 "주님이 저를 의롭다고 하시면 의로운 것이고, 주님이

저를 정죄하시면 저는 지옥에 갈 수밖에 없는 자입니다. 주님, 다만 저에게 긍휼을 베풀어 주셔서 구원의 기쁨을 회복하게 해 주옵소서" 하고 기도했습니다. 그러자 하나님께서는 구원의 기쁨을 회복시키시고 움츠러들었던 다윗의 심령을 다시 일으켜 주셔서 그가 다시금 의의 길을 걷게 하셨습니다.

그래서 "**허물의 사함을 얻고 그 죄의 가리움을 받은 자는 복이 있도다 마음에 간사가 없고 여호와께 정죄를 당치 않은 자는 복이 있도다**"라고 시작한 이 다윗의 찬양시는 "**너희 의인들아 여호와를 기뻐하며 즐거워 할찌어다 마음이 정직한 너희들아 다 즐거이 외칠찌어다**" 하며 마무리합니다. 이렇게 의인들은 자범죄에 빠졌을 때에, 하나님 앞에서 자기는 근본 그렇게 죄를 지을 수밖에 없는 자인데 주님께서 자기와 같은 비참한 존재를 사랑하셔서 값없이 모든 죄에서 구원해 주셨다는 **진리의 원형복음**을 다시 한번 확인합니다. 그렇게 함으로써 의로운 심령을 회복하고 다시 빛의 자녀로서의 삶을 믿음으로 좇아갑니다. 이것이 **의인들의 자백기도**입니다.

칭의 교리의 허구성

기독교의 주요 교리 가운데는 칭의(稱義) 교리라는 것이 있습니다. "누구든지 예수님이 우리 죄를 대속하기 위해서 흘려 주신 십자가의 보혈의 공로를 믿고 의지하면 (마음에는 죄가 있더라도) 하나님이 그를 의롭다고 불러 준다"라는 교리(敎理)가 칭의(稱義) 교리입니다. 이런 교리는 사람이 짜 맞춘(fabricated) 논리일 뿐, 하나님의 말씀에 근거한 진리는 아닙니다. 교리(敎理)는 사람의 생각에서 나온 것이기 때문에 아무런 영적 능력이 없습니다. 그래서 칭의 교리를 믿어서 죄 사함을 받았다고 스스로 확신하는 사람들도, 하나님 앞에서나 사람들 앞에서 "나는 의인입니다"라고 담대하게 고백할 수 없습니다.

그러나 다윗은 죄 사함을 받은 의인이었기에 그렇게 엄청난 죄를 지은 후에도 진리의 복음 안에서 심령이 회복되어서 담대하게 자기의 모든 죄가 이미 사함을 받았음을 확신했습니다. 그래서 그는 그토록 완전한 의를 입혀 주신 하나님께 감사를 드리며 하나님의 행하신 일을 찬양할 수 있었던 것입니다. 이런 믿음의 자백이 시편 32편이 찬송 시입니다. 죄 사함을 받지 못한 죄인이 "회개 기도"를 드렸다고 해서 어떻게 "나는 의인입니다" 하고 담대하게 고백할 수 있겠습니까? 어떻게 다윗처럼 **"너희 의인들아 여호와를 기뻐하며 즐거워 할찌어다 마음이 정직한 너희들아 다 즐거이 외칠찌어다"**(시 32:11) 하며 하나님의 구원의 도를 찬양할 수 있겠습니까?

하나님의 구원의 도를 믿어서 죄 사함을 받고 거듭난 의인이라도 육신은 여전히 연약하기 때문에 죄를 짓습니다. 그리고 죄 사함을 받아서 마음에 죄가 없는 의인이 악을 행했다면 그것도 분명히 죄입니다. 의인도 죄를 짓고 나면, 믿음으로는 분명히 마음에 죄가 없지만, 하나님 앞에서 마음이 움츠러들고 의기소침해져서 "나 같은 자가 하나님께 어떻게 나아가겠나!" 하며 믿음에서 멀어질 수 있습니다. 사단 마귀는 거듭난 의인들이 세상의 유혹이나 육신의 욕망에 빠져서 죄를 짓게 함으로써, 그들이 하나님의 얼굴을 피하여 숨게 하고 끝내 복음을 믿는 믿음조차 포기하게 하려고 **"우는 사자같이 삼킬 자를 찾"**(벧전 5:8)고 있습니다.

제자들의 발을 씻기신 주님의 의도

거듭나지 못한 "기독죄인들"(Christian sinners)은 주님이 오늘의 본문에서 말씀하신 "**이미 목욕한 자는 발 밖에 씻을 필요가 없느니라 온몸이 깨끗하니라**"(요 13:10) 하신 말씀을 근거로 회개 기도의 교리를 옹호합니다. 그러나 이 말씀은 거듭난 의인들이 죄를 범했을 때에 그 죄를 물고 늘어져서 참소하는 사단 마귀의 밥이 되지 않도록 우리 주님께서 미리 놓아 주신 **예방주사의 말씀**입니다.

십자가에 달리시기 전날 밤, 예수님께서는 제자들과 함께 유월절 만찬(晚餐)을 잡수시던 자리에서 일어나 대야에 물을 담아다가 제자들의 발을 차례로 씻겨 주셨습니다. 베드로의 차례가 되자, 베드로는 "**주여 주께서 내 발을 씻기시나이까**" 하고 극구 사양했습니다. 그러자 주님께서는, "**나의 하는 것을 네가 이제는 알지 못하나 이후에는 알리라**"라고 말씀하셨습니다. 베드로는 도대체 스승이신 주님께서 왜 제자인 자기의 발을 씻어 주시려는지를 진정 몰랐기에, "**내 발을 절대로 씻기지 못하시리이다**" 하고 주님의 손길을 극구 만류했습니다. 그러자 예수님은 "**내가 너를 씻기지 아니하면 네가 나와 상관이 없느니라**" 하고 단호하게 말씀하셨습니다. 자기가 예수님과 상관이 없게 된다는 말에 놀라서 베드로는, "**주여 내 발뿐 아니라 손과 머리도 씻겨 주옵소서**" 하고 과잉반응을 했습니다. 그러자 예수님은 "**이미 목욕한 자는 발 밖에 씻을 필요가 없느니라 온몸이 깨끗하니라**"(요 13:10)고 말씀하셨습니다.

여러분이 이 말씀들을 제대로 이해하려면 "**나의 하는 것을 네가 이제는 알지 못하나 이후에는 알리라**"(요 13:7)고 하신 주님의 말씀에 초점을 맞춰야 합니다. 이후에 있었던 베드로의 행적을 살펴보면 주님이 왜 베드로의 발을 씻겨 주시면서 "(그렇게 베드로의 발을 미리 씻기신 뜻을 베드로가) 이후에는 알리라"라고 하셨는지 우리도 깨닫게 됩니다. 이 말씀을 하신 유월절 만찬의 자리에서 예수님께서는 제자들의 발을 씻기시고 나서, 당신이 제자들을 떠나갈 것을 알려 주셨습니다. 시몬 베드로가, **"주여 어디로 가시나이까"** 하고 묻자 예수께서, **"나의 가는 곳에 네가 지금은 따라올 수 없으나 후에는 따라오리라"** 라고 말씀합니다. 그러자 베드로는 **"주여 내가 지금은 어찌하여 따를 수 없나이까 주를 위하여 내 목숨을 버리겠나이다"** 하고 호기(豪氣)를 부렸습니다만, 주님은 **"네가 나를 위하여 네 목숨을 버리겠느냐 내가 진실로 진실로 네게 이르노니 닭 울기 전에 네가 세 번 나를 부인하리라"** 라고 싸늘하게 베드로에게 대답하셨습니다.

　이런 대화를 나눈 후에 주님께서는 제자들에게 여러 가지 당부와 교훈의 말씀을 하시고, 또 성령을 보내 주실 것을 약속하셨습니다. 그리고 주님은 제자들을 위해 기도하신 후에 기드론 시내 건너편 동산으로 가서 하나님 아버지께 할 수만 있으면 당신이 받을 고난의 잔을 피하게 해달라고 간절히 기도하셨습니다. 그리고 주님은 거기서 가룟 유다가 데려온 군대와 대제사장의 하인들에게 결박되어 대제사장의 집으로 잡혀가셨습니다. 주님의 말씀대로 주님의 제자들은 거의 다 도망을 쳤습니다. 어떤 제자는 그들에게 붙잡히게 되자 옷을 벗어 던지고 알몸으로 달아났습니다. 베드로는 다른 제자 하나와 같이 잡혀가는 예수님을 따라 대제사장의 집 뜰에 들어갔는데, 거기서 예수님의 예언의 말씀대로 베드로는 세 번이나 주님을 부인했습니다. **"저가 저주하며 맹세하여 가로되 내가 그 사**

람을 알지 못하노라 하니 닭이 곧 울더라"(마 26:74)고 기록된 말씀을 보면, 베드로가 마지막 세 번째로 주님을 부인할 때에는, 예수님을 저주하는 말까지 하면서 자기는 예수님을 맹세코 알지 못한다고 주님을 부인했음을 우리는 알 수 있습니다. 그 순간에 베드로의 눈과 고초를 당하시던 예수님의 눈길이 마주쳤습니다. 그때에 베드로는 **"오늘 닭 울기 전에 네가 세 번 나를 부인하리라"**라고 하신 주님의 말씀이 생각나서 밖으로 뛰쳐나가 심히 통곡했습니다 (눅 22:61-62). 이때에 베드로의 마음에는 주님께 대한 죄책감과 자기 자신에 대한 자괴감, 그리고 주님에게 두었던 모든 소망을 잃어버린 좌절감이 한꺼번에 덮어 왔습니다. 그리고 베드로는 자기 같은 자는 주님을 따를 자격도 없다는 자포자기의 심정이 되었습니다.

 예수님께서는 당신께서 예언하신 말씀대로 십자가에 못 박혀 돌아가셨습니다. 그리고 예수님의 열두 제자가 아닌 아리마대 사람 공회원 요셉이 로마 총독 빌라도에게 예수님의 시신을 장사 지내게 해달라고 요청하여, 자신의 무덤으로 쓰려고 파두었던 동굴에 예수님의 시신을 모셨습니다. 밤중에 예수님을 찾아왔던 니고데모도 몰약 등 장례용품을 준비해 와서 유대인의 장례법대로 그 향품과 함께 세마포로 예수님의 시신을 감싸 드렸습니다. 주님의 제자들은 다 도망갔고 요셉과 니고데모가 정성껏 주님의 시신을 수습하여 예수님의 장례를 치러 드렸습니다.

 주님의 시신조차 수습하지 못한 베드로의 마음은 예수님께 대한 죄책감과 자신에 대한 자괴감으로 더 깨어졌습니다. 부활하신 주님을 만나고서도 깨어진 그의 마음은 좀처럼 회복될 수 없었습니다. 자기는 쓰레기만도 못한 자이기에 이제는 주님을 따라갈 수도, 주님의 사랑을 받을 자격도 없는 자라고 베드로는 스스로를 자책하고 자기에게 낙인을 찍었습니다. **"주는 그리스도시요 살아계신 하나님의 아들이시니이다"**(마 16:16)라는 담대한 믿음의 고백으로 주님께로부터 칭찬받았던 그가, **"주여 내가 주와 함께 옥에도, 죽는 데도 가기를 준비하였나이다"**(눅 22:33) 하고 객기를 부렸던 그가, 예수님이 잡혀가시기 직전에는 용맹하게 칼을 뽑아 대제사장의 부하인 말고(Malchus)의 귀를 내리쳤던 그가, 이제는 죄책감과 자괴감에 빠져서 아무것도 할 수 없는 절망감으로 무력한 존재가 되었습니다.

베드로는 고난 당하던 주님 앞에서 자기의 밑바닥이 다 드러나는 죄를 짓고 자포자기의 상태에 빠져 버렸습니다. 그래서 베드로는 부활하신 주님을 만난 후에도 다시 갈리리 호수의 어부생활로 돌아갔습니다. 베드로는 **"사람 낚는 어부"**로 만들어 주신 주님을 떠나 다시 **"물고기 잡는 어부"**의 옛 생활로 돌아갔습니다. 다른 제자들의 마음도 베드로처럼 자포자기의 상태였습니다. 베드로가 **"나는 물고기 잡으러 가노라"**(요 21:3)고 말하자 다른 제자 여섯도 "우리도 함께 가겠다" 하고 함께 갈릴리 호수의 어부로 돌아갔습니다. 그들은 아무 소망도 없이 밤새도록 묵묵히 빈 그물질만 하고 있었습니다.

그런데 새벽녘에 예수님께서 호숫가에 서서 **"얘들아 너희에게 고기가 있느냐"** 하고 그들을 부르셨습니다. 제자들이 "없나이다" 하고 대답하자, 예수님은 **"그물을 배 오른편에 던지라 그리하면 얻으리라"**(요 21:6)고 말씀하셨습니다. 제자들이 그 말씀대로 배 오른편에 그물을 넌셨더니 그물을 들 수 없을 정도로 많은 물고기가 잡혔습니다. 3년 전 베드로가 예수님을 처음 만났던 날의 데자뷔

(Déjà vu)처럼 놀라운 일이 일어났습니다. 요한이 "주님이시다" 하고 외치자 베드로는 벗고 있던 겉옷을 몸에 두르고 먼저 바다로 뛰어들어서 주님께로 헤엄쳐서 갔고, 다른 제자들은 배로 그물을 끌고서 주님이 계신 곳으로 올라왔습니다. 주님께서 계신 곳에 올라와 보니, 주님이 숯불을 피워 놓고 그 위에 생선과 떡을 구워 놓았습니다. 그물을 육지에 끌어올리니 큰 물고기가 153 마리나 잡혔습니다. 예수님께서는 "지금 잡은 생선을 좀 가져오라"라고 하셨습니다. 이제 방금 잡은 생선도 구워서 식사 준비가 다 되었습니다. 예수께서 "와서 조반을 먹으라"라고 말씀하실 때까지 그곳에는 정적이 흘렀습니다. 제자들은 갈릴리 호수의 옛 생활로 도피한 자기들을 찾아오신 부활하신 주님 앞에서 얼굴을 들 수조차 없었습니다.

그렇게 함께 아침을 먹은 후에 예수께서 시몬 베드로에게 말씀하셨습니다.

"요한의 아들 시몬아 네가 이 사람들보다 나를 더 사랑하느냐 하시니 가로되 주여 그러하외다 내가 주를 사랑하는 줄 주께서 아시나이다 가라사대 내 어린 양을 먹이라 하시고

또 두번째 가라사대 요한의 아들 시몬아 네가 나를 사랑하느냐 하시니 가로되 주여 그러하외다 내가 주를 사랑하는 줄 주께서 아시나이다 가라사대 내 양을 치라 하시고

세번째 가라사대 요한의 아들 시몬아 네가 나를 사랑하느냐 하시니 주께서 세번째 네가 나를 사랑하느냐 하시므로 베드로가 근심하여 가로되 주여 모든 것을 아시오매 내가 주를 사랑하는 줄을 주께서 아시나이다 예수께서 가라사대 내 양을 먹이라

내가 진실로 진실로 네게 이르노니 젊어서는 네가 스스로 띠

띠고 원하는 곳으로 다녔거니와 늙어서는 네 팔을 벌리리니 남이 네게 띠 띠우고 원치 아니하는 곳으로 데려가리라"(요 21:15-18).

예수님은 자기의 의가 다 깨어진 베드로를 만나기 위해 갈릴리 호숫가에 오셨습니다. 자기의 의가 다 깨어진 자라야 **하나님의 의**를 온전히 의지하기 때문입니다. 누구든지 자기가 쓰레기만도 못한 자인 줄 알아야 비로소 하나님의 의만을 자랑하게 됩니다. 베드로는 자기의 악함과 연약함과 부족함의 밑바닥을 보고서 낙망해서 주님의 눈길을 피해 옛 생활로 돌아가려 했지만, 주님은 베드로에게 **하나님의 의가 얼마나 완전한지**를 깨닫게 해 주시려고 다시 그를 만나러 오셨습니다.

자, 이제 유월절 만찬 자리에서 주님께서 베드로에게 하신 말씀을 다시 기억해 봅시다. 베드로의 발을 씻겨 주려 하실 때에 베드로가 극구 사양하자 주님께서는 **"나의 하는 것을 네가 이제는 알지 못하나 이후에는 알리라"**라고 말씀하셨습니다. 이에 베드로가, "그러면 발뿐만 아니라 손과 머리도 씻겨 주세요" 하자 주님은, **"이미 목욕한 자는 발 밖에 씻을 필요가 없느니라 온몸이 깨끗하니라"**라고 말씀하셨습니다. 자기의 의가 다 깨어진 후에야 베드로는 "주님이 왜 자기의 발을 미리 씻겨 주셨는지"를 선명(鮮明)하게 깨달았습니다. 성자(聖子) 하나님이신 주님은 베드로가 당신의 면전에서 당신을 저주하고 맹세하며 부인하는 죄를 지을 것을 미리 아셨습니다. 그래서 베드로의 마음이 자신이 저지른 죄에 눌려서 침륜(沈淪)에 빠진 나머지 믿음의 길을 포기하고 멸망으로 떨어지지 않게 하시려고, 주님은 미리 그의 발을 씻어 주셨습니다. 주님께서는 베느로가 앞으로 지을 죄까지도 다 없애 놓았음을 이후에라도 깨닫게 하시려고 그의 발을 미리 씻어 주신 것입니다.

예수님께서 받으신 세례의 능력

주님께서 제자들의 발을 씻기신 **대야의 물**은 구약시대에 있어서 성막(聖幕)의 **물두멍에 담긴 물**을 계시합니다. 제사장들은 성막에 들어가고 나오며 하나님을 섬길 때에 물두멍의 물로 손과 발을 씻었습니다. 이 물두멍의 **"물"**은 **예수님께서 받으신 세례의 예표**입니다. 예수님께서 받으신 세례는 세상 모든 죄를 당신의 육체 위로 다 전가(轉嫁, 옮겨 심음)하신 구원의 사역입니다. 그래서 세례 요한에게 세례 베풀 것을 명하시면서, **"이제 허락하라 우리가 이와 같이 하여 모든 의를 이루는 것이 합당하니라"**(마 3:15)고 주님께서 말씀하신 것입니다. 세례는 머리에 손을 얹는 안수(按手)의 형식으로 베풀어집니다. 그리고 이 안수(按手)는 죄를 제물에게로 넘기는 하나님의 구원의 법입니다. 여자가 낳은 자 중에서 가장 큰 자, 즉 **인류의 대표자인 세례 요한**은 대제사장 아론의 후손이었습니다. 그가 인류의 모든 죄를 담당하려고 육신을 입고 오신 예수 그리스도의 머리에 안수의 형식으로 세례를 베풀었을 때에, 세상 모든 죄가 단번에 완벽하게 예수님의 육체로 넘어갔다고 성경은 기록하고 있습니다. 유다왕 히즈키야가 죽을 병이 들었을 때에 그는 자기의 병을 치유해 달라고 하나님께 간청하면서 동일한 구원의 믿음을 고백했습니다: **"보옵소서 내게 큰 고통을 더하신 것은 내게 평안을 주려 하심이라 주께서 나의 영혼을 사랑하사 멸망의 구덩이에서 건지셨고 나의 모든 죄는 주의 등 뒤에 던지셨나이다"**(사 38:17). 우리의 모든 죄를 주의 등 뒤로 던져서 십자가로 지고 가게 한 능력의 사역이 바로 **예수님께서 받으신 세례**입니다.

베드로가 당신을 세 번이나 부인하는 죄를 지을 것을 주님께서는 미리 아셨습니다. 또 주님은 그가 그런 죄를 지은 후에 스스로 죄책감과 자괴감에 빠져서 주님을 더 이상 따를 수 없게 될 것을 미리 아셨습니다. 그래서 예수님께서는 유월절 만찬을 잡수시던 자리에서 **"나의 하는 것을 네가 이제는 알지 못하나 이후에는 알리라"**라고 말씀하시면서 베드로의 발을 씻어 주신 것입니다. 베드로는 이제야 주님의 말씀을 분명히 깨닫게 되었습니다—자신이 주님의 면전에서 주님을 저주하며 맹세하면서까지 주님을 부인했던 그 죄도 이미 3년여 전에 주님께서 요단강에서 세례를 받으셨을 때에 주님께로 다 넘어갔고 주님께서 십자가에서 흘리신 피로 이미 다 갚아주신 죄라는 사실을!

자기의 의가 다 깨어진 자들은 자기의 모친이 자기를 죄 가운데서 잉태했기에 자기는 죄악 중에서 출생한 자이며 쓰레기만도 못한 자라고 주님 앞에 늘 시인할 수밖에 없습니다. 그렇게 자기의 비참한 실존(實存)을 인정하는 자라야 오직 **하나님의 의**만을 의지하고 하나님께서 자기에게 입혀 주신 **완전한 의**를 찬양하게 됩니다. **만물보다 거짓되고 심히 부패한 마음**(렘 17:9)으로 태어나서 날마다 죄를 줄줄 흘리며 살아갈 수밖에 없는 구제불능의 죄인을 모든 죄에서 단번에 거룩하게 씻어 주시려고, 구주 예수 그리스도께서 요단강의 세례를 받아 주셨고 십자가에서 대속의 피를 흘려 주셨습니다. 이와 같이 **물과 피의 복음**이 우리의 모든 죄를 눈같이 씻어 깨끗하게 없애 주었습니다. 이 진리의 복음을 믿어서 죄 사함을 받은 의인들은 혹시 죄를 짓고 연약함에 빠졌을 때에도 다시 예수님의 세례의 복음을 의지해서 심령의 깨끗함을 회복하고 일어나 다시 주님을 따라가게 됩니다.

이 진리의 **원형복음**만이 마음속에 줄기차게 흐르던 죄의 강물을 단번에 그치게 합니다. 여호수아의 인도를 받아 언약궤를 멘 제사장들이 믿음으로 요단강에 발을 디디는 순간, 제방 위까지 가득 차서 철철 흘러내리던 요단강 물은 저 멀리 **아담읍 변방에서부터 사해에 이르기까지** 단번에 말라붙었습니다. 아담에서부터 시작되어서 세상 종말까지 흘러갈 인류 전체의 죄의 강수(江水)가 요단강 한복판에 오셔서 세례를 받으신 예수 그리스도에게로 다 흘러 들어갔습니다. 요단강 한가운데서 세례 받은 우리의 구세주 예수 그리스도께서 인류의 모든 죄를 다 넘겨받아 주셔서 이 땅에 죄가 없게 되었고 인류에게 **"모든 의"**를 이뤄 주셨습니다.

주님은 받으신 세례로 세상의 모든 죄를 짊어지고 십자가로 가셔서 당신의 생명(피)으로 그 모든 죄의 대가를 다 지불하신 후에 **"다 이루었다!"**(요 19:30)라고 외치시고 숨을 거두셨습니다. 자, 그러면 진리의 복음인 **물과 피의 복음**을 진정으로 믿는 자에게 죄가 있습니까, 없습니까? 진리의 복음을 믿어 죄 사함을 받은 자들에게는 결코 정죄(定罪)함이 없다고 성경은 말씀합니다. **"그러므로 이제 그리스도 예수 안에 있는 자에게는 결코 정죄함이 없나니 이는 그리스도 예수 안에 있는 생명의 성령의 법이 죄와 사망의 법에서 너를 해방하였음이라"**(롬 8:1-2). 아멘! 또 성경은, **"이는 곧 물로 씻어 말씀으로 깨끗하게 하사 거룩하게 하시고 자기 앞에 영광스러운 교회로 세우사 티나 주름잡힌 것이나 이런 것들이 없이 거룩하고 흠이 없게 하려 하심이니라"**(엡 5:26-27)고 말씀하고, **"누구든지 그리스도와 합하여 세례를 받은 자는 그리스도로 옷 입었느니라"**(갈 3:27)고 선포합니다.

열두 해 동안이나 혈루병을 앓고 있었던 여인이 바로 저와 여러분입니다. 그녀는 자기의 죄의 병을 고치려고 수많은 의원들을 찾아다녔습니다. 이 종교 저 교단, 영험하다는 목사와 부흥사들을 찾아가서 자기의 치부를 내보이며 깨끗이 고쳐달라고 간청했지만, 사타구니를 타고 내리는 죄의 피고름은 절대 그치지 않았습니다. 저들이 한결같이 내려주는 처방은 "회개 기도를 많이 해서 그저 자주 씻고 병이 안 걸린 척하라"거나 "그냥 나았다고 확신하라"라는 것이었습니다. 성화 교리와 칭의 교리가 바로 그런 것입니다.

그러나 이 여인이 주님의 옷을 믿음으로 붙잡는 순간, 혈루 근원이 단번에 마르는 역사가 일어났습니다. 예수님의 옷은 **물과 피의 복음**으로 완성하신 **하나님의 의**(義)를 계시합니다. 사람이 단번에 죄 사함을 받고 의인되는 축복은 **물과 피의 복음** 안에만 있습니다. 이렇게 진리의 복음을 믿음으로 죄 사함을 받고 거듭난 자만이 의인(義人)이며 하나님의 자녀이고 성도(聖徒)입니다. 오늘도 죄 사함을 받지 못한 소경 인도자들이 마음에 죄가 있는 죄도(罪徒)들을 향해서, "성도 여러분, 오늘도 하나님 아버지의 모든 은혜와 축복이 성도 여러분의 심령 위에 넘치게 임하기를 예수 이름으로 축원합니다" 하고 공갈을 치고 있습니다. 저는 그들이 가증하기도 하고 불쌍하기도 합니다.

혹자는 "죄 사함 받은 자는 죄를 지어도 그 죄까지 이미 예수님이 가져갔기 때문에 마음에 죄가 없다고 한다면, 거듭난 자는 죄를 막 지어도 되겠네?" 하고 시비를 겁니다. 그러나 성경은 "결코 그럴 수 없다"라고 분명히 말씀합니다.

"그런즉 우리가 무슨 말 하리요 은혜를 더하게 하려고 죄에 거하겠느뇨 그럴 수 없느니라 죄에 대하여 죽은 우리가 어찌 그 가운데 더 살리요 무릇 그리스도 예수와 합하여 세례를 받은 우리는 그의 죽으심과 합하여 세례 받은 줄을 알지 못하느뇨 그러므로 우리가 그의 죽으심과 합하여 세례를 받음으로 그와 함께 장사되었나니 이는 아버지의 영광으로 말미암아 그리스도를 죽은 자 가운데서 살리심과 같이 우리로 또한 새 생명 가운데서 행하게 하려 함이니라"(롬 6:1-4).

예수님의 세례와 십자가의 피로 구성된 진리의 복음을 믿음으로 **죄 사함을 받은 의인들**은 예수님께서 세례 받으실 때에 자기의 옛사람이 예수님과 연합되었기 때문에 예수님이 돌아가실 때에 자기의 옛사람도 주님과 함께 죽었다는 사실을 믿습니다. 또한 부활하신 예수님 안에서 자신도 새 생명으로 다시 살아났기 때문에, 이제 자기는 새로운 피조물이 되었다는 진리의 말씀을 믿습니다. 그러니 새로 지으심을 입은 자들이 어찌 어두움의 일을 더 좋아하고 육신을 좇아 방종하는 것을 합리화하겠습니까? 며칠 전에 제 아들이 제법 비싼 운동화를 제게 사 주었습니다. 제가 다 떨어진 헌 운동화를 신고 있을 때에는 아무 곳에나 막 딛고 다녔는데, 새 운동화를 신고서는 진창을 밟아서 더러운 것이 묻지 않도록 더욱 조심하게 되었습니다. 이와 같이 거듭난 의인들은 하나님께서 흰 눈같이 의롭게 만들어 주신 마음을 더럽히지 않으려고 더욱 조심하고 죄를 멀리하게 됩니다.

혹자는 "그럼 모든 죄를 단번에 사함 받아서 의인되었다고 당신은 더 이상 죄를 짓지 않는다는 말이냐?"라고 항변할 것입니다. 이 또한 성경은 "물론 그렇지 않다"라고 분명히 말씀합니다: "**물은 예수 그리스도의 부활하심으로 말미암아 이제 너희를 구원하는 표니 곧 세례라 육체의 더러운 것을 제하여 버림이 아니요 오직 선한 양심이 하나님을 향하여 찾아가는 것이라**"(벧전 3:21). 우리가 **"물과 피의 복음"**을 믿어서 죄 사함을 받았어도 육신의 욕망과 죄의 본성은 여전히 우리의 육신에 남아 있습니다. 다만 우리의 모든 죄가 깨끗이 씻어졌고 우리의 심령이 거룩해졌기 때문에 우리의 마음에는 성령님이 임하셨습니다. 그래서 이제는 성령님의 도우심으로 우리가 하나님께서 기뻐하시는 뜻이 무엇인지를 깨닫게 되었고, 그 결과 우리가 선한 양심으로 하나님의 선한 뜻을 향해 나아가게 되었습니다.

의인들의 자백기도

"육체의 더러운 것을 제하여 버림이 아니요"(벧전 3:21)라는 말씀대로, 거듭난 의인들도 죄를 짓습니다. 하나님의 거룩하고 선한 율법에 비춰 볼 때에, 의인들도 마음으로, 말로, 행위로 죄를 짓습니다. 더러는 다윗처럼 엄청난 죄도 짓기도 합니다. 물과 피의 복음을 믿어 거듭났다고 해서 육체의 더러운 것이 제해진 것은 아니기 때문입니다. 그러면 의인이 죄를 지어서 마음이 무겁고 어두워질 때에, 그는 어떻게 해야 합니까?

첫째로 **의인은 정직하게 자기의 죄를 시인**해야 합니다. 그런데 "자기의 죄를 시인한다"라는 말은, "나는 이런 죄를 지었고 저런 죄를 지었으니 용서해 주십시오"라고 구체적인 죄를 열거하면서 하나님께 용서를 빌라는 뜻이 아닙니다. 다윗이 자기가 범한 죄를 인정하면서 자기가 근본 지옥에 갈 수밖에 없는 죄 덩어리임을 시인했듯이, "하나님, 저는 이렇게 쓰레기 같은 자입니다" 하고 자기의 근본 모습을 인정하라는 말씀입니다. "하나님, 이 죄만 용서해 주시면 다시는 죄를 짓지 않겠나이다" 하고 입에 발린 기도를 할 것이 아니라, 상한 심령으로 "하나님, 저는 이럴 수밖에 없는 자입니다" 하고 하나님 앞에서 정직하게 자기의 근본 모습을 인정하라는 뜻입니다.

그렇게 자기의 죄악을 인정하고 나서 우리 의인들은 곧바로 요단강으로 달려가야 합니다. 의인들은 이런 죄까지도 이미 다 담당하신 주님의 세례의 현장으로 곧장 달려가야 합니다. 인류의 대표자인 세례 요한이 예수님의 머리에 안수해서 세상 죄를 다 넘긴 그 현장으로 가서, 우리는 다시 한번 주님의 세례와 연합해야 합니다. 주님께서 받으신 세례로 우리의 죄의 몸이 예수님 안으로 들어가서 주님과 연합했다는 사실을 확인해야 합니다. 세상 죄를 지고 가신 주님이 십자가에서 **"다 이루었다!"** 하고 돌아가셨을 때에 나의 옛사람도 주님과 함께 십자가에서 죽었다는 사실도 확인해야 합니다. 그리고 주님께서 부활하실 때에 나도 주 안에서 새로운 영으로 부활했다는 사실도 믿음으로 확인해야 합니다. 그리하면 우리 의인들의 입술에서는 **하나님의 의**를 감사하고 찬양하는 고백이 저절로 흘러나옵니다. 그러면 우리 거듭난 의인들은 하나님의 변함없는 구원의 사랑을 다시 한번 확인하고 **"감사로 제사드리는 자"**(시 50:23)의 심령을 회복합니다. 의인들은 지옥에 갈 수밖에 없는 비천한 자에게 하나님의 완전한 의를 입혀 주신 은혜를 찬양할 수밖에 없습니다. 이렇게 자기의 근본 모습을 알고 하나님께 나아가는 자는 하나님의 인도와 보호하심을 더욱더 사모하고 간구하게 됩니다. 자기에게는 아무것도 선한 것이 없다는 것을 너무도 잘 알기에 오직 하나님의 의만을 의지하고 하나님의 보호와 인도하심만을 구하게 됩니다. 거듭난 의인들은 어린아이와 같은 심령으로 **"물과 피의 복음"**으로 이뤄 주신 **하나님의 의**만을 자랑하게 됩니다.

주님은 베드로에게 **"이미 목욕한 자는 발 밖에 씻을 필요가 없느니라 온 몸이 깨끗하니라"(요 13:10)고 말씀하셨습니다. 거듭난 의인들은 세례의 물두멍에 나아가서 자주자주 손과 발을 씻어야 합니다. 우리는 예수님께서 세례를 받으신 요단강에 자주 달려가야 합니다. 자기의 죄악된 모습을 볼 때마다 자기가 얼마나 악한 자인지를 시인하고 그 죄까지도 다 담당해 주신 주님의 세례를 다시 한번 되새김질하여야 합니다. 그래야 우리는 일절 깨끗한 마음으로 주님을 따라갈 수 있습니다. 이와 같이 **의인의 자백 기도**는 **죄인의 회개 기도**와 근본적으로 다릅니다.

저도 하나님 앞에서 영적으로 죽음의 나락에 떨어질 것 같은 때에, 저는 저의 근본이 죄 덩어리임을 마음 깊이 시인하고, 저의 모든 죄를 주님께서 세례로 다 담당하셔서 십자가의 피로 대속해 주신 진리의 복음을 다시금 되새깁니다. 하나님의 말씀을 기억하며 진리의 원형복음(原形福音)인 **물과 피의 복음**을 되새김질하면 저의 심령에 기쁨과 평안이 회복되고 **하나님의 의만**을 자랑하게 됩니다.

베드로는 큰 죄악을 저지르고 자기의 의가 다 깨어진 후에야 주님께서 자신의 발을 왜 씻어 주셨는지를 깨닫게 되었습니다. 그가 자기의 악한 모습에 절망한 나머지 다시 옛 생활로 돌아가서 영원한 멸망에 빠지지 않도록, 주님께서는 베드로에게 예방주사를 놓아주셨습니다. 그리고 주님께서는 베드로처럼 자포자기의 상태에 빠져서 풍랑이 이는 인생의 밤바다에서 아무 소망도 없이 빈 그물질만 하고 있는 당신의 백성들을 찾아오셔서 오늘도 똑같은 말씀을 들려주십니다. "너는 그럴 수밖에 없는 자이기에, 네가 앞으로 지을 죄까지도 내가 미리 다 씻어 놓았다"라고 주님은 우리들을 위로하고 격려하십니다. "내가 너를 얼마나 사랑하는지 너는 알고 있느냐? 내가 너의 모든 죄를 이미 세례로 다 담당했다. 사랑하는 자야, 죄의 자리를 털고 일어나서 나와 함께 가자. 포도원에는 꽃이 피었고 반구(산비둘기)의 노랫소리가 은은히 들리는구나!" 하시며 주님께서는 쓰러진 우리의 손을 잡아 다시 일으키십니다.

주님은 **"물과 피로 임"**(요일 5:6)하셔서 우리의 모든 죄를 완벽하게 없애 주셨습니다. 세례와 십자가로 **"한 영원한 제사"**(히 10:12)를 드려 주셔서 믿는 자들을 영원히 온전하게 구원하신 우리의 구주 예수 그리스도를 찬양합니다. 할렐루야!

당신의 외아들을 아낌없이 우리에게 보내 주셔서 구제불능의 죄 덩어리인 우리들이 모든 죄에서 단번에 정결케 되도록 **하나님의 의**를 입혀 주신 하나님 아버지를 찬양합니다. 할렐루야!

믿음으로 죄 사함 받은 의인들의 심령에 오셔서 하나님의 진리의 말씀으로 인도하시고 보호하시는 성령님을 찬양합니다. 할렐루야!

우리를 사랑하셔서 천국 영생의 선물을 주신 성부, 성자, 성령—성삼위(聖三位) 하나님을 찬양합니다. 할렐루야!

"이 뜻을 좇아
예수 그리스도의 몸을
단번에 드리심으로 말미암아
우리가 거룩함을 얻었노라"
(히 10:10)

종교인 11

무화과 나뭇잎으로 날마다 치마를 지어 입는 성화론자들

"여호와 하나님의 지으신 들짐승 중에 뱀이 가장 간교하더라 뱀이 여자에게 물어 가로되 하나님이 참으로 너희더러 동산 모든 나무의 실과를 먹지 말라 하시더냐

여자가 뱀에게 말하되 동산 나무의 실과를 우리가 먹을 수 있으나 동산 중앙에 있는 나무의 실과는 하나님의 말씀에 너희는 먹지도 말고 만지지도 말라 너희가 죽을까 하노라 하셨느니라

뱀이 여자에게 이르되 너희가 결코 죽지 아니하리라 너희가 그것을 먹는 날에는 너희 눈이 밝아 하나님과 같이 되어 선악을 알 줄을 하나님이 아심이니라

여자가 그 나무를 본즉 먹음직도 하고 보암직도 하고 지혜롭게 할만큼 탐스럽기도 한 나무인지라 여자가 그 실과를 따먹고 자기와 함께한 남편에게도 주매 그도 먹은지라 이에 그들의 눈이 밝아 자기들의 몸이 벗은 줄을 알고 무화과나무 잎을 엮어 치마를 하였더라"(창 3:1-7).

사단 마귀의 계략과 죄의 발원(發源)

사단 마귀는 하나님께서 영화로운 존재로 창조하신 영물(靈物)이었습니다. 그러나 교만한 그는 일부 천사들을 부추겨서 하나님을 대적했다가 하나님의 심판을 받고 이 땅으로 쫓겨난 자입니다(사

14:12-15). 그런 처지에 사단 마귀는 끝까지 하나님을 대적하려고 또 다른 계략을 꾸몄습니다. 즉, 사단 마귀는 하나님의 형상을 따라 창조된 피조물인 인간을 죄에 빠뜨려서, 인류가 자기와 함께 하나님을 대적하는 원수가 되게 하려는 계략을 펼쳤습니다. 그리고 그의 계략은 일단 성공했습니다. 첫 사람 아담과 하와는 사단의 거짓말에 홀딱 속아넘어가서 죄에 빠지게 되었습니다.

죄(罪)라는 말은 고대 그리이스어로 "하마르티아"(άμαρτία, hamartia)입니다. 이 말은 "판단의 실수 또는 과실"을 의미하며, 어원적으로는 "과녁을 벗어나다"(missing the mark)라는 뜻입니다. 과녁과 같이 분명한 하나님의 말씀에서 벗어난 모든 것이 죄입니다. 하나님의 명확한 말씀을 말씀 그대로 믿지 않고 그 말씀에서 벗어난 모든 생각과 주장과 행위가 죄입니다.

사단 마귀는 아담과 하와가 하나님의 정확한 말씀에서 벗어나게 하려고 치밀한 계략으로 연약한 인간에게 접근했습니다. 권투경기에서 보통 1회전은 탐색전입니다. 공이 울리고 권투경기의 첫 회가 시작되면 선수들은 상대방의 허점을 알아보기 위해 잽을 날려봅니다. 그렇게 해서 상대방의 약점을 파악하면 제2 라운드부터는 그 약점을 집중적으로 노려서 공격을 합니다. **"하나님이 참으로 너희더러 동산 모든 나무의 실과를 먹지 말라 하시더냐?"** 하고 사단 마귀가 잽을 한 방 날렸는데, 하와의 허점이 완전히 드러났습니다. 사단 마귀는 하와가 하나님의 말씀을 정확히 믿지 않아서 요리하기 쉬운 상대인 것을 확인하고 마음껏 하와를 요리하기 시작했습니다. 사단 마귀가 어떤 계략으로 하와를 공략했습니까?

첫째, 사단 마귀는 **"참으로"**라는 말에 힘을 주었습니다. 믿음은 하나님의 말씀을 **"확신"**하는 것입니다. 우리가 어떤 것에 대한 확신이 없을 때에, **"참으로"**라는 말로 흔들면 우리가 막연하게 믿었던 것에 대한 "의혹"이 일어납니다. 한밤중에 뺑소니 차량을 목격한 사람이 경찰서에서 조사를 받았습니다. 뺑소니 사건을 목격하기는 했는데, 이 목격자는 자기가 본 차량이 무슨 차종인지 자신이 없었습니다. 그런데 경찰이 여러 차의 사진을 보여 주며 "도대체 이 중에서 어떻게 생긴 차냐?"라고 다그쳐 묻자, 대충 한 차종의 사진을 지적하며, "이런 차 같았다"라고 진술했습니다. 그래서 사고가 난 지점의 다음 사거리에 있는 CCTV를 검색해서 그 시간대에 지나간 용의 차량을 찾아내서 그 차량의 운전자와 대질 심문을 했습니다. 용의자로 지목된 운전자가 "당신이 깜깜한 밤중에 본 차가 하얀 소나타라고 했다는데, 그 말이 **참으로** 맞느냐?" 하며 고함을 쳤습니다. 휙 지나간 차가 무슨 차인지 확신이 없었던 이 목격자는 점점 말꼬리가 흐려지면서, 나중에는 "솔직히 잘 모르겠다"라고 진술을 번복하고 맙니다. 분명한 확신이 없는 이에게 상대방이 **"참으로 맞냐"** 또는 **"정말로 맞냐"**라고 다그치면, 확신 없는 말을 했던 그 사람의 알량한 소신은 맥없이 무너지게 되어 있습니다.

사단 마귀는 둘째로, 하나님의 말씀을 약간만 변조해서 하와가 자기의 계략에 걸려들게 했습니다. 하나님이 아담과 하와에게 주신 말씀은, **"동산 각종 나무의 실과는 네가 임의로 먹되 선악을 알게 하는 나무의 실과는 먹지 말라 네가 먹는 날에는 정녕 죽으리라"**(창 2:16-17)는 말씀이었습니다. 에덴동산에는 수많은 과실나무들이 있었고, 동산 중앙에는 생명나무와 함께 선악을 알게 하는 나무가 있었습니다. 하나님의 말씀은 정확하게 "동산의 모든 나무 열매는 너희가 마음껏 먹어도 좋지만 동산 중앙에 있는 나무 중에서 선악을 알게 하는 나무의 열매만은 절대 먹지 말아라. 이 나무의 열매를 먹는 날에는 너희는 정말로 죽는다"라는 말씀이었습니다. 그런데 사단 마귀는 "하나님이 **참으로** 너희더러 동산 모든 나무의 실과를 먹지 말라 하시더냐" 하면서 하와를 공략했습니다. 하와는 바로 걸려들었습니다. 하와는, **"동산 나무의 실과를 우리가 먹을 수 있으나 동산 중앙에 있는 나무의 실과는 하나님의 말씀에 너희는 먹지도 말고 만지지도 말라 너희가 죽을까 하노라 하셨느니라"**(창 3:2-3)고 대답했습니다. 하와는 자기의 믿음이 형편없다는 사실을 자인(自認)한 것입니다.

이러한 하와의 대답은 하나님의 정확한 과녁과 같은 하나님의 말씀에서 3군데나 벗어난 것입니다.

첫째, 하와는 하나님께서 금한 것이 **"동산 중앙에 있는 나무의 실과"**라고 대충 뭉뚱그려서 제멋대로 믿었다는 것입니다. 동산 중앙에는 그 실과를 먹지 말라고 금하신 **"선악을 알게 하는 나무"**만 있는 것이 아니라, 그들이 마음껏 따먹어야 할 **"생명나무"**도 있었습니다. 이 생명나무는 예수 그리스도를 계시하고, 그 열매는 주님의 진리의 말씀을 의미합니다. 그리고 선악을 알게 하는 나무의 열매는 사람을 죽이는 사단의 거짓말들입니다. 우리를 살리는 말씀 바로 옆에는 사단 마귀의 온갖 거짓말이 진리인 듯 그럴듯하게 위장해서 "먹음직도 하고 보암직도 하게" 존재합니다. 사단 마귀는 종교 지도자들이라는 악한 나무들을 통해서 자기가 만든 선악의 가짜 기준들을 사람들에게 먹입니다. 그 나무와 열매도 겉보기에는 크게 이상해 보이지 않습니다. 생명나무의 열매와 모양은 거의 비슷한데, 무서운 독을 품고 있는 것이 바로 선악을 알게 하는 나무의 열매입니다.

"비슷하지만 다른 것"을 "사이비"(似而非)라고 합니다. 사람들은 전혀 다른 것에는 잘 속지 않습니다. 그런데 정교한 "짝퉁"에는 잘 속습니다. 참된 신앙과 겉모양은 거의 비슷한데 실제로는 그 내용이 다른 것이 사이비(似而非)입니다. 종교화된 기독교는 하나님의 말씀을 "비슷하지만 다른 것"으로 변질시켜서 대충 믿습니다. 성경은 **"죄의 삯은 사망"**(로마서 6:23)이라고 말씀합니다. 이 말씀은 "마음에 죄가 조금만 있어도 지옥에 간다"라는 뜻입니다. 그러나 기독교인들은 "마음에 죄가 있어도 예수님을 믿고 회개 기도를 하면 천국에 간다"라고 믿습니다. 이와 같이 기독교의 교리들은 하나님의 말씀에서 벗어난 것들이 많습니다. 사단 마귀가 자신의 온갖 거짓말들을 잘 조합하고 포장해서 화려한 "종합교리세트"로 만든 것이 바로 종교화된 기독교입니다.

둘째로, 하와는 하나님의 말씀에 자기의 생각을 더하는 죄를 지었습니다. 하나님은 **"선악을 알게 하는 나무의 실과는 먹지 말라 네가 먹는 날에는 정녕 죽으리라"**라고 말씀하셨습니다. 그런데 하와는 먹지 말라신 나무를 말씀 그대로 특정(特定)하지도 않았을 뿐 아니라, 하나님께서 **"동산 나무의 실과를 우리가 먹을 수 있으나 동산 중앙에 있는 나무의 실과는 하나님의 말씀에 너희는 먹지도 말고 만지지도 말라"**라고 대답했습니다. 하와는 하나님의 말씀에 자기의 생각을 첨가해서 믿었습니다. 사단 마귀가 노리는 것이 바로 이것입니다. 사단 마귀는 사람들이 하나님을 열심히 믿기는 하되 하나님의 말씀에 자기의 생각을 보태서 믿게 함으로써, 그들이 절대로 **"죄 사함으로 말미암는 구원"**(눅 1:77)을 받지는 못하게 합니다.

사단에게 속아서 **"선악을 알게 하는 나무 실과"**를 따먹고 하나님을 떠난 인간은 결국 사단 마귀의 온갖 거짓말을 참(진리)으로 여기게 되었습니다. 하나님께서 말씀하시는 선과 악의 기준에는 눈이 멀게 되었고, 마귀가 가르쳐 준 잘못된 기준으로 선과 악을 분별하는 데에는 눈이 밝아졌습니다. 하나님은 사단 마귀의 거짓말에 속은 자들에게, **"악을 선하다 하며 선을 악하다 하며 흑암으로 광명을 삼으며 광명으로 흑암을 삼으며 쓴 것으로 단 것을 삼으며 단 것으로 쓴 것을 삼는 그들은 화 있을찐저"**(사 5:20)라고 경고하십니다. 선악을 알게 하는 나무의 열매를 따먹은 결과, 인류는 선과 악, 광명과 흑암, 단 것과 쓴 것을 제대로 분별 못하고 오히려 그 모든 것이 뒤죽박죽된 혼돈에 빠지게 되었습니다. 그렇게 혼돈에 빠진 자들에게 **"화 있을찐저"**라고 하신 하나님의 말씀은 그렇게 혼돈된 선악의 기준을 끝까지 고집하면 지옥에 간다는 경고의 말씀입니다.

셋째로 하와는 **"동산 중앙에 있는 나무의 실과는 하나님의 말씀에 너희는 먹지도 말고 만지지도 말라 너희가 죽을까 하노라"**(창 3:3)고 사단 마귀에게 대답했습니다. 하나님은 **"선악을 알게 하는 나무의 실과는 먹지 말라 네가 먹는 날에는 정녕 죽으리라"**(창 2:17)고 말씀하셨습니다. 하와는 하나님께서 주신 진리의 말씀을 뭉뚱그려서 부정확하게 믿었을 뿐 아니라, 하나님이 "정녕 죽는다"라고 단언하신 말씀을 "죽을지도 모른다"라고 약화시켰습니다.

성경 말씀을 해석하는 과정에서, 사단 마귀의 종들은 하나님의 뜻을 변질시키거나 왜곡할 뿐 아니라 하나님의 기록된 말씀 자체를 변질시키는 작업을 지금도 계속하고 있습니다. 예를 들자면, 『공동번역성서』에서는 "의인"(the righteous)이라는 단어를 "옳은 사람"이라고 번역해 놓았습니다. "옳을 의"(義) 자에 "사람 인"(人) 자이니까 그렇게 번역해도 무방한 듯싶지만, "의인"과 "옳은 사람"

은 완전히 다른 개념입니다. "**의인**"은 하나님의 구원의 은혜를 입어서 죄 사함 받은 자를 지칭하지만, "**옳은 사람**"은 행실이 깨끗하고 바른 사람을 의미합니다. 사람은 모두 "**행악의 종자**"(사 1:4)이기 때문에, 하나님 앞에서 스스로 "옳은 사람"은 있을 수 없습니다. 그러므로 "옳은 사람"이란 저주를 받을 종교인의 대명사인 셈입니다. "바르게 살기 운동"이나 "사랑의 빵 나누기 운동"을 하는 사람들이 『공동번역성서』에 기록된 "**옳은 사람들**"의 범주에 들어가겠지만, 그들을 하나님의 은혜를 입어 마음에 죄가 전혀 없는 "**의인들**"이라고 부를 수 없습니다. 하나님의 말씀에 기록된 "의인"을 "옳은 사람"이라고 번역해 놓은 『공동번역성서』로는 사람들이 죄 사함으로 말미암는 구원의 축복은 받지 못하고, 기독교인들은 도덕적으로 칭찬이나 받는 종교인에 불과하게 됩니다. "옳은 사람"을 지향하는 기독교 종교인들은 사람들의 칭찬을 많이 받습니다. 그러나 주님은 "**모든 사람이 너희를 칭찬하면 화가 있도다 저희 조상들이 거짓 선지자들에게 이와 같이 하였느니라**"(눅 6:26)고 말씀하셨습니다.

사단 마귀가 말씀을 변질시키려고 어떤 시도를 하는지에 대해서 구체적인 예를 한 가지 더 들어보겠습니다. 마태복음 3장 13-15절에 기록된 예수님의 세례는, 주님께서 세상의 모든 죄를 단번에 담당하신 구원의 사역이며 이로 말미암아 하나님의 모든 의가 이루어진 **구원의 표**(벧전 3:21)입니다. 이 부분의 말씀을 『공동번역성서』와 『성경전서 개역한글판』을 비교해 보겠습니다.

"그 즈음에 예수께서 세례를 받으시려고 갈릴래아를 떠나 요르단 강으로 요한을 찾아오셨다. 그러나 요한은 '제가 선생님께 세례를 받아야 할 터인데 어떻게 선생님께서 제게 오십니까?' 하며 굳이 사양하였다.

예수께서 요한에게 '지금은 내가 하자는 대로 하여라. 우리가 이렇게 해야 하느님께서 원하시는 모든 일이 이루어진다.' 하고 대답하셨다. 그제야 요한은 예수께서 하자 하시는 대로 하였다"(공동번역 성서, 마태오복음 3:13-15).

"이 때에 예수께서 갈릴리로서 요단강에 이르러 요한에게 세례를 받으려 하신대 요한이 말려 가로되 내가 당신에게 세례를 받아야 할 터인데 당신이 내게로 오시나이까

예수께서 대답하여 가라사대 이제 허락하라 우리가 이와 같이 하여 모든 의를 이루는 것이 합당하니라 하신대 이에 요한이 허락하는지라"(성경전서 개역한글판, 마태복음 3:13-15).

히브리어나 고대 그리스어로 기록된 구약과 신약 성경을 원전(原典)에 가장 충실하게 번역한 성경으로 정평(正評)이 있는 『흠정역성경』(The King James Version)에는 마태복음 3장 15절의 말씀이 다음과 같이 기록되어 있습니다.

"And Jesus answering said unto him, Suffer it to be so now: for thus it becometh us to fulfill all righteousness. Then he suffered him"(Matthew 3:15, KJV). "예수님께서 그(세례 요한)에게 '지금 그렇게 행하라 그렇게 하면 우리가 모든 의를 이루게 된다'고 대답하셨다. 그러자 그가 예수님에게 세례를 베풀었다."

위에 열거한 성경 번역문들을 비교해 보면, 『흠정역성경』(The King James Version)의 모든 의(all righteousness)를 『성경전서 개역한글판』은 그대로 "모든 의"라고 번역했지만, 『공동번역

성서』는 "하느님께서 원하시는 모든 일"이라고 두루뭉술하게 번역했습니다. 그런데 이런 변질로 인해서 각 번역본을 믿는 결과에 있어서는 엄청난 차이를 초래합니다. **"우리가 이와 같이 하여 모든 의를 이루는 것이 합당하니라"**라고 하신 하나님의 말씀은, "예수님이 세례 요한에게 받은 세례로 세상 죄를 다 넘겨받았기 때문에 이 세상에는 모든 의가 이루어졌다"라고 분명히 말씀합니다. 그러나 사단 마귀는 『공동번역성서』를 번역하는 과정에 역사해서 이 부분을 **"지금은 내가 하자는 대로 하여라. 우리가 이렇게 해야 하느님께서 원하시는 모든 일이 이루어진다"**라고 변질시킨 것입니다. 사단 마귀의 종들은 **"모든 의"**를 **"하나님이 원하시는 모든 일"**이라고 모호하게 번역해서, 예수님이 세례를 받으신 것을 인간적인 미덕의 차원으로 희석시켜 버렸습니다. 즉, "예수님은 하나님의 아들이지만 인간인 세례 요한에게 세례를 받음으로 우리에게 진정한 겸손의 표양을 보여 주었다"라든지, "예수님은 이렇게 세례를 받음으로써 자신이 메시아임을 드러나게 하신 하나님의 뜻이 이루어졌다"라는 식의 인본주의적(人本主義的) 해석이 가능하도록 사단 마귀는 이 귀한 진리의 말씀을 훼손하고 변질시켰습니다.

그러나 주님은 **"이제 허락하라 우리가 이와 같이 하여 모든 의를 이루는 것이 합당하니라"**(마 3:15)고 정확하게 말씀하셨습니다. **"모든 의"**라는 말씀은 **"세상 죄"**의 상대어입니다. 세상의 모든 죄가 다 없어진 상태가 **"모든 의"**(all righteousness)입니다. **"모든 의"**는 오직 예수 그리스도께서 인류의 대표자인 세례 요한에게 안수의 형식으로 세례를 받으셔서 세상 죄를 단번에 넘겨받아야만 **합당하게** 이루어질 수 있는 상태입니다. 예수님께서는 세상 죄에서 우리를 온전히 구원하시려고 이 세상에 오셨습니다. 그래서 예수님께서는 "**이와 같이 하여**" 즉, 안수의 방식으로 세례를 받으셨습니다. "**이와 같이 하여**"라는 말씀의 그리스어 성경 원문은 "호우토스 가르"(οὕτως γὰρ, houos gar)인데, 이 말은 "꼭 이 방법으로만" 또는 "이 방법이 아니면 안 되는"이라는 의미입니다. 구약에 기록된 안수의 방식은 희생제물에게 죄를 넘기는 하나님의 공의한 대속(代贖)의 법이었습니다.

"**모든 의**"라는 『개역한글판 성경』의 말씀과 그 부분을 "**하느님께서 원하시는 모든 일**"이라고 번역한 『공동번역성서』의 번역의 차이는 생명나무의 열매와 선악을 알게 하는 나무의 열매와 같이 큰 차이가 있습니다. 그것들을 따먹었을 때에 각각 어떤 결과가 초래되었습니까? 그 결과는 거듭나서 정녕 영생을 얻느냐 혹은 정녕 죽느냐(지옥에 가느냐)로 나타납니다. 사단 마귀는 하와의 믿음이 형편없는 수준인 것을 확인하자 결정타를 한 방 날렸습니다: "**뱀이 여자에게 이르되 너희가 결코 죽지 아니하리라 너희가 그것을 먹는 날에는 너희 눈이 밝아 하나님과 같이 되어 선악을 알 줄을 하나님이 아심이니라**"(창 3:4-5). "**너희가 결코 죽지 아니하리라**"라는 말은 하나님의 말씀을 정면으로 부인하는 사단의 거짓말입니다. 사단 마귀는 한 걸음 더 나아가서, "**너희가 그것을 먹는 날에는 너희 눈이 밝아 하나님과 같이 되어 선악을 알 줄을 하나님이 아심이니라**"라고 하와를 속임으로써 하나님을 독선적인 거짓말쟁이로 만들었습니다. "하나님은 너희의 눈이 밝아져서 너희가 자기와 같이 될 것을 우려해서 너희에게 거짓말을 했고, 나(사단 마귀)는 너희 인간들이 신과 같이 높아지게 하려고 모든 위험을 무릅쓰고 진실을 밝히는 선한 존재이며 너희의 편이다"라는 거짓말로 사단 마귀는 하와를 유혹했습니다.

그러자 하와는 하나님의 말씀보다 사단 마귀의 거짓말을 더 신뢰하게 되었습니다. 하와는 그렇게 사단의 유혹에 넘어간 후, 미혹된 눈으로 선악을 알게 하는 나무의 실과를 쳐다보았습니다. "와! 내가 왜 지금까지 저걸 먹어 볼 생각조차 못했지? 저렇게 탐스럽고 맛있게 생겼는데?" 하며 하와가 금단(禁斷)의 열매를 따먹자, 마약처럼 순간의 쾌락과 만족이 찾아왔습니다. 그래서 그녀는 남편인 아담에게도 그 금단의 열매를 따주어서 먹게 했습니다. 이렇게 이 세상에 죄가 들어온 것입니다. 이 사건이 인류의 죄의 연원(淵源)입니다. 이로 인하여 아담의 후손인 모든 사람의 마음에 죄가 들어오게 된 것입니다. 그리고 그 죄로 말미암아 모든 인생은 숙명적으로 지옥의 사망에 들어가게 되었습니다—"이러므로 한 사람으로 말미암아 죄가 세상에 들어오고 죄로 말미암아 사망이 왔나니 이와 같이 모든 사람이 죄를 지었으므로 사망이 모든 사람에게 이르렀느니라"(롬 5:12).

범죄한 인간의 첫 번째 대응책: 무화과 나뭇잎으로 옷을 지어 입다

"이에 그들의 눈이 밝아 자기들의 몸이 벗은 줄을 알고 무화과 나무 잎을 엮어 치마를 하였더라"(창 3:7).

선악을 알게 하는 나무의 열매를 따먹은 인간은 사단 마귀가 주입한 **혼돈된 선악의 기준**을 갖게 되었습니다. 또한 그들은 자신의 벗은 모습을 부끄러워하게 되었고 그들은 수치를 가리려고 무화과 나뭇잎으로 치마를 해 입었습니다. 모든 종교는 자신의 죄를 스스로 가려보려는 노력의 산물(産物)입니다. 인간의 종교적 열심은 부지런히 무화과 나뭇잎으로 치마를 만들어서 입었던 아담과 하와의 행위에서 비롯된 것입니다. 새로 만든 치마는 그런대로 봐 줄 만합니다. 사람들은 서로 상대방의 치마를 바라보면서 칭찬도 하고 자기의 치마를 자랑하기도 합니다. 하루도 빠짐없이 새로운 치마를 만들어서 차려 입는 자들을 "성자"(聖者)라고 존경하면서 성자들이 행한 불굴의 신화(神話)들을 끊임없이 창조해 내놓는 곳이 종교의 세계입니다.

그러나 무화과 나뭇잎으로 만든 치마로는 자신들의 수치를 결코 가릴 수 없습니다. 전적인 죄인으로 전락한 인간은 자신의 죄를 가려보려고 온갖 노력을 다해 보지만 인간의 노력과 공로로는 자신의 죄를 결코 온전히 가릴 수 없습니다. 자기의 선행이나 열심이나 희생이나 봉사로 짜 입은 옷으로는 근본 죄 덩어리인 자신의 죄를 가릴 수 없다는 말입니다. 근본 죄 덩어리인 인간은, 죽을 때까지 죄를 지을 수밖에 없는 죄인이기 때문에, 하나님께서 입혀 주시는 가죽옷을 받아 입지 않고는 죄의 수치를 가릴 수 없습니다. 무화과 나뭇잎 옷은 별로 오래가지도 못합니다. 그래서 종교인들은 자고 일어나면 제일 먼저 자기의 나뭇잎 옷이 말짱한지부터 조사합니다. 그리고 그들은 새벽 기도로 그날의 옷을 새로 지어 입습니다. 어떤 때는 철야 기도나 금식 기도, 또는 산기도로 새 옷을 짓습니다. 그들은 봉사활동으로, 선교활동으로도 새 옷을 지어 입습니다. 그러나 아무리 새 옷을 지어 입어봤자 하루도 못되어서 그 옷은 거덜이 납니다.

그래도 종교인들은 절대 포기하지 않고 날마다 무화과 나뭇잎 옷을 새로 지어 입습니다. 그래서 종교생활을 제대로 하려면 피곤하기 그지없습니다. 그런데도 종교인들은 평생토록 그러한 헛고생을 마다하지 않습니다. 그리스 신화에 나오는 **시지프스의 비극**를 아십니까? 시지프스(Sisyphus)는 지옥의 신 하데스에게 밉보여서 큰 바위를 높은 산꼭대기까지 밀어올리는 영원한 형벌을 받았습니다. 하데스는 시지프스가 온 힘을 다해 그 큰 바위를 높은 산꼭대기까지 밀어올려 놓으면, 그 바위가 산정(山頂)에 닿은 순간 다시 산 밑으로 굴러떨어지도록 그의 형벌을 정해 놓았습니다. 그래서 시지프스는 영원토록 바위를 밀어올려야만 했습니다. 다시 굴러떨어질 것을 뻔히 알면서도 산 위로 바위를 밀어올려야 하는 영겁(永劫)의 형벌(刑罰)과 같은 것이 종교인들이 자초한 형벌입니다. 그들은 새로운 무화과 나뭇잎 옷을 죽을 때까지 날마다 짜 입어야 하는 절망적이고 저주스러운 삶을 스스로 택한 것입니다.

가인의 길로 가지 말라

성경은 모든 종교인들의 시조(始祖)로 가인을 지목하며, **"가인의 길로 가지 말라"**(유 1:11)고 말씀합니다. 가인(Cain)은 땅의 소산으로 하나님께 제사를 드렸습니다. 가인은 자신의 공로(功勞), 즉 자신의 노력의 결실을 들고 나가서 하나님께로부터 의롭다는 인정을 받고자 했습니다. 하나님께서는 그러한 가인의 제사를 받지 않으셨습니다.

그러나 **"양의 첫 새끼와 그 기름으로 드린"** 아벨의 제사는 하나님께서 열납(悅納-기쁘게 받으심)하셨습니다. 아벨의 제물은 그의 믿음이 하나님 앞에서 바른 믿음이었음을 증거합니다. 아벨은 자기가 지옥에 가야 할 죄 덩어리임을 시인하고, 자기의 죄를 사함 받을 유일한 길은 오직 양의 첫 새끼로 오실 하나님의 아들을 믿는 길밖에는 없다고 확신했습니다. 그는 장차 오실 어린양이 단번에 드릴 영원한 속죄의 제사를 바라보면서, **"양의 첫 새끼와 그 기름으로"** 믿음의 제사를 드렸습니다. 그는 하나님께로부터 가죽옷을 받아 입은 아담의 믿음을 이어받아서, 예수님이 자신을 드려 단번에 마련해 주실 **영원한 의의 가죽옷을 입은** 자가 되었습니다.

도대체 종교인들은 왜 그렇게 고달프고 절망적이며 비참했던 시지프스(Sisyphus)처럼 평생 동안 죽도록 수고하여 **무화과 나뭇잎 옷**을 지어 입어야 하는 종교의 노선을 끝까지 가려고 고집을 부리는 것일까요? 왜 그들은 끝내 무화과 나뭇잎 옷을 벗어 버리지 못해서 하나님께서 친히 만드셔서 거저 주시는 **가죽옷**을 믿음으로 받아 입기를 거부하는 것일까요? 그 이유는 그들이 자기의 실체(實體)에 대해서 잘못 이해하고 있기 때문입니다. 그들은 자기가 죄를 별로 짓지 않는 훌륭한 사람, 부족한 부분이 조금 있지만 비교적 괜찮은 사람, 조금만 노력하면 거의 온전해질 수 있는 사람이라고 착각을 하고 있습니다. 즉 그들의 문제는 **진단의 오류**에서 비롯되었습니다.

의사들이 진단을 잘못해서 일어난 의료사고가 참으로 많습니다. 우리나라에서는 의사들의 오진율이 거의 50%에 이른다는 기사(記事)를 본 적이 있습니다. 진단과 처방(diagnosis and remedy)은 불가분의 관계입니다. 올바로 진단하면 올바른 처방이 나오고, 오진(誤診)으로 인한 그릇된 처방은 환자를 사망에까지 이르게 합니다. 진단이 제대로 나와야 그에 합당한 처방을 해서 병이 치료되는 것인데, 오진율이 그렇게 높으니 오진(誤診)으로 인한 사망사고도 많을 수밖에 없습니다. "우리나라 사람들은 다 의사"라는 우스갯소리가 있습니다. 많은 이들이 자가진단을 하고 처방도 스스로 다 내립니다. 의약분업이 법제화(法制化)되기 전에는 사람들이 자기의 병에 대해서 스스로 진단하고 처방을 내리고는 약국에 가서 약사에게 ○○약을 달라고 구체적으로 주문하는 사례가 많았습니다.

종교의 세계에서도 그런 일이 많이 일어납니다. 많은 사람들이 영적으로도 자가진단(自家診斷)을 하고 스스로 처방을 자신 있게 내립니다. 그런데 선악을 알게 하는 나무 열매를 따먹은 결과 사람들은 **"선악의 기준이 전도(顚倒)된 눈"**으로 자가진단을 하는데, 과연 그런 진단이 올바른 진단일 수 있겠습니까? 혼돈된 인간의 기준으로 자가진단을 하면 그 진단은 100% 잘못될 수밖에 없습니다. 자기 자신이 영적으로 어떤 상태인지를 제대로 진단하지 못하면 스스로 내린 엉뚱한 처방으로 자기의 영혼을 더욱더 비참하게 만들고 끝내는 죽이게 됩니다.

오직 하나님만이 "우리가 근본 어떤 자인지"에 대해 올바른 진단의 말씀을 내려 주십니다. 성경은 **"만물보다 거짓되고 심히 부패한 것은 마음이라 누가 능히 이를 알리요마는 나 여호와는 심장을 살피며 폐부를 시험하고 각각 그 행위와 그 행실대로 보응하나니"**(렘 17:9-10)라고 말씀합니다. 사람은 그 마음이 죄로 썩어 문드러졌을 뿐만 아니라 거짓되어서 외식(外飾)과 위선(僞善)을 떠는 데에도 전문가들입니다. 종교지도자와 정치인들을 보십시오. 외식과 위선으로 양의 탈을 쓰고 있지만 속에는 노략질하는 늑대들입니다. 그런 판단을 하는 저 자신도 또한 사람입니다. 그러니 저도 **"만물보다 거짓되고 심히 부패한 마음"**의 소유자입니다. 다만 대부분의 사람들은 사단이 속여놓은 혼돈된 눈으로 자기를 두둔하기 때문에, 자기의 악한 모습을 제대로 보지 못하고 자신이 "그래도 내가 다른 이들보다는 낫다"라는 잘못된 확신을 갖고 있다는 것이 문제입니다.

　자기가 비교적 괜찮은 사람이라고 진단한 사람들은 어떤 종교든지 종교인의 길을 택합니다. 그러나 사단 마귀의 거짓말에 속아서 선과 악이 혼돈된 자기의 생각을 부인하고 하나님의 말씀 앞에서 자신을 정직하게 바라보는 자들은 자기가 죄 덩어리임을 깨닫고, 날마다 무화과 나뭇잎으로 치마를 지어 입어야 하는 종교인의 길을 포기합니다. 그리고 하나님께서 선물로 지어 주신 가죽옷을 감사함으로 받아 입습니다. 자기가 쓰레기만도 못한 죄 덩어리임을 자인(自認)하는 자들은 자기의 의의 옷을 거지발싸개로 여겨서 벗어버리고, 하나님께서 완성하셔서 거저 주시는 **의의 가죽옷**을 감사함과 기쁨으로 받아 입습니다.

　임금님의 혼인잔치에 초대받은 사람 중에도 임금님이 내어 준 예복(禮服)을 끝까지 입지 않은 자가 있었습니다. 아들의 혼인잔치의 주인이신 하나님께서는 "내가 정성껏 지어 입은 무화과 나뭇잎 옷이 뭐 어떻다고 이 옷을 벗고 예복을 입으라느냐?"라고 무도하게 항변하는 자를 바깥 어두운 곳으로 내쫓으라고 엄히 명령하십니다.

　당신은 아직도 자신이 지어 입는 무화과 나뭇잎 옷을 소중하게 여기며, 날마다 나뭇잎 옷을 새로 지어 입겠습니까? 가인처럼 땅의 소산으로 제물을 삼아 하나님께 나아가는 자는 하나님의 진노의 심판을 면할 길이 없다는 점을 명심하십시오. 하나님께서 기독교 종교인들의 영안(靈眼)을 밝혀 주셔서 사단의 계략에서 벗어나게 하시고 진리의 복음 안에서 **"죄 사함으로 말미암는 구원"**(눅 1:77)을 얻게 하시기를 기도합니다.

　아멘!

신앙인 11

하나님께서 만들어 주신 가죽옷을 입은 자들

"이에 그들의 눈이 밝아 자기들의 몸이 벗은 줄을 알고 무화과 나무 잎을 엮어 치마를 하였더라"(창세기 3:7).
"여호와 하나님이 아담과 그 아내를 위하여 가죽옷을 지어 입히시니라"(창세기 3:21).

인터넷으로 "종교와 신앙"이라는 문구를 검색해 보면, 여러 질문과 답변들을 발견할 수 있습니다. 물론 사회학적 관점에서 "종교와 신앙"의 개념적 차이를 서술하려고 한다면 그것만으로도 한 권의 책이 될 수 있습니다. 그러나 지금 우리는 논점을 좁혀서 "기독교 안에서의 종교인과 신앙인"이라는 주제로 하나님의 말씀을 상고하고 있습니다. 오늘 제가 위에 제시한 두 성경 구절은 기독교 안에서의 "종교인과 신앙인"이 어떻게 다른지를 가장 극명하게 대비시켜 주는 하나님의 말씀입니다.

영국의 사회학자 허버트 스펜서(Herbert Spencer)는 "사람은 삶이 두려워서 사회를 만들었고 죽음이 두려워서 종교를 만들었다"라고 말했습니다. 맞습니다. 스펜서의 말대로 종교(宗敎)는 인간이 만든 것입니다. 아담과 하와는 죄를 짓고 나서 자기들이 벗은 것을 알고 무화과 나뭇잎을 엮어 옷을 만들어 입었습니다. 이 옷은 인간제(人間製) 옷이었습니다. "만들 제"(製) 자에는 옷 "의(衣)"자가 들어가 있습니다. 한자에는 신기하게도 성경의 진리와 상통하는 부분이 많이 있습니다. 예를 들어 마태복음 3 장 15 절에 기록된 **"모든 의"**라는 말씀에서 "의" 자는 "옳을 의"(義) 자입니다. 그런데 옳을 의(義) 자는 "양 양"(羊) 자 밑에 "나 아"(我) 자를 합한 것입니다. 우리가 하나님께로부터 의롭다 함을 받을 수 있는 길은 "오직 우리가 아벨처럼 어린양의 공로를 믿음으로 받들고 나가는 길" 밖에 없다고 "옳을 의(義)" 자는 밝히고 있습니다.

의(義)에는 "하나님의 의"와 "인간의 의"가 있습니다. 신앙(信仰)은 하나님의 의를 우러러보고 믿는 것이고, 종교(宗敎)는 인간의 의를 높이고 추구합니다. **하나님의 의**는 어린양이신 예수 그리스도께서 자신을 제물로 삼아 **"한 영원한 제사"**(히 10:12)를 드려 주심으로써 우리에게 만들어 주신 **"가죽옷"**입니다. 이 가죽옷은 오래 입어도 절대로 해지지 않는 하나님제(製) 옷입니다. 이 가죽옷은 우리의 수치를 영원토록 완전하게 가려 줍니다.

그러나 무화과 나뭇잎 옷은 인간이 수고해서 만든 인간제(人間製) 옷입니다. 그 옷은 구멍이 숭숭 뚫려서 사람의 수치를 제대로 가리지 못합니다. 나뭇잎 옷은 수명도 짧습니다. 무화과 나뭇잎 옷은 기껏해야 하루도 못 가서 여기저기 구멍이 숭숭 뚫리고 거덜이 납니다. 그나마 그 옷이 쉽게 거덜이 나지 않게 하려면 몸을 조신하게 움직이고 웬만하면 가만히 있어야 합니다. 그래서 모든 종교의 수도자들은 가만히 들어앉아서 명상이나 참선을 많이 합니다. 세상 가운데 살아가면서 사람들과 서로 부딪히다 보면 죄를 짓게 되어 있기 때문에 그들은 아예 수도원이나 산중 암자로 도피하는 것이 낫다고 확신합니다. 예쁜 여자를 보면 음란한 마음이 일어납니다. 만원 버스 안에서 누가 내 발을 밟으면 화가 나고 욕이 나옵니다. 골목길에 가방이 떨어져 있는데 열어 보니 5 만 원짜리 돈다

발이 꽉 차 있습니다. 그러면 도둑질하는 마음이 올라옵니다. 그래서 신실한 종교인들은 더 이상 죄를 짓지 않으려고 사회와 단절하고 산속이나 폐쇄된 골방으로 피해 들어갑니다.

 불교의 수도자들만 그렇게 산속으로 피신한 것이 아닙니다. 가톨릭교회에서 수도원 운동의 시조(始祖)로 추앙하고 있는 주상고행자(柱上苦行者) 시몬 (Simon the Stylite)의 이야기를 들어보셨을 것입니다. 그는 죄를 멀리하기 위해서 벽돌로 좁은 기둥을 쌓고 그 꼭대기에 앉아서 37년간 수도생활을 했습니다. 시몬 자신은 그렇게 고행을 해서 세상 사람들의 추앙을 받고 명성을 얻었겠지만, 그 밑에서 밥 수발, 똥 수발, 옷 수발을 든 사람들은 무슨 명성을 얻었습니까? 웃기는 일이 아닙니까? 그래도 그렇게 해서라도 무화과 나뭇잎 옷을 최대한 오래 입은 자를 추앙하는 것이 인간의 의를 추구하는 종교의 본색(本色)입니다.

 오늘날의 한국 불교에서 성자(聖者)라고 존경을 받았던 성철 스님은 또 어떻습니까? 성철 스님의 본명은 이영주(李英柱)입니다. 이 사람은 결혼하여 딸 하나를 낳은 후 25세에 출가하여 10년 동안의 동구불출(洞口不出: 암자 밖으로 나서지 않음)과 8년간의 장좌불와(長坐不臥: 눕지 않고 앉아서 수양함)로 불자(佛者) 수행(修行)의 최고 경지에 이르렀다는 칭송을 받았습니다. 그가 남긴 유품이라고는 누더기 한 벌과 달아빠진 고무신, 지팡이 한 개, 삿갓 하나가 전부였다고 하니 절제된 그의 삶이 얼마나 검소했는지를 알 수 있습니다. 그는 입을 열면 죄를 지으니 입을 열지 않는 것이 상책(上策)이라는 취지의 설법을 자주 했습니다. 맞는 말입니다. 그의 가르침을 살펴보면 그는 정직한 사람이었던 것 같습니다. 그러나 성철 스님은 한평생 무화과 나뭇잎 옷을 지어 입으며 자기의 수치를 가려 보려고 노력한 자의 전형(典型)입니다. 죽음을 앞두고 지은 그의 열반송(涅槃頌)에서 그는 자기의 모든 수고가 헛되고 거짓되었음을 인정하고 있습니다.

生平欺狂男女群(생평기광남녀군)
彌天罪業過須彌(미천죄업과수미)
活陷阿鼻恨萬端(활함아비한만단)
一輪吐紅掛碧山(일륜토홍괘벽산)
일생 동안 남녀의 무리를 속였으니
하늘을 넘치는 죄업은 수미산보다 더하도다
산 채로 무간지옥에 떨어져서 그 한이 만 갈래이리
둥근 해는 붉음을 내뿜으며 푸른 산에 걸렸도다

성철 스님이 자기의 죽음을 앞두고 지었다는 이 열반송을 읽어 보면, 이분은 심령이 정직한 사람인 것을 알 수 있습니다. 자기가 많은 사람에게 추앙을 받았지만, 스스로 자신을 정직하게 들여다보면 자기는 많은 사람을 속인 거짓된 존재라고 시인했습니다. 성철 스님은 자기의 연약이나 악함을 깨닫고서 하나님께 긍휼을 바랐어야 했는데, 그는 끝까지 자기를 치며 수도를 해서 인간의 의를 세우려 했기 때문에 주님을 만날 수 없었습니다. 인간의 절제와 수도, 희생과 공로로 만들어 입은 인간제(人間製) 의(義)의 옷은 하나님께서 보시기에 더러운 옷과 같습니다. 그런데도 사람들은 자기에게 무슨 쓸 만한 것이 있다고 착각하고 자신을 조금만 더 갈고 닦으면 완선한 의(義)의 경지에 이를 수 있다고 착각합니다. 무화과 나뭇잎 옷으로도 자신의 수치를 완전히 그리고 영원토록 가릴 수 있다는 것은 착각이며 교만입니다. 그런 종교인은 자신의 참모습을 모르기 때문에 그런 착각에서 벗어나지를 못합니다.

창세기 4장의 말씀은 종교인과 신앙인이 어떻게 다른지를 극명하게 대비시켜 줍니다.

"아담이 그 아내 하와와 동침하매 하와가 잉태하여 가인을 낳고 이르되 내가 여호와로 말미암아 득남하였다 하니라 그가 또 가인의 아우 아벨을 낳았는데 아벨은 양 치는 자이었고 가인은 농사하는 자이었더라 세월이 지난 후에 <u>가인은 땅의 소산으로 제물을 삼아 여호와께 드렸고 아벨은 자기도 양의 첫 새끼와 그 기름으로 드렸더니</u> 여호와께서 아벨과 그 제물은 열납하셨으나 가인과 그 제물은 열납하지 아니하신지라 가인이 심히 분하여 안색이 변하니 여호와께서 가인에게 이르시되 네가 분하여 함은 어찜이며 안색이 변함은 어찜이뇨 네가 선을 행하면 어찌 낯을 들지 못하겠느냐 선을 행치 아니하면 죄가 문에 엎드리느니라 죄의 소원은 네게 있으나 너는 죄를 다스릴찌니라"(창 4:1-7).

"도대체 왜 하나님은 가인의 제사는 받지 않으시고 아벨의 제사는 기쁘게 받으셨나? 가인은 농사짓는 자였고 아벨은 양치기였으니 각각 자기의 소산(所産)으로 제물을 삼아 제사를 드리는 것은 당연한 일이 아닌가?"—저는 청소년 시절부터 이런 의문을 가졌었고, 그 의문의 답을 얻으려고 많은 이들에게 묻기도 하고 주석서들도 찾아보았지만 만족할 만한 해답을 얻지 못했습니다. 사람들은 그렇게 하신 하나님의 뜻을 이해하지 못해서, 결국 하나님을 "편애하시는 하나님" 또는 "구원받을 자와 구원받지 못할 자를 예정(豫定)하시는 독단적인 하나님"으로 치부해 버리는 경우가 많습니다. 이삭의 두 아들 에서와 야곱이 그들의 어머니 리브가의 뱃속에서 있을 때에, 즉 그들이 태어나기도 전이라 아직 무슨 선이나 악을 행하기도 전에, 하나님께서는 **"큰 자는 어린 자를 섬기리라"**(창 25:23)고 말씀하셨습니다. 그 말씀을 근거로 기독교인들은 "예정설" 즉 "무조건적 선택설"이라는 교리를 믿습니다. 종교인들은 가인과 아벨에 관한 의문도 "예정설"이라는 교리로 편리하게 정리해 버리고 맙니다. 하나님은 독단적으로 그리고 무조건적으로 어떤 자는 택하고 어떤 자는 버리기로 작정하셨기 때문에, 피조물인 인간은 하나님의 주권적 선택에 대해서 문제 삼을 수 없다는 것입니다. 토기장이가 같은 흙덩어리를 가지고 어떤 그릇은 귀하게 쓸 그릇으로 어떤 그릇은 천하게 쓸 그릇으로 만들었다고 해서, 그릇이 토기장이를 비난할 수 없는 것과 마찬가지라는 주장입니다.

하나님은 진정 일방적으로 그리고 무조건적으로 천국 영생에 들어갈 자와 지옥에 보낼 자를 예정해 놓았을까요? 그렇다면 "하나님은 불의(不義)하다"라는 말인데, 정말 하나님이 불의하십니까? 사람은 불의하지만 하나님은 선하고 공의(公義)하십니다. 하나님은 공평하고 자비로우십니다. 그러면 하나님께서 왜 가인과 그의 제물은 받지 않으시고 아벨과 그의 제물은 기뻐 받으셨을까요? 그 둘이 드린 제물의 차이에서 그 해답을 발견할 수 있습니다. 하나님은 **"믿음으로 아벨은 가인보다 더 나은 제사를 하나님께 드림으로 의로운 자라 하시는 증거를 얻었으니 하나님이 그 예물에 대하여 증거하심이라 저가 죽었으나 그 믿음으로써 오히려 말하느니라"**(히 11:4)고 말씀하십니다.

가인은 **"땅의 소산"**으로 예물을 삼았고 아벨은 **"양의 첫 새끼와 그 기름"**으로 예물을 삼아 하나님께 예배를 드렸습니다. 하나님께서 흙으로 사람을 만드시고 그 코에 생기를 불어넣어서, 사람이 생령(生靈)이 되게 하셨습니다. 성경에서 땅 또는 흙은 "사람의 육신"을 의미합니다. 따라서 **"땅의 소산"**이란 육신의 노력으로 얻어진 결과물, 즉 **"인간의 의와 공로"**를 의미합니다. 종교란 인간이 자기를 쳐서 연단시키고 선행과 희생으로 얻은 공로를 들고 신에게 나아가서 신으로부터 인정과 구원을 받으려는 삶의 유형을 의미합니다. 어떤 율법사가 예수님에게, **"선생님, 내가 무엇을 하여야 영생을 얻으리이까?"** 하고 물었는데, 그 율법사처럼 **"인간이 무엇을 해서"** 영생을 얻고자 하는 노선이 바로 종교입니다.

종 교	신 앙
무화과 나뭇잎 옷	가죽옷
인간이 만든 것	하나님이 주신 것
인간의 의	하나님의 의
금방 해짐	영원함
상대적	절대적
거짓됨 (僞善)	참됨 (眞理)
가인의 제사	아벨의 제사
땅의 소산을 드림	양의 첫 새끼와 그 기름을 드림
자기를 높이는 자들	자기를 낮추는 자들
행위	믿음

또한 아래 말씀도 "종교"와 "신앙"의 두 노선이 어떻게 다른지를 극명하게 보여 줍니다: **"두 사람이 기도하러 성전에 올라가니 하나는 바리새인이요 하나는 세리라 바리새인은 서서 따로 기도하

여 가로되 하나님이여 나는 다른 사람들 곧 토색, 불의, 간음을 하는 자들과 같지 아니하고 이 세리와도 같지 아니함을 감사하나이다 나는 이레에 두 번씩 금식하고 또 소득의 십일조를 드리나이다 하고 세리는 멀리 서서 감히 눈을 들어 하늘을 우러러 보지도 못하고 다만 가슴을 치며 가로되 하나님이여 불쌍히 여기옵소서 나는 죄인이로소이다 하였느니라 내가 너희에게 이르노니 이 사람이 저보다 의롭다 하심을 받고 집에 내려 갔느니라 무릇 자기를 높이는 자는 낮아지고 자기를 낮추는 자는 높아지리라"(눅 18:10-14).

대부분의 사람들은 **"종교 노선"**을 통해서 하나님께로 나아가 구원을 얻고자 하는데, 그것은 자기 자신을 너무 모르기 때문에 빠지는 오류입니다. 자신을 과대평가하는 사람은 종교 노선을 고집합니다. 바리새인들은 자기의 의(義)가 충만한 사람들이었습니다. 그들은 자신들이 세리나 창녀들과는 근본적으로 다르다고 확신했습니다. 그들은 인간의 의가 충만한 **"자기 의의 부자들"**이었습니다. 이런 부자들은 천국에 들어가기가 낙타가 바늘귀로 들어가는 것보다 더 어렵습니다. 그들은 자신들이 부족한 부분도 조금은 있지만 다른 이들보다는 너무너무 선하고 의롭기 때문에 조금만 노력하면 얼마든지 하나님의 인정을 받을 수 있다고 확신합니다. 그래서 그들은 날마다 새로운 무화과 나뭇잎으로 새 옷을 지어 입고서는, **"나는 다른 사람들 곧 토색, 불의, 간음을 하는 자들과 같지 아니하고 이 세리와도 같지 아니함을 감사하나이다 나는 이레에 두 번씩 금식하고 또 소득의 십일조를 드리나이다"** 하며 자신의 의(義)를 자랑합니다.

그러나 하나님 앞에서 심령이 가난하고 성실한 자들은 자기 자신이 쓰레기만도 못한 죄인이며 하나님의 심판을 받고 지옥에 갈 수밖에 없는 비참한 자라고 인정합니다. 그들은 하나님께서 자기에게 긍휼을 베풀어 주셔야만 자신이 구원을 받을 수 있다고 믿기에, 저 세리처럼 **"하나님이여 불쌍히 여기옵소서 나는 죄인이로소이다"** 하며 하나님 앞으로 나옵니다. 하나님께서는 이렇게 자기를 낮추는 자에게 당신의 아들이 자기의 몸을 대속의 제물로 드려서 완성한 영원하고 완전한 가죽옷을 입혀 주십니다. 하나님께서 지옥에 가야 할 자들을 불쌍히 여기셔서 만들어 주신 가죽옷은 어린양이신 예수님의 희생제사로 완성된 **"하나님의 의"**입니다. 하나님은 이 땅에 스스로 구원에 이를 자가 아무도 없다는 사실을 아셨기에, 창세전에 당신의 외아들을 구원자로 보낼 것을 예정하셨고, 때가 차매 처녀 마리아의 몸에 예수 그리스도가 성령으로 잉태되어 태어나게 하셔서 인류를 모든 죄에서 구원하는 일을 완수하셨습니다.

하나님의 외아들인 예수님은 이 땅에 육신을 입고 오셔서, 제사장이 위임을 받는 나이인 30세가 되시자, 세상 죄를 온전히 없애는 구원의 사역을 시작하셨습니다. 갈릴리 나사렛 마을에서 조용히 가족을 돌보던 하나님의 아들 예수 그리스도는 고향 땅을 떠나 요단강에 이르러 세례 요한에게 세례를 받으셨습니다. 예수님께서, **"여자가 낳은 자 중에 세례 요한보다 큰이가 일어남이 없도다"**(마 11:11)라고 세례 요한에 대해서 친히 증거하신 바, 세례 요한은 **인류의 대표자**입니다. 그리고 세례 요한은 첫 번째 대제사장이었던 **아론의 후손**(눅 1:5)입니다.

세례는 안수의 형식으로 베푸는데, 안수(按手)는 구약의 속죄 제사에서 사람의 죄를 희생제물에게로 넘기는 하나님의 공의(公義)한 법입니다. 대속죄일에 대제사장 아론이 백성을 대표해서 아사셀 염소의 머리에 안수하면 이스라엘 백성의 1년 치 죄가 단번에 염소에게 넘어가도록 하신 것이 하나님의 구원의 법이었습니다. 그러니 인류의 대표자로 세운 세례 요한이 인류의 죄를 없애 주시러 어린양으로 오신 예수님의 머리에 안수(按手)의 형식으로 베푼 세례는 인류의 모든 죄와 허물을 예수님에게 단번에 넘긴 능력의 사역이었습니다.

"이때에 예수께서 갈릴리로서 요단강에 이르러 요한에게 세례를 받으려 하신대 요한이 말려 가로되 내가 당신에게 세례를 받아야 할 터인데 당신이 내게로 오시나이까 예수께서 대답하여 가라사대 <u>이제 허락하라 우리가 이와 같이 하여 모든 의를 이루는 것이 합당하니라</u> 하신대 이에 요한이 허락하는지라

예수께서 세례를 받으시고 곧 물에서 올라 오실째 하늘이 열리고 하나님의 성령이 비둘기 같이 내려 자기 위에 임하심을 보시더니 하늘로서 소리가 있어 말씀하시되 이는 내 사랑하는 아들이요 내 기뻐하는 자라 하시니라"(마 3:13-17).

마태복음 3 장 15 절의 말씀은 "세례 요한의 안수로 세상 죄가 예수님에게 단번에 넘어갔기에 이제 이 세상에는 죄가 없어졌고 하나님의 모든 의가 이루어졌다"라고 선포합니다. "모든 의"(all righteousness)는 "세상의 모든 죄가 없어져야" 이루어지는 완전한 거룩함을 의미합니다. 이제 안수의 형식으로 세례를 받은 예수님에게 세상 죄가 다 넘어갔기에 이 세상에는 "모든 의"가 이루어졌습니다. 그래서 예수님께서 세례를 받으신 이튿날, 세례 요한은 "예수님이 받은 세례로 세상의 모든 죄가 예수님에게 다 넘어갔다"라고 다시 증거합니다. "<u>이튿날 요한이 예수께서 자기에게 나아오심을 보고 기로되 보라 세상 죄를 지고 가는 하나님의 어린 양이로다</u>"(요 1:29). 여기에 기록된 "이튿날"은 예수님께서 세례를 받으

신 **"이튿날"**입니다. 그 **"이튿날"**에 세례 요한은 "어제 세상 죄가 예수님에게 다 넘어갔고 이제 예수님은 그 모든 죄를 당신의 육체에 짊어지고 그 모든 죄를 갚기 위해서 대속의 피를 흘리러 가신다"라고 선포했습니다. 그러므로 예수님은 당신이 받은 세례로 세상 죄를 다 짊어진 것이 확실합니다.

주님께서는 받으신 세례로 이 세상의 모든 죄를 짊어지셨기에 십자가에 못 박히셨습니다. 죄는 생명으로만 대속(代贖)되기 때문에, 주님께서는 당신의 생명의 피로써 우리의 죗값을 온전히 갚아 주셨습니다. 주님은 당신의 모든 피를 땅에 쏟으셔서 이 세상 마지막 사람의 죄까지 다 갚아진 것을 확인하시고, **"다 이루었다"**(요 19:30)라고 크게 외치신 후에 운명하셨습니다. 이때에 성전의 지성소 앞을 가로막고 있었던 휘장이 위에서 아래까지 온전히 찢어져서 두 조각이 되었습니다. 이는 모든 인생들이 하늘의 지성소로 들어가는 길이 활짝 열렸다는 뜻입니다. **"그러므로 형제들아 우리가 예수의 피를 힘입어 성소에 들어갈 담력을 얻었나니 그 길은 우리를 위하여 휘장 가운데로 열어 놓으신 새롭고 산 길이요 휘장은 곧 저의 육체니라"**(히 10:19-20). 믿음으로 죄 사함을 받은 의인들이 하나님의 보좌 앞에 담대히 나아갈 수 있도록, 우리 주님께서는 자기의 육체에 세례를 받으시고 그 육체를 찢으셔서 천국의 문을 활짝 열어 주셨습니다.

주님께서는 육신을 입고 이 땅에 오셔서 세례 요한에게 받으신 세례와 십자가의 죽으심으로 우리 모든 인류의 죄와 허물을 완벽하게 없애 주셨습니다. 주님께서는 안수의 방법으로, 즉 **"이와 같이 하여"**(마 3:15) 우리에게 영원한 **의의 가죽옷**을 만들어 입혀 주셨습니다. 가죽옷은 어린양이 희생되어야 만들어집니다. 이 가죽옷은 하나님께서 친히 만드신 영원한 의의 옷입니다. 인간이 스스로 지어 입은 무화과 나뭇잎 옷으로는 절대로 영생의 구원을 받을 수 없기에, 하나님께서는 아담에게서 그 더럽고 쓸데없는 무화과 나뭇잎 옷을 벗겨 버리시고 친히 만드신 가죽옷을 입혀 주셨습니다.

자기의 의가 헌 옷과 같이 더러운 것이라고 인정하는 자, 즉 하나님 앞에서 자신이 지옥에 갈 수밖에 없는 죄인이라고 시인하는 자만이 아벨처럼 가난한 심령으로 하나님께 나아와서, 오직 **"양의 첫 새끼와 그 기름"**으로 예물을 삼아 하나님께 예배를 드립니다. **"양의 첫 새끼"**는 하나님의 외아들이신 **예수 그리스도**를 **"그 기름"**은 **성령님**을 의미합니다. 예수님은 사마리아 수가성의 여인에게, **"하나님은 영이시니 예배하는 자가 신령과 진정으로 예배할찌니라"(요 4:24)**고 말씀하셨습니다. 이 말씀에서 **"신령과 진정으로"**라는 말씀은 **"영 안에서 그리고 진리 안에서"**(in spirit and in truth, KJV)라는 뜻입니다. 그리고 하나님은 이렇게 하나님의 긍휼을 바라며, 양의 첫 새끼이신 예수님께서 완성하신 **하나님의 의**를 믿는 자들의 모든 죄를 단번에 사해 주십니다. 하나님께서는 당신의 긍휼을 입을 자들에게는 그들의 모든 죄와 허물을 완벽하게 가려 주는 **의의 가죽옷**을 입혀 주십니다.

참된 신앙인은 하나님의 의(義)인 가죽옷을 선물로 받아 입습니다. 이 가죽옷은 "하나님, 저는 지옥에 가야 마땅한 죄인입니다. 저를 불쌍히 여겨 주십시오" 하고 자기의 비참한 모습을 하나님 앞에 자복하고 나오는 자들에게만 입혀 주시는 하나님의 선물이며 양의 첫 새끼이신 예수님이 희생(犧牲)되어서 얻어진 **"하나님의 의"(롬 1:17)**입니다. 우리 모두는 아무짝에도 쓸데없는 무화가 나뭇잎 옷을 벗어버리고 있는 모습 그대로 이렇게 하나님 앞에 나아가야 합니다. 그러면 하나님 아버지께서 우리의 모든 죄와 허물이 단번에 가려지는 의의 가죽옷을 입혀 주십니다.

하나님께서는 모든 사람의 죄를 단번에, 영원히 없애 주셨습니다. 그러나 그 가죽옷을 입는 은총이 모든 사람들에게 다 허락되지는 않습니다. 가죽옷을 입고 하나님 앞에서 의인이 되는 은총은 심령이 가난한 자들에게만 허락됩니다. 심령이 부유하여 자기의 의로 충만한 자들에게는 하나님께서 가죽옷을 입혀 주실 수가 없습니다. 그런 자들은 자기의 무화과 나뭇잎 옷을 자랑하고 절대 벗으려 하지 않는데, 무화과 나뭇잎 옷을 벗어버리지 않으면 절대로 가죽옷을 입지 못합니다. 자기의 의가 조금이라고 남아 있는 자는 온전한 죄 사함을 받지 못합니다. 그래서 **"나는 은혜 줄 자에게 은혜를 주고 긍휼히 여길 자에게 긍휼을 베푸느니라"**(출애굽기 33:19)고 주님은 말씀하십니다.

하나님 앞에서 자기가 얼마나 부패하고 거짓된 마음의 소유자인지를 깨닫고 인정하는 자는 복이 있습니다. 지금까지 무화과 나뭇잎 옷을 날마다 지어 입느라고 죽을 고생을 하며 종교인으로 살아왔더라도 마음에 죄가 있는 사람은 아직 가죽옷을 입지 못한 기독죄인(Christian sinner)에 불과합니다. 비록 자기는 쓰레기 같은 존재이지만 어린양이 만들어 주신 완전한 의의 가죽옷을 믿음으로 받아 입은 자는 누구든지 **"죄 사함으로 말미암는 구원"**(눅 1:77)을 받습니다. **"하나님의 의"**인 가죽옷을 입은 사람은 단번에 의인이 되어서 죄와 상관없이 다시 오실 주님을 기다리며, 자기의 남은 생애를 진리의 원형복음인 **"물과 피의 복음"**을 전파하며 의로운 삶을 살게 됩니다.

저는 새해 아침에 기도하면서 이 글을 적습니다—"하나님 아버지, 올해 한 해에도 하나님 앞에 긍휼을 바라고 나오는 가난한 심령들을 만나게 하셔서 그들이 **물과 피의 원형복음**으로 죄 사함을 받고 우리와 함께 복음을 전파하게 해 주시옵소서. 오직 의인은 믿음으로 말미암아 살리라 하셨으니 올해 한 해도 믿음으로 살 수 있도록 저에게 은혜를 베풀어 주시옵소서. 물과 피로 임하셔서 우리를 모든 죄에서 온전히 구원해 주신 주 예수 그리스도의 이름으로 기도합니다. 아멘!"

할렐루야!

종교인 12
예정설이라는 거짓 교리의 늪에 빠져 죽어 가는 자들

"이뿐 아니라 또한 리브가가 우리 조상 이삭 한 사람으로 말미암아 잉태하였는데 그 자식들이 아직 나지도 아니하고 무슨 선이나 악을 행하지 아니한 때에 택하심을 따라 되는 하나님의 뜻이 행위로 말미암지 않고 오직 부르시는 이에게로 말미암아 서게 하려 하사 리브가에게 이르시되 큰 자가 어린 자를 섬기리라 하셨나니 기록된바 내가 야곱은 사랑하고 에서는 미워하였다 하심과 같으니라"(롬 9:10-13).

"예정설"(Doctrine of Predestination)이라는 가설(假說)은 기독교 신학의 해묵은 논쟁거리 중의 하나입니다. "예정설"이란 "하나님은 구원받을 자와 구원받지 못할 자를 일방적으로 정해 놓았다"라는 주장입니다. 오늘날의 많은 기독교 설교자들이나 신학자들이 위에 제시한 로마서의 말씀을 근거로 "예정설(豫定說)"이라는 가설(假說)을 옹호하고 신봉합니다. 예정론자들은 이삭의 아내 리브가가 쌍둥이를 잉태하여 그들이 아직 태어나기도 전에, 즉 그들이 어떤 선한 행위나 악한 행위를 하기도 전에, 하나님은 **"맏이가 둘째를 섬기도록"** 일방적으로 그들의 운명을 결정해 버렸다고 위의 말씀을 해석합니다. 그리고 그들은 구원은 창조자이신 하나님의 절대적 주권에 속한 일이므로 사람이 간여할 일이 아니라고 결론을 내렸습니다. 그러나 그런 주장은 하나의 가설에 불과합니다. 가설(假

說, hypothesis)이란 문자 그대로 입증되지 않은 하나의 주장일 뿐, 진리는 아닙니다.

물론 위에 인용한 본문 말씀이 그렇게 잘못 해석될 소지가 전혀 없는 것은 아닙니다. 오늘의 본문이 인용된 로마서 9장의 말씀을 조금 더 읽어 내려가면, **"이 사람아 네가 뉘기에 감히 하나님을 힐문하느뇨 지음을 받은 물건이 지은 자에게 어찌 나를 이같이 만들었느냐 말하겠느뇨 토기장이가 진흙 한 덩이로 하나는 귀히 쓸 그릇을, 하나는 천히 쓸 그릇을 만드는 권이 없느냐"**(롬 9:20-21)라는 말씀이 나옵니다. 예정론자들은 이 성경 구절도 "하나님이 어떤 자는 모세와 같이 귀히 쓸 그릇으로 어떤 자는 애굽의 왕 바로(Pharaoh)와 같이 저주를 받을 그릇으로 미리 예정하고 만드시지 않았느냐"라고 주장하면서, 이 부분도 예정설의 논거(論據)로 삼습니다.

그런데 예정설이라는 가설은 기독교인들을 **"구원의 불가지론"**(不可知論)에 빠지게 하는 한편, 반기독교인들(Anti-Christians)에게는 하나님을 조롱하고 비난하게 하는 빌미를 주었습니다. 이 시대에는 기독교를 "개독교"라고 부르는 반기독교인들(Anti-Christians)이 급증하고 있습니다. 그들은 입에 거품을 물고 기독교를 비난하고 공격합니다. 맹수가 사냥감을 공격할 때에 그 먹잇감의 허점을 물고 늘어지듯이, 예정설은 기독교를 공격하는 이들이 "하나님을 편협하고 불의한 하나님으로, 기독교인들을 독선적인 자들"로 비난하기에 좋은 빌미가 되고 있습니다. 하나님께서 일방적으로 "어떤 자는 구원하고 어떤 자는 지옥에 보내기로 미리 정하셨다"라면 하나님은 분명히 불의(不義)한 분입니다. 그러나 하나님은 선하고 공의(公義)합니다. 따라서 **"예정설"**은 **사단 마귀의 교설**

(巧說)이며 잘못된 주장입니다. 그렇다면 해악(害惡)의 가설(假說)인 예정설이 어떻게 기독교의 중심적인 교리로 자리매김을 하게 되었을까요?

　기독교의 교리(doctrines)라는 것들은 어떻게 생겨났습니까? 교리(敎理)란 육신적인 인간이 영이신 하나님과 하나님의 영적인 말씀을 이해하기 위해서 인간 나름대로 만들어 낸 "논리적인 틀"(logical frame)입니다. 사진을 찍을 때에, 우리는 어떤 각도에서 잡은 제한적인 틀 속에 대상을 담아낼 수밖에 없는데, 그 결과 얻어낸 사진이 그 대상의 실체와 온전히 일치하는 것은 아닙니다. 한 장의 사진으로는 그 대상의 한 면만 볼 수 있기에, 그 뒷면은 전혀 파악할 수 없습니다. 더구나 하나님은 창조주이고 우리는 그분의 피조물에 불과합니다. 하나님은 피조물인 우리가 연구하고 분석할 대상이 될 분이 아닙니다. 하나님은 말씀 한마디로 온 우주와 그 안에 가득한 모든 피조물을 창조하시고 그들의 운행 질서를 정하신 전능한 신입니다. 하나님은 우리에게 생명의 시원(始原)이시고 우리에게 임하는 모든 은혜와 축복의 근원(根源)이십니다. 전능한 야훼 하나님은 선하시며 인자하시고 영존하시는 유일한 참 신(神)입니다. 그래서 하나님은 **우리의 믿음과 경배의 대상**이지, 그분은 결코 우리의 **분석과 협상의 대상**이 될 수 없습니다.

　하나님께서 우리가 당신의 자녀가 되는 영광에 이르게 하기 위해서 우리 하나하나를 당신의 형상을 따라 창조하시고 이 땅에 태어나게 하셨습니다. 하나님께서는 세상(우리)을 너무나 사랑하셔서 당신의 외아들 예수 그리스도를 죄에 빠진 인류에게 구원자로 보내 주셨습니다. 하나님 아버지의 외아들인 예수님께서는 육신을 입고 이 땅에 오셔서, 인류의 대표자인 세례 요한에게 안수의 형식으로 받으신 **세례와** 십자가에서 흘리신 **대속의 피**로 우리를 모든 죄에서 구원하셨습니다. 이제 누구든지 이 진리의 복음 말씀을 어린아이처럼 순수하게 믿으면 그 믿음으로 인하여 죄 사함을 받고 의인으로 거듭나도록 하나님께서 우리 모든 인류의 구원을 완성시켜 주셨습니다. 누구든지 **물과 피의 복음**을 믿고 죄 사함을 받으면, 성령을 선물로 받고 하나님의 자녀가 됩니다.

거듭난 의인들은 자기 마음에 임하신 성령님으로 인하여 영적인 분별력이 생깁니다. "눈은 몸의 등불이니 그러므로 네 눈이 성하면 온 몸이 밝을 것이요 눈이 나쁘면 온 몸이 어두울 것이니 그러므로 네게 있는 빛이 어두우면 그 어두움이 얼마나 하겠느뇨"(마 6:22-23)라고 말씀하셨는데, 진리의 복음을 믿음으로 거듭난 자들은 영적인 눈이 밝아져서 하나님 아버지와 예수 그리스도를 올바로 알게 됩니다. 그래서 사도 요한은 "거듭난 하나님의 자녀들은 하나님을 알고 성경의 진리를 알기 때문에 거짓 선지자들에게 속지 않는다"라고 말씀합니다(요일 2:13-14).

잘못 끼운 첫 단추

피조물인 인간은 사단 마귀의 유혹에 **빠져** 영적으로 혼돈되고 공허하며 어두움(죄)이 깊은 영적 상태(창 1:2)에 **빠져** 있습니다. 그런데도 거듭나지 못한 죄인들은 그 혼돈된 머리로 하나님을 이해하려고 만용을 부렸습니다. 인간은 자신이 그렇게 쓰레기 같은 존재인 줄 모르고, 감히 자신의 창조주인 하나님을 철학적으로 탐구하고 인문학적으로 이해하려는 데서 기독교의 교리들과 신학(神學)이 생겨나게 되었습니다. 인간이 개척한 학문 분야인 신학(神學)

은 그 전제 자체가 첫 단추를 잘못 끼운 채 시작된 셈입니다. 신학은 하나님을 믿음의 대상으로 보지 않고 분석의 대상으로 삼습니다. 인간은 주먹 덩이 두 개만 한 두뇌로, 말씀 한마디로 찰나의 순간에 이 광대한 우주를 지어내신 전능한 하나님을 분석하고 이해하려고 덤벼든 것이 근본적으로 잘못된 출발입니다. 인간도 인지 능력이 있기 때문에 얼마든지 하나님과 하나님의 뜻을 이성적으로 분석하고 이해할 수 있다고 전제한 것이 신학인데, 그것이 결정적 잘못입니다. 사람이 무슨 능력이 있습니까? 피조물이 창조주를 자기 머리로 이해하려는 것이 가능합니까? 어찌 **혼돈과 공허와 흑암에 빠진 존재(창 1:2)**가 하나님의 말씀을 논리적이고 인문학적인 방법으로 분석하고 연구한다고 하나님의 깊은 경륜을 깨달을 수 있겠습니까?

하나님의 말씀 안에 계시된 **진리의 원형복음**을 믿어서 죄 사함을 받는 길 외에는 우리가 하나님을 알 수 있는 길이 없습니다. 거듭나서 죄가 없어진 거룩한 심령에만, 하나님께서는 성령님을 선물로 보내 주십니다. 그리고 성령 하나님께서 내주(來住)하시는 의인이라야 성령님의 은혜로 하나님이 누구신지를 알게 됩니다. 예수님께서는 잡히시던 날 저녁에 제자들에게 성령을 보내 주실 것을 약속하시고, 성령이 임하면 제자들이 모든 것을 깨닫고 기억나게 하신다고 가르쳐 주셨습니다. 성령님은 하나님 아버지의 깊은 경륜까지 통달하시기에, 성령님은 거듭난 자들이 성경 안에 있는 모든 진리를 깨닫게 하십니다.

그런데 "무식하면 용감하다"라는 속담이 딱 들어맞는 경우가 바로 신학자들의 만용입니다. 거듭나지도 못한 죄인들이 그 혼돈되고 무지한 머리로 하나님과 하나님의 영적인 말씀을 분석적으로 연구해서 이해하려고 덤벼들었다는 것이 잘못입니다. 그들은 무식하니까 자신이 사단 마귀의 도구가 되는 줄도 모르면서 만용을 부리고, 자기가 뭐나 되는 줄 착각합니다. 거듭나지 못한 자가 하나님을 분석과 연구의 대상으로 삼은 것이 바로 첫 단추를 잘못 끼운 것과 같은 잘못입니다.

어떤 사람이 단추가 다섯 개 달린 셔츠를 입으려고 단추들을 끼우기 시작했습니다. 그는 오른손으로 맨 위의 첫 단추를 잡고, 왼손으로는 위에서 두 번째 구멍을 잡았습니다. 그리고 자신 있게 첫 단추를 끼웠습니다. 자, 첫 단추가 이렇게 잘못 끼워졌습니다. 그러니 그 아래의 단추들은 아무리 조심스럽게 끼워 내려가도 짝이 맞을 수가 없습니다. 끝에 가면 단추 하나가 남습니다. 그런데도 그 사람은 자기가 첫 단추를 잘못 끼웠다고는 전혀 생각하지 않고, "거 참, 이상하네" 하면서, 첫 단추는 그대로 놓아두고 밑의 단추들만 끌러서 다시 끼워 봅니다. 몇 번을 이렇게 하다가 그는 결론을 내립니다. "아! 이 셔츠는 구멍이 하나 빠진 채로 만들어진 불량품이구나!" 하고 맨 아래에 구멍을 하나 새로 뚫었습니다. 그리고는 남은 단추 하나를 그 구멍에 끼웠습니다. "야! 이제야 딱 맞네! 나는 역시 똑똑해!" 하고 으쓱거리며 자기만 보고 따라 하고 있던 제자들에게 명령합니다.

"야! 너희들은 아직도 뭘 그렇게 헤매고 있느냐? 나처럼 맨 아래에 구멍을 하나 더 뚫어! 그리고 남은 단추를 거기다 끼워! 어때? 딱 맞지?"

"예, 딱 맞습니다! 어쩌면 이렇게 딱 맞습니까? 스승님께서는 성발 대단하십니다."

기독교의 온갖 교리들이 이렇게 해서 생겨났습니다. 예정설이라는 가설(假說)의 교리는 존 칼뱅 (John Calvin, 1509-1564)의 "새로 뚫은 단추 구멍"입니다. 그의 사상과 교리는 르네상스로 인해 큰 변화를 겪고 있었던 유럽 사회에 종교개혁의 소용돌이가 몰아쳤던 당시의 정치 사회적인 맥락(socio-political context) 속에서 이해되어야 합니다. **칼뱅의 사상**을 요약하면 "인간 영혼의 죽음과 영원한 저주로부터의 구원에 있어서 **하나님의 예정**과 **절대적 주권에 관한 교리**"라고 말할 수 있습니다 (The doctrine of predestination and the absolute sovereignty of God in salvation of the human soul from death and eternal damnation.)

그의 주장은 소위 **"칼빈주의 5대 강령"**(the five points of Calvinism)에 잘 나타나 있는데 그것은 다음과 같습니다.

1) 전적인 타락 (Total depravity)
2) 무조건적 선택 (Unconditional election)
3) 제한적 구속 (Limited atonement)
4) 항거할 수 없는 은혜 (Irresistible grace)
5) 성도의 인내 (Perseverance of saints-Once saved always saved)

이러한 칼빈주의 5대 강령은 많은 오류와 모순을 내포하고 있지만, 그중에서도 제일 문제가 되는 것이 바로 **"무조건적 선택"**(Unconditional Election)의 교리 즉, **"예정의 교리"**(Doctrine of Predestination)입니다. 이 교리는 하나님께서 사람의 어떤 행위나 업적에 관계 없이 구원할 자와 구원하지 않을 자를 미리 주권적으로 정해 놓았다는 주장입니다. 즉 어떤 사람의 구원 여부는 "오직 주권적인 하나님의 결정에 달려 있다"라는 교리가 바로 칼뱅의 **"무조건적 선택"**(Unconditional Election)의 교리 즉, **"예정설"**(豫定說; Doctrine of Predestination)입니다.

모든 종교개혁자들(religious reformers)도 문자 그대로 "종교(宗敎)의 개혁자들"이었지 "신앙의 개혁자들"은 아니었습니다. 영적으로 그들은 소경이었습니다. 존 칼뱅도 거듭난 자가 아니었습니다. 그러니 **"살리는 것은 영이니 육은 무익하니라 내가 너희에게 이른 말이 영이요 생명이라"**(요 6:63)고 하신 하나님의 말씀을 그들은 이해할 수 없었습니다. 야곱이나 에서가 아직 태어나기도 전에, 그들이 어떤 선이나 악을 행하기도 전에 하나님께서 **"큰 자가 어린 자를 섬기리라"**라고 미리 정(定)하셨다는 오늘의 본문 말씀을, 거듭나지 못한 칼뱅은 도저히 이해할 수 없었기에, "예정설"이라는 작위적(作爲的) 구멍을 하나 더 뚫어서 성경 말씀을 억지로 꿰어 맞췄던 것입니다.

칼뱅은 오늘의 본문 말씀인 **로마서 9:10-13의 말씀**을 일단 "예정설"이라는 새로운 "단추 구멍"을 뚫고 꿰어 맞춰서 넘어갔습니다. 그러나, 이 예정설은 곧바로 또 다른 문제에 봉착하게 되었습니다. 하나님의 구원의 예정은 우리의 의지나 행위와는 아무 상관없이 하나님께서 독단적-주권적으로 결정하시는 영역이기 때문에 어떤 자가 구원을 받기로 예정되어 있는지는 전적으로 하나님께 달려 있다는 것입니다. 즉, 이 **"예정설"**이라는 억지 교리는 기독교인들이 "누가 구원을 받았는지는 아무도 모른다"라는 **"구원의 불가지론"**(不可知論)에 빠지게 했습니다.

"그렇다면 내가 하나님이 구원하기로 예정된 자인지 아닌지를 어떻게 아느냐?" 구원은 오직 하나님께서 주권적으로 결정하시는 것이라면 누가 자신이 구원받을 자인지를 알겠습니까? 하나의 거짓말을 덮으려면 또 다른 거짓말이 필요합니다. 그래서 칼뱅은 자신의 "무조건적 선택"의 교리, 즉 "예정설"을 비호하기 위해서 다른 교리들을 보강해서 소위 칼뱅주의 신학을 완성하게 되었습니다. 예수님의 구속의 역사는 오직 예정을 입어 택함을 받은 자들에게 국한된다는 "제한적 구속"(Limited atonement)이라든지, "한 번 받은 구원은 영원"하기 때문에 "성도는 인내해야 한다"(Perseverance of the Saints)라는 칼뱅의 교리들은 다 "예정설"을 뒷받침하기 위해 의도적으로 짜깁기한 교리들입니다.

칼뱅의 "예정설"이 나온 이후에, 신학자들은 "누가 구원을 받았는지는 아무도 모른다"라는 **"구원의 불가지론"**을 놓고 끝없는 논쟁을 펼쳤습니다. 그러한 논쟁은 기독교 신학뿐 아니라 당시의 인문학 전반에 걸쳐서 광범위하게 전개되었습니다. 예를 들면 사회학자인 막스 베버(Max Weber) 같은 이는 누가 구원받기로 예정되어 있는지를 모른다는 기독교인들의 **"구원의 불가지론"**이 자본주의를 태동시켰다고 주장합니다. 즉 자기가 구원의 예정을 입은 자인지를 아무도 알 수 없는데, "구원의 예정을 입은 자는 현세에서도 하나님의 축복을 입어서 성공한다"라는 가정으로 인해서 근면 성실한 기독교의 윤리가 자리를 잡게 되었다고 그는 주장합니다. 그리고 그러한 기독교의 윤리관으로 인해 축적된 부(富)가 자본주의의 배토(培土)가 되었다고 막스 웨버는 그의 저서 『프로테스탄티즘의 윤리와 자본주의 정신』(The Protestant Ethic and the Spirit of Capitalism)에서 주장했습니다.

그러나 진정 하나님이 "어떤 자들에게는 독단적으로 구원을 베풀고 어떤 자들은 무조건적으로 저주해서 지옥에 보내기로 작정하시는" 불의(不義)한 분입니까? 그렇게 편파적이고 불공평한 하나님이라면, 그런 분은 우리에게 참 하나님이 될 수 없습니다. 하나님은 선하고 거룩하시며 공의(公義)한 분입니다. 만일 어떤 사람이라도 자기 자식 중에 하나만 편애하고 다른 자식은 이유 없이 구박한다면 세인(世人)의 지탄을 받거늘, 하물며 공의하신 하나님이 그렇게 불의한 분이겠습니까? 칼뱅은 거듭나지 못한 정치 사상가(思想家)였습니다. 그는 개혁주의 신앙을 이용해서 정권을 잡으려는 욕망에 사로잡혀서 성경을 억지로 풀려다가 엄청난 오류를 저지른 것입니다. 그리고 그 결과 칼뱅은 자기의 교리에 위배되는 자들과 적지 않은 정적들을 극형으로 처단하기도 했고 자기의 거짓 교리에 오염된 수많은 사람들을 지옥으로 끌고 갔습니다.

 칼뱅이 오해해서 엄청난 거짓 교리를 주장하게 되었던 부분 즉, **"그 자식들이 아직 나지도 아니하고 무슨 선이나 악을 행하지 아니한 때에 택하심을 따라 되는 하나님의 뜻이 행위로 말미암지 않고 오직 부르시는 이에게로 말미암아 서게 하려 하사"**(롬 9:11)라는 말씀은 전혀 그가 말하는 "예정설"의 논거가 될 수 없는 말씀입니다. 오늘의 본문으로 제시한 로마서 9장의 올바른 해석은 다음 장(章)에서 자세히 다루겠습니다.

 "예정설"을 신봉하는 자들은 구원의 **"예정(Predestination)"**과 **"무조건적 택하심(Unconditional election)"**은 전적으로 하나님의 주권에 달려 있다고 믿습니다. 그 결과 그들은, "우리는 우리 자신이 택함, 즉 구원을 받았는지 못 받았는지 알 수 없다"라는 **"구원의 불가지론"**(不可知論)에 빠졌습니다. 그러나 성경은 "자신이 구원을 받았는지 알지 못하게 한 것이 하나님의 섭리"라고 말씀하지 않습니다. 오히려 성경은, **"너희가 믿음에 있는가 너희 자신을 시험**

하고 너희 자신을 확증하라 예수 그리스도께서 너희 안에 계신 줄을 너희가 스스로 알지 못하느냐 그렇지 않으면 너희가 버리운 자니라"(고후 13:5)고 말씀하십니다. 또 만일 "구원의 불가지론"이 진리라면, 어떻게 사도들과 거듭난 하나님의 종들이 **"능력과 성령과 큰 확신"**(살전 1:5)으로 자기들에게 임한 구원을 믿음으로 전파하면서 모든 핍박과 고난과 심지어 죽음까지도 기쁨으로 감수했겠습니까? 자기가 구원받기로 예정을 입었는지 아닌지를 의심하는 자들이 주를 위하여 과연 자신의 목숨까지 자원함과 기쁨으로 내놓을 수 있겠습니까?

사도 바울은 자기를 구원하신 하나님의 사랑을 확신했던 종입니다. 그가 하나님의 구원의 은혜를 입었는지 확신하지 못했다면 아래와 같이 큰 확신으로 구원의 증거를 외칠 수 있었겠습니까? "누가 우리를 그리스도의 사랑에서 끊으리요 환난이나 곤고나 핍박이나 기근이나 적신이나 위험이나 칼이랴 기록된바 우리가 종일 주를 위하여 죽임을 당케 되며 도살할 양 같이 여김을 받았나이다 함과 같으니라 그러나 이 모든 일에 우리를 사랑하시는 이로 말미암아 우리가 넉넉히 이기느니라 내가 확신하노니 사망이나 생명이나 천사들이나 권세자들이나 현재 일이나 장래 일이나 능력이나 높음이나 깊음이나 다른 아무 피조물이라도 우리를 우리 주 그리스도 예수 안에 있는 하나님의 사랑에서 끊을 수 없으리라"(롬 8:35-39).

교리와 신학은 사단 마귀로부터 온 것입니다. 마귀에게 속한 자는 사단 마귀의 말을 하고, 하나님께 속한 자는 하나님의 성령이 그의 마음속에 내주(來住)하시기 때문에 하나님의 말씀을 전합니다.

"예정설"은 하나님을 비난하고 그분의 사랑과 신성을 폄훼하려는 마귀의 교설(巧說)에 불과합니다. 그런데도 무지한 기독교인들은 그러한 "예정설"의 늪에 빠지면 헤어나지 못하고 있습니다. 그래서 결국 죄 사함을 받지 못하고 지옥에 갑니다.

그러나 하나님의 말씀은 마귀의 견고한 성을 무너뜨리는 강력입니다. 저는 다음 장에서 하나님의 예정이란 진정 무엇을 의미하는지를 하나님의 말씀 안에서 여러분과 교제하려고 합니다. 그래서 저는 이 책의 모든 독자들이 "예정설"의 속임에서 벗어나 영생의 구원으로 들어가는 축복을 함께 누리게 되기를 바랍니다.

하나님께서 여러분들에게 지혜와 계시의 정신을 주셔서, 우리 모두가 하늘에 속한 모든 신령한 은혜로 충만하게 하시기를 주 예수 그리스도의 이름으로 기도합니다.

아멘!

신앙인 12

그리스도 안에서 모두에게 예정된 구원을 얻은 자들

"이뿐 아니라 또한 리브가가 우리 조상 이삭 한 사람으로 말미암아 잉태하였는데 그 자식들이 아직 나지도 아니하고 무슨 선이나 악을 행하지 아니한 때에 택하심을 따라 되는 하나님의 뜻이 행위로 말미암지 않고 오직 부르시는 이에게로 말미암아 서게 하려 하사 리브가에게 이르시되 큰 자가 어린 자를 섬기리라 하셨나니 기록된바 내가 야곱은 사랑하고 에서는 미워하였다 하심과 같으니라 그런즉 우리가 무슨 말 하리요 하나님께 불의가 있느뇨 그럴 수 없느니라 모세에게 이르시되 내가 긍휼히 여길 자를 긍휼히 여기고 불쌍히 여길 자를 불쌍히 여기리라 하셨으니 그런즉 원하는 자로 말미암음도 아니요 달음박질하는 자로 말미암음도 아니요 오직 긍휼히 여기시는 하나님으로 말미암음이니라"(롬 9:10-16).

저는 앞의 장(章)에서, 존 칼뱅과 같은 신학자들이 위의 성경 말씀을 오해해서 소위 "무조건적 선택설"(無條件的選擇說)이라고 불리는 "예정설"(豫定說)을 주장했다고 말씀을 드렸습니다. 예정설은 어불성설(語不成說)의 거짓 교리에 불과합니다. 이제 저는 그들이 논거로 삼는 동일한 본문의 말씀을 중심으로 **하나님의 예정**이란 진정 어떤 의미인지에 대하여 말씀을 드리고자 합니다. 먼저 로마서 9장 11절의 말씀의 중심부를 다음과 같이 세 단락으로 나누어서 상고해 보겠습니다.

"그 자식들이 아직 나지도 아니하고 무슨 선이나 악을 행하지 아니한 때에
　1) 택하심을 따라 되는 하나님의 뜻이
　2) 행위로 말미암지 않고
　3) 오직 부르시는 이에게로 말미암아 서게 하려 하사"

1) "택하심을 따라 되는 하나님의 뜻"이란?

　하나님의 뜻은 "하나님의 택하심을 따라 이루어진다"라고 성경은 말씀합니다. 여기서 우리는 두 가지 질문을 던져야 합니다. 즉, 1)**하나님의 뜻**이란 무엇인가? 2)"하나님의 택하심은 **편협하고 제한적인가, 아니면 모든 인류를 다 포괄하는가?**" 하는 질문입니다.
　먼저, **하나님의 뜻**이란 무엇일까요?
　하나님의 뜻은 "**모든 사람이 죄와 사망에서 구원을 받아 하나님의 자녀가 됨으로써, 천국에서 하나님 아버지와 함께 영화로운 영생의 복락을 누리게 하는 것**"입니다. 사랑의 하나님께서는 모든 사람이 다 죄 사함을 받고 당신의 자녀가 되어 당신의 품에 안기기를 원하십니다. 선하신 하나님은 어느 누구도 자기의 죄로 말미암아 심판을 받고 영원한 지옥의 형벌을 받게 되기를 결코 원하시지 않습니다. 그래서 근본 죄를 가지고 태어나서 만물보다 거짓되고 부패한 마음을 품고 평생에 죄만 짓다가 지옥에 갈 모든 인생들에게, 하나님께서는 **당신 편에서 완전한 구원을 베풀어 주시기로 창세전에 이미 작정**하셨습니다. 하나님은 전지전능한 신(神)입니다. 그러니 하나님은 당신의 형상을 좇아 사람을 만드시기 전에, 앞으로 사단 마귀의 유혹을 받고 인간들이 어떻게 타락할 것이며 어떻

게 하나님을 배반할 것인지도 미리 아셨습니다. 그래서 창세전에, 즉 인간은커녕 우주도 창조하시기 전에, 하나님만 홀로 계실 때에, 하나님께서는 앞으로 펼치실 **하나님의 뜻**을 이미 다 계획해 놓으셨습니다. 그것을 **하나님의 섭리**(攝理, Providence of God)라고 합니다.

　우리가 어떤 건물을 짓거나 정교한 기계를 만들려면 먼저 설계도를 그립니다. 지금은 컴퓨터의 프로그램을 이용해서 설계를 하지만, 예전에는 설계사들이 큰 종이에 자와 연필로 일일이 그린 다음에 그것을 감광 용지에 복사해서 소위 "청사진"(blueprint)이라고 부르는 설계도를 만들었습니다. 그리고 그 청사진(설계도)대로 건축을 하거나 기계를 제작했습니다. 청사진이 없으면 사람들은 기계 설비를 정확하게 만들거나 건물을 제대로 지을 수 없습니다. 하나님도 우주를 창조하시고 그 안에 당신의 형상을 닮은 인간을 창조하시기 전에, 당신의 뜻을 실현할 청사진을 먼저 준비하셨습니다. 앞으로 인간이 사단 마귀의 유혹에 빠져서 죄 덩어리의 존재로 전락하면 그들 스스로는 도저히 자신을 죄에서 구원할 수 없기에, 하나님 아버지께서는 당신의 외아들을 이 땅에 구원자로 보내셔서 모든 인류를 단번에 온전히 죄에서 구원하기로 **창세전에 예정**(豫定)을 하셨습니다. 이것이 하나님께서 창세전에 준비하신 **구원의 청사진**이고 **하나님의 예정(섭리)**입니다. 그리고 하나님께서는 우리들이 하나님의 말씀을 통해서 당신의 청사진을 따라 완성될 구원의 역사도 알게 하셨습니다.

　이러한 하나님의 섭리가 잘 나타나 있는 말씀이 에베소서 1장 3-10절의 말씀입니다.

　"찬송하리로다 하나님 곧 우리 주 예수 그리스도의 아버지께서 그리스도 안에서 하늘에 속한 모든 신령한 복으로 우리에게 복 주시되 곧 <u>창세 전에 그리스도 안에서 우리를 택하사</u> 우리로 사랑 안에서 그 앞에 거룩하고 흠이 없게 하시려고

그 기쁘신 뜻대로 <u>우리를 예정하사 예수 그리스도로 말미암아 자기의 아들들이 되게 하셨으니</u> 이는 그의 사랑하시는 자 안에서 우리에게 거저 주시는바 그의 은혜의 영광을 찬미하게 하려는 것이라

<u>우리가 그리스도 안에서</u> 그의 은혜의 풍성함을 따라 그의 피로 말미암아 <u>구속 곧 죄 사함을 받았으니</u> 이는 그가 모든 지혜와 총명으로 우리에게 넘치게 하사

그 뜻의 비밀을 우리에게 알리셨으니 곧 그 기쁘심을 따라 그리스도 안에서 때가 찬 경륜을 위하여 예정하신 것이니 하늘에 있는 것이나 땅에 있는 것이 다 그리스도 안에서 통일되게 하려 하심이라"(엡 1:3-10). 아멘! 할렐루야!

우리 모든 인생들은 죄에 빠져서 영원한 지옥의 형벌을 피할 수 없었는데, 우리를 불쌍히 여기신 하나님께서 당신의 외아들인 예수님을 이 땅에 구원자로 보내셔서, **모든 인류를 죄에서 구원하기로 창세전에 계획**하셨습니다. 그리고 때가 차매 그 계획대로 예수님이 이 땅에 육신을 입고 오셨습니다. **흠 없는 제물로 오신** 예수님은 세례 요한에게 **안수의 형식으로 세례를 받으셔서** 세상의 모든 죄를 다 넘겨받고, 십자가에 못 박히셔서 **피를 흘리고 죽으심**으로 그 모든 죄의 대가를 지불해 주셨습니다. 예수님은 안수의 형식으로 받은 세례로 이 세상 모든 죄를 단번에 다 넘겨받았습니다. 그래서 세례 받은 이튿날에, 세례 요한은 예수님을 가리키며, "**보라**

세상 죄를 지고 가는 하나님의 어린 양이로다"(요 1:29)라고 증거했습니다. 세례로 그 모든 세상 죄를 짊어진 예수님께서는 십자가에 못 박히시고 온몸의 피를 다 쏟으시고 **"다 이루었다!"**(요 19:30)라고 크게 외치신 후에 숨을 거두셨습니다. **"이와 같이 하여"**(마 3:15) 하나님 편에서 우리 인류의 모든 죄를 완벽하게 없애 주셨습니다. 이제 누구든지 예수님이 **물과 피로**, 즉 **받으신 세례와 흘리신 십자가의 피**로 우리의 모든 죄를 도말(塗抹)해 놓으신 진리의 원형복음을 믿으면, **"죄 사함으로 말미암는 구원"**(눅 1:77)을 온전히 얻게 되었습니다.

죄인이 의인으로 **"거듭나는 축복"**을 오직 믿음으로 받을 수 있도록, 하나님 편에서 일방적으로 당신의 아들을 인류의 희생제물로 내어 주셨습니다. 하나님은 이와 같이 우리가 오직 그리스도 예수의 **"한 영원한 제사"**(히 10:12)를 믿음으로 죄 사함을 받고 하나님의 자녀가 되게 하셨습니다. 그렇다면 **"물과 피의 복음"**을 믿는 저와 여러분의 마음에 이제 죄가 남아 있습니까, 없습니까? 이제 우리에게는 죄가 전혀 없습니다. 구세주 예수 그리스도는 육신을 입고 이 땅에 오신 성자(聖子) 하나님입니다. 죄를 알지도 못하는 예수님께서 **"물과 피로 임"**(요일 5:6)하셔서 **이루신 구속의 사역**을 믿는 우리에게는 **"너희 죄 없이함을 받으라"**(행 3:19)는 축복의 말씀이 이루어졌습니다. 예수님이 우리의 죄를 실제로 없애 놓았기 때문에 주님이 행하신 **"의의 한 행동"**(롬 5:18)을 믿는 자에게는 죄가 전혀 없습니다.

"물과 피로 임"(요일 5:6)하신 주님께서 인류의 죄를 이미 다 없애 놓으셨다고 성경은 분명히 선포하셨는데도 자기에게는 죄가 있다고 빡빡 우기는 자들이 많습니다. 그들은 하나님께서 행하신

"의의 한 행동"(롬 5:18)을 정면으로 부인하는 마귀의 종입니다. 진리의 원형복음인 **"물과 피의 복음"**을 믿지 않는 자에게는 죄가 그대로 있을지라도, 하나님께서 말씀에 분명히 기록해 주신 이 온전한 구속의 사역을 마음으로 믿는 자는 **"구속 곧 죄 사함"**(엡 1:7)을 받아서 하나님의 자녀가 되었기 때문에 영생의 천국을 상속받게 된 것입니다.

"자녀이면 또한 후사 곧 하나님의 후사요 그리스도와 함께한 후사니"(롬 8:17)라고 성경은 말씀합니다. 후사(後嗣)란 말은 재산을 물려받을 상속자(hair)란 뜻입니다. 하나님 아버지의 모든 소유와 축복과 영광을 물려받을 권세가 믿음으로 거듭난 우리들에게 있습니다. 그런 축복과 권세가 얼마나 큰 영광인지를 안다면, 그리고 하늘에 속한 모든 신령한 축복들이 우리의 어떤 선한 행위로 말미암지 않고 오직 하나님 아버지와 그의 보내신 독생자 예수 그리스도를 믿음으로 우리에게 임한다는 것을 안다면, 우리가 어떠한 자가 되어야 마땅합니까? 우리는 마음을 다하고 뜻을 다하여 **하나님의 진리의 복음을 믿어야** 합니다. 어떤 희생이나 자격이 요구되지 않고 "오직 하나님이 우리를 사랑해서 베풀어 주신 구속의 은혜를 믿으면 된다"라고 하나님은 말씀하시는데, 당신의 외아들을 육신으로 보내셔서 행하신 **"물과 피의 구원사역"**을 믿기만 하면 하늘에 속한 신령한 은사를 거저 주시겠다고 하나님께서 말씀하시는데, 무슨 이유로 그 은혜를 거절하겠습니까? 우리는 마음을 다하고 뜻을 다하여 하나님의 구원의 복음을 감사함으로 받고 마음으로 굳게 믿어야 마땅합니다.

"하나님의 자녀가 될 수 있는 자들은 모든 인류 중에서 택함을 받은 일부인가 아니면 하나님은 예수 그리스도 안에서 모든 인류를 다 택하셨느냐?" 하는 질문에 대하여, 예정설은 "하나님이 어떤 자는 택하시고 어떤 자는 택하지 않기로 창세전에 미리 정하셨다"라고 주장합니다. 만일 그렇다면 하나님은 불의하고 편벽한 하나님입니다. 그런 하나님은 참된 신(神)이 아닙니다. 하나님은 선하고 공의하십니다. 하나님은 절대로 편벽되게 행하지 않습니다. 성경은 "하나님 아버지는 예수 그리스도 안에서 모든 사람이 다 구원을 받도록 예정하셨다"라고 말씀합니다. 예수님께서 인류의 죄를 없애 놓으셨는데, 주님께서 베푸신 구속의 사역에서 배제된 사람은 아무도 없습니다. 그래서 에베소서 1장 3-5절에, **"찬송하리로다 하나님 곧 우리 주 예수 그리스도의 아버지께서 그리스도 안에서 하늘에 속한 모든 신령한 복으로 우리에게 복 주시되 곧 창세 전에 그리스도 안에서 우리를 택하사 우리로 사랑 안에서 그 앞에 거룩하고 흠이 없게 하시려고 그 기쁘신 뜻대로 우리를 예정하사 예수 그리스도로 말미암아 자기의 아들들이 되게 하셨으니"**라고 말씀하신 것입니다.

하나님께서는 당신의 형상대로 창조하신 인간을 너무나 사랑하십니다. 하나님은 우리들 중 누구 하나도 지옥의 멸망에 들어가는 것을 원하지 않습니다. 그래서 당신의 외아들을 아낌없이 우리에게 내어 주셨고, 그 아들이 드린 영원한 대속(代贖)의 제사를 통해서 인류의 모든 죄를 온전히 다 없애 주셨습니다. 그러니 예수 그리스도의 구원사역에서 미리 배제된 사람은 아무도 없습니다. 누구든지, 어떤 죄인이라도 돌이켜서 하나님 앞에 나아와 자기가 지옥에 가야 할 죄인임을 인정하고 예수 그리스도의 완전한 구속의 은혜를 믿기만 하면, 값없이 의롭다 함을 얻을 수 있는 **생명의 성령의 법**

(롬 8:2)을 하나님께서 세워 주셨습니다. 또 주님은 **"하나님이 세상을 이처럼 사랑하사 독생자를 주셨으니 이는 저를 믿는 자마다 멸망치 않고 영생을 얻게 하려 하심이니라"**(요 3:16)고도 말씀하셨습니다. 이 말씀은 "예수 그리스도의 완전한 구원의 사역을 믿는 자는 **누구든지** 지옥에 가지 않고 천국의 영생에 들어간다"라는 약속의 말씀입니다. 하나님의 구원의 대상에서 미리 배제된 사람은 아무도 없습니다.

2) 우리의 "행위로 말미암지 않는" 구원

우리가 무슨 선한 행위를 하여야 이렇게 엄청난 구원의 축복을 얻을 수 있느냐? 그렇지 않습니다. 우리가 하나님의 자녀가 되고 천국에서 영생을 누리며 사는 **구원의 축복**은 오직 선하신 하나님께서 우리에게 **거저 주시는 선물**입니다. 죄 사함으로 말미암는 구원의 축복은 하나님 편에서 완성해서 믿는 자들에게 거저 주시는 하나님의 선물입니다.

우리가 스스로 우리의 죄를 없앨 수 있습니까? 우리 자신의 선한 행위나 수도생활로 이미 저지른 우리의 죄를 하나라도 씻어낼 수 있습니까? 우리의 희생이나 경건이나 근신이나 선행으로 과연 하나님 앞에서 우리 마음의 죄가 흰 눈처럼 깨끗하게 씻어질 수 있습니까? 표범이 자기의 반점을 없앨 수 없으며, 구스인(에티오피아인)이 그 피부를 희게 할 방법이 없듯이 우리 스스로 자신의 죄를 없애는 것은 불가능합니다(렘 13:23). 인간은 죄 덩어리로 태어나서 평생에 허다한 죄를 짓는 존재이기 때문에, **"잿물로 스스로 씻으며 수다한 비누를 쓸지라도"**(렘 2:22) 우리의 죄는 그대로 있을

뿐이라고 성경은 말씀합니다.

그리고 **"죄의 삯은 사망"**(로마서 6:23)입니다. 우리의 마음에 죄가 호리(毫釐, 털끝)만큼만 남아 있어도 우리는 결단코 지옥의 판결을 피할 수 없습니다. **"피 흘림이 없은즉 사함이 없느니라"**(히 9:22)고 말씀하셨습니다. 죄는 반드시 피, 즉 생명으로 대가를 치러야만 없어집니다. 그런데 우리는 근본 어떤 죄인들입니까? 우리의 죄악은 장마철에 하늘을 뒤덮는 먹구름보다 더 두껍고 안개의 **빽빽한** 알갱이 수보다 더 많습니다. 그러니 하나님께서 우리의 죄대로 우리를 심판하신다면 어찌 우리가 하나님의 심판을 피할 수 있겠습니까? 인간 스스로는 죄와 사망(지옥)에서 벗어날 길이 전혀 없는 비참한 존재들입니다.

그런데 하나님께서 우리를 사랑하시고 불쌍히 여겨 주셨습니다. 전지전능한 하나님은 당신의 형상대로 창조할 인간이 사단 마귀의 유혹을 받고 죄에 떨어질 것을 **창세전**에 미리 아시고, 하나님 편에서 구원자를 보내 주셔서 인간에게 완전한 구원을 베풀어 주시기로 **창세전**에 이미 작정하셨습니다. 이것이 **"창세 전에 그리스도 안에서 우리를 택하사 우리로 사랑 안에서 그 앞에 거룩하고 흠이 없게 하시려고 그 기쁘신 뜻대로 우리를 예정하사 예수 그리스도로 말미암아 자기의 아들들이 되게 하셨으니"**(엡 1:4-5)라는 말씀의 참뜻입니다. 구원자로 오신 예수님께서 인류의 대표자인 세례 요한에게 안수의 형식으로 세례를 받으심으로 우리 인류의 모든 죄를 당신의 육체에 넘겨받아서, 그 죄를 짊어지고 십자가에 못 박혀 대속의 피를 흘리시고 죽으심으로 우리 인류 전체를 죄에서 완벽하게 구원하셨습니다. 그러한 하나님의 일방적인 구원이 하나님의 **"그 기쁘신 뜻"**입니다.

그러면 이렇게 하나님께서 일방적으로 완성해 놓으신 구원을 받기 위해서 우리는 무엇을 하여야 합니까? 우리에게 **"죄 사함으로 말미암는 구원"**(눅 1:77)을 받을 만한 선하거나 의로운 구석이 조금이라도 있기나 합니까? 선한 분은 오직 하나님 한 분뿐이고 우리에게는 선한 것이 전혀 없습니다. 인간의 어떤 행위가 자기의 눈에는 선하게 보여도, 하나님은 그것을 "선하다"라고 판결하지 않습니다. 인간은 다 거짓되고 하나님만이 선합니다. 사람은 다 자기 자신을 가장 사랑하는 존재입니다. 사람이 남을 배려하고 위하는 것 같아 보이지만, 사실 그것은 다 자기를 위한 가식적인 행동에 불과합니다. 인간이 겉보기에는 남을 위하는 척하지만 실제로 그것은 자기 자신을 위하는 행위입니다. 따라서 인간의 선행은 위선(僞善)에 불과합니다. 한자(漢字)의 거짓 "위"(僞) 자를 뜯어보면, "사람 인"(人) 자와 "위할 위"(爲) 자로 구성되어 있습니다. 우리는 다 위선자입니다. 자신이 위선자인 것을 인정하지 않는 사람은 결코 죄 사함을 받을 수 없습니다. 자기에게 어떤 선함이 있다고 여기는 사람은 자기의 선한 행위를 들고 나가서 하나님께 인정을 받으려 했던 가인(Cain)과 같은 사람입니다. 하나님께서 가인의 제사를 기뻐 받으시지 않았습니다.

우리의 구원은 하나님께서 **"그 기쁘신 뜻대로"** 구원자 예수 그리스도를 육신으로 우리에게 보내셔서 이루어 주신 하나님의 선물입니다. 우리가 모든 죄에서 구원을 받고 하나님의 자녀가 되는 축복은 전적으로 하나님의 선물입니다. 우리가 죄 사함을 받기 위해서 우리의 어떤 선행이나 희생이나 공로가 눈곱만큼도 요구되지 않습니다. **"율법의 행위로 하나님 앞에서 의롭다 하심을 얻을 육체는 없다"**(롬 3:20)라고 성경은 선포합니다. 이제는 **"율법 외에 하

나님의 한 의"(롬 3:21)가 나타나서, 우리에게 행위로 말미암지 않고 오직 믿음으로 구원을 얻는 길을 열어 주셨습니다. 하나님 아버지께서는 예수 그리스도를 이 땅에 육신으로 보내 주셨고, 성자(聖子) 하나님이신 예수님께서는 받으신 세례와 십자가의 피로 우리의 모든 죄를 없애 주심으로써 우리에게 **하나님의 의**를 완성해 주셨습니다. 그리고 이제 예수님께서 완성하신 **"하나님의 의"**를 믿는 자라면 누구든지 선한 행위나 희생의 공로를 쌓은 것이 전혀 없을지라도, 오직 믿음으로 의롭다 하심을 얻게 하신 것이 **하나님의 섭리이며 예정입니다**. 그러니 우리가 죄 사함을 받고 의롭다 함을 얻는 것은 전혀 우리의 **"행위로 말미암은 것"**이 아닙니다.

3) "오직 부르시는 이에게로 말미암아 서게 하려 하사"

"물과 피로 임"(요일 5:6)하신 예수 그리스도의 **"의의 한 행동"**(롬 5:18)으로 우리의 모든 죄가 단번에 사해졌습니다. 이렇게 예수 그리스도 안에서 우리의 죄를 다 없애 놓으시고 우리를 그 은혜에 들어오도록 **"부르시는 이(하나님)로 말미암아"** 이제 우리는 오직 믿음으로 구원을 받게 되었습니다. 우리를 그리스도 예수 안에서 부르시는 이는 하나님 아버지입니다. 하나님 아버지께서 우리를 천국 영생의 잔치에 들어오도록 초청하셨습니다. 우리가 죄 사함을 받아 의인으로 거듭나고 하나님의 자녀가 되는 것은 전적으로 하나님의 은혜로 인한 것입니다. **"은혜"**라는 말은 **"선물"**이라는 뜻이며, 선물은 거저 받는 것입니다. 조금이라도 대가를 지불하고 어떤 물건을 받았다면, 그것은 선물이 될 수 없습니다. 우리가 죄 사함을 받아서 하나님의 자녀가 되는 축복은 전적으로 하나님의 선물입니다. 우리가 죄 없이 함을 받는 데에는 우리의 선한 행위가 전혀 개입할 자리가 없습니다. 오히려 우리가 자신의 의로운 행위를 들고 나가서 하나님의 구원을 받으려고 하면, 가인(Cain)처럼 하나님의 뜻을 거스르는 자이며 그런 자는 결코 **"죄 사함으로 말미암는 구원"**(눅 1:77)을 받을 수 없습니다. 우리의 구원은 오직 우리를 불쌍히 여기셔서 우리에게 구원의 은혜를 입혀 주시고자 영생의 잔치에 우리를 부르시는 하나님으로 말미암는 것입니다. 하나님께서 당신의 외아들을 통해서 우리의 모든 죄를 온전히 없애 주셨다는 **진리의 원형복음**을 온전히 믿기만 하면, 우리는 하나님의 구원의 문에 들어가 그의 은혜 안에 굳게 설 수 있습니다.

그러면 존 칼뱅이 주장한 **"무조건적 선택설"**(Unconditional Election)이 올바른 교리입니까? 하나님은 일방적으로 누구는 사랑해서 천국 영생의 잔치에 부르고 누구는 미워해서 아예 부르지도 않는 편협한 분입니까? 하나님이 어떤 자들은 구원하기로 작정하고 어떤 자들은 아무 이유 없이 저주해서 지옥에 보내기로 예정하시는 독단적인 분입니까? 하나님은 절대로 그런 분이 아닙니다. 하나님은 공의하십니다. 하나님께서는 예수 그리스도 안에서 모든 사람의 죄를 다 없애 놓으시고, 모든 영혼들이 천국 영생의 잔치에 들어오도록 다 초청하십니다. 마태복음 22장에 기록된 **"천국 잔치의 비유"**를 읽어보십시오. 천국은 마치 어떤 임금이 자기 아들의 혼인 잔치를 준비하고 자기의 종들을 보내서 모든 사람들을 초청한 것과 같다고 말씀하십니다. 그런데 먼저 초청받은 사람들은 다 한결같이 사양하여 어떤 이는 밭으로 가고 어떤 이는 장사하러 가고, 심지어 어떤 이들은 종들을 잡아서 욕을 보이고 죽이기까지 하였습니다. 이에 임금은 진노해서 군대를 보내어 그 살인한 자들을 진멸하고 그 동네를 불살랐습니다.

그리고 임금님은 종들에게, "**혼인 잔치는 예비되었으나 청한 사람들은 합당치 아니하니 사거리 길에 가서 사람을 만나는 대로 혼인 잔치에 청하여 오너라**"(마 22:8-9)고 명령하셨습니다. 이에 종들이 큰 길로 나가서 **악한 자나 선한 자나 만나는 대로 모두** 데려왔고 혼인 자리는 손님들로 가득 찼습니다. 이렇게 천국 혼인잔치에 들어가는 데에는 인간의 신분이나 선악의 자격이 전혀 전제되지 않습니다. 천국의 혼인잔치에 들어가려면, 자기의 옷(의)을 벗어 버리고 **오직 하나님께서 입혀 주시는 의의 예복**을 입기만 하면 됩니다. 그런데 임금님이 손님들을 보러 잔치 자리에 들어가셨더니, 거기 예복을 입지 않고 자기 옷을 입고 앉아 있는 사람이 있었습니다. 임금님께서는 그에게 "친구여 어찌하여 예복을 입지 않고 여기 들어왔느냐?"라고 물으셨습니다. 그 사람이 대답을 못하자, 임금님은 사환들에게, "**그 수족을 결박하여 바깥 어두움에 내어 던지라 거기서 슬피 울며 이를 갊이 있으리라**"(마 22:13)고 말씀하셨습니다.

그리고 주님은 "**청함을 받은 자는 많되 택함을 입은 자는 적으니라**"(마 22:14)고 말씀하셨습니다. 모든 사람이 하나님이 베푸시는 천국 잔치에 부르심을 받지만, 자기의 의를 부인하고 **하나님의 의**를 온전히 믿고 의지하는 자만이 구원의 축복을 누립니다. 하나님께서는 모든 사람을 다 부르시지만, 자기의 의가 많고 자기의 생각만 옳다고 고집을 부리는 사람은 하나님께서 거저 베푸시는 천국 잔치의 부르심에 응답하지 못합니다. 자기 의(義)의 부자가 천국에 들어가는 일은 낙타가 바늘귀로 들어가는 것보다 더 어렵습니다. 오히려 자기의 의를 다 잃어버리고 자기의 부족함을 시인하는 자들이 하나님의 은혜와 축복을 받습니다.

"그러면 야곱과 에서가 아직 태어나기도 전에, 그래서 무슨 선이나 악을 행하기도 전에 하나님께서 '**큰 자가 어린 자를 섬기리라**'라고 예정(豫定)하신 것은 무슨 말입니까? 이것이 하나님의 **무조건적 선택**을 의미하는 것이 아닙니까?"—이렇게 강변하는 분들이 아직도 있을 것입니다. 하나님은 전지전능(全知全能)한 신(神)입니다. 하나님은 모든 것을 미리 내다보고 다 아십니다. 우리에게는 세상 종말이 미래의 일이지만 하나님의 눈에는 이 세상 종말에 일어날 일들도 다 과거지사(過去之事)입니다. 하나님께서는 야곱과 에서가 태어나서 자기의 자유의지로 어떤 삶을 살 것인지를 미리 그리고 훤히 다 아십니다. 즉 야곱은 자기의 연약함을 알고 하나님을 믿고 의지할 자임을 아셨고 에서는 자기의 힘을 의지하고 하나님을 떠나서 자기의 욕망대로 살아갈 것을 하나님은 미리 다 아셨기에, 그들이 태어나기도 전에 그리고 무슨 선이나 악을 행하기도 전에 "**큰 자가 어린 자를 섬기리라**"라고 말씀하신 것입니다. 하나님께서는 전지전능(全知全能)하시기에 그들의 인생 여정을 미리 내다보시고 그렇게 말씀하신 것입니다.

제가 "하나님께서는 우리가 앞으로 지을 죄도 이미 다 없애 놓았다"라는 복음의 진리를 전해 주면, 어떤 이는 "에이 아무리 하나님이라도 어떻게 우리가 아직 짓지도 않은 죄를 없앨 수 있겠나? 말도 안 되는 소리 집어치우세요!"하고 반발을 합니다. 그러면 하나님께서 인류의 죄를 어디까지 없애 놓으셨다는 얘기입니까? 자기가 예수 믿을 때까지의 죄만 주님께서 없애 주셨기에, 그 다음부터 짓는 죄는 회개 기도로 죄 사함을 받아야 합니까? 하나님 아버지께서 당신의 외아들이자 참 하나님이신 예수 그리스도를 이 땅에 보내셔서 세례로 담당해 주신 **"세상 죄"**(요 1:29)에는 아담에서부터 세상 종말까지의 모든 인생들이 태어나서 죽을 때까지 짓는 모든 죄가 다 포함됩니다. 아직 태어나지도 않은 자들이 앞으로 죄악을 품고 태어나서 평생 동안 범죄할 모든 허물의 죄도 주님께서 요단강에서 안수의 형식으로 세례를 받으실 때에 이미 다 주님께로 넘어갔습니다. 그리고 세상의 모든 죄를 지고 가신 하나님의 어린양은 **"다 이루었다"**(요 19:30)라고 크게 외치고 돌아가시기까지 십자가에서 피를 흘리셔서 인류 전체의 모든 죄의 값을 치러 주셨습니다.

"전에 지은 죄"의 의미

하나님은 영원부터 영원까지 살아 계시며, 하나님은 모든 것을 한눈에 보십니다. 따라서 우리 인류가 앞으로 지을 모든 죄도 하나님의 눈에는 **"전에 지은 죄"**에 불과합니다. 그래서 로마서 3장 25절에, **"이 예수를 하나님이 그의 피로 인하여 믿음으로 말미암는 화목 제물로 세우셨으니 이는 하나님께서 길이 참으시는 중에 전에 지은 죄를 간과하심__으로 자기의 의로우심을 나타내려 하심이니"** 라고 말씀하신 것입니다. 이 세상 모든 죄를 예수님께서 이미 없애 놓으셨기에, 하나님이라도 인류에게서 더 이상 죄를 찾아볼 수 없게 되었습니다. 그래서 하나님도 전에 **지은 죄를 간과**(看過-보고 지나침)할 수밖에 없습니다. 영원한 하나님의 눈앞에는 모든 것이 다 과거의 일로 보입니다. 그래서 모든 것을 다 아십니다. 에서(Esau)는 앞으로 자기의 옳음과 힘을 의지하고 하나님의 구원의 부르심에 응답하지 않을 것을 하나님께서 다 아셨고, 야곱(Jacob)은 간교한 자였으나 자기의 연약함을 깨달아서 하나님의 의의 복음을 순종할 자인 줄을 하나님께서는 그들이 태어나기도 전에 미리 다 아셨기에, **"내가 야곱은 사랑하고 에서는 미워하였다"**라고 말씀하신 것입니다.

하나님은 **"그 기쁘신 뜻대로"**(엡 1:5) 에서(Esau)의 죄뿐만 아니라 야곱(Jacob)의 죄도 다 없애 주셨습니다. 그리고 둘 다 당신의 은혜의 문 안에 들어오도록 부르셨습니다. 그런데 어떤 자가 "예" 하고 응답을 하고 하나님의 의의 예복을 받아 입습니까? 야곱 같이 자기의 악함과 부족함을 인정하는 자만이 하나님의 부르심에 감사로 응답합니다. 자기의 행위가 의롭다고 믿는 자들은 자기를 모든 죄에서 구원해 달라고 하나님께 긍휼을 구하지 않습니다. **자기 의의 부자들**은 자기의 의로써 하나님의 의를 대적하기 때문에 결국 천국에 들어가지 못합니다. 그래서 **"약대가 바늘귀로 들어가는 것이 부자가 하나님의 나라에 들어가는 것보다 쉬우니라"**(마 19:24)고 주님께서 말씀하신 것입니다.

광대한 하나님의 예정

하나님께서는 모든 사람이 예수 그리스도 안에서 구원을 받도록 예정하셨습니다. 하나님은 예수 그리스도 안에서 모든 인류가 다 죄 사함을 받고 **하나님의 의**를 옷 입음으로써 하나님의 자녀가 될 수 있는 길을 완벽하게 예비해 놓으셨습니다. 하나님의 선하신 구원의 뜻에서 배제된 사람은 아무도 없습니다. 하나님의 예정은 그토록 광대합니다. 사단 마귀에게 미혹되어서 하나님을 대적하는 어떤 자들의 죄는 하나님께서 없애 놓지 않았다고 생각합니까? 어떤 잔혹한 독재자의 죄는 하나님이 없애 놓지 않았다고 여러분은 믿습니까? 육백만 명의 유대인을 포함해서 천백만 명을 학살한 히틀러의 죄도, 위안부들을 성 노예로 짓밟은 일본 군인들의 죄도 다 "**세상 죄**"에 포함됩니다. 그리고 우리 구주 예수님께서는 "**세상 죄를 지고 가는 하나님의 어린양**"(요 1:29)이 되셨습니다.

예수님께서 요단강에서 인류의 대표자인 세례 요한에게 안수의 형식으로 세례를 받으실 때에, 위에 언급한 극악무도한 자들의 죄는 빼놓고 나머지 사람들의 죄만 넘겨받으셨습니까? 그들이 저지른 치가 떨리는 만행도 "**세상 죄**"에 포함되지 않습니까? 저와 여러분들은 그런 학살자들보다 나은 자라고 생각합니까? 그래서 우리의 죄는 "**세상 죄**"에 포함되고 저들의 죄는 "**세상 죄**"에서 빠졌다고 주장하고 싶습니까? 하나님 앞에서 우리 모두는 다 죄 덩어리일 뿐입니다. 다만 자기가 죄 덩어리라는 사실을 시인하고 하나님의 긍휼을 바라는 자가 진리의 복음을 믿음으로 하나님의 온전한 은혜를 입어서 죄 사함을 받고 천국의 영생에 들어갑니다. 하나님 앞에서 **심령이 가난한 자**가 천국을 선물로 받습니다. 하나님께서는 긍휼히 여길 자를 긍휼히 여기십니다. 그러나 하나님의 의를 끝까지 대적할 자는 하나님께서 그의 결국을 미리 다 아시기에 그런 자들의 마음을 상실한 대로 강퍅하게 내버려 두십니다.

오늘의 본문 말씀을 다시 한번 보겠습니다.

"그 자식들이 아직 나지도 아니하고 무슨 선이나 악을 행하지 아니한 때에 <u>택하심을 따라 되는 하나님의 뜻이 행위로 말미암지 않고 오직 부르시는 이에게로 말미암아 서게 하려 하사</u> 리브가에게 이르시되 큰 자가 어린 자를 섬기리라 하셨나니 기록된바 내가 야곱은 사랑하고 에서는 미워하였다 하심과 같으니라

그런즉 우리가 무슨 말 하리요 하나님께 불의가 있느뇨 그럴 수 없느니라 모세에게 이르시되 내가 긍휼히 여길 자를 긍휼히 여기고 불쌍히 여길 자를 불쌍히 여기리라 하셨으니 그런즉 <u>원하는 자로 말미암음도 아니요 달음박질하는 자로 말미암음도 아니요 오직 긍휼히 여기시는 하나님으로 말미암음이니라</u> 성경이 바로에게 이르시되 내가 이 일을 위하여 너를 세웠으니 곧 너로 말미암아 내 능력을 보이고 내 이름이 온 땅에 전파되게 하려 함이로라 하셨으니 그런즉 하나님께서 하고자 하시는 자를 긍휼히 여기시고 하고자 하시는 자를 강퍅케 하시느니라"(롬 9:11-18).

이제는 본문의 말씀이 "무조건적 선택설"이나 "예정설"을 뒷받침하는 근거가 될 수 없다는 사실을 여러분도 아셨을 것입니다. 하나님은 사랑의 하나님입니다. 하나님은 공의하고 선하고 자비한 신(神)입니다. 하나님은 "**나는 자비를 원하고 제사를 원하지 아니하노라**"(마 12:7)고 말씀하셨습니다. 긍휼에 풍성하신 하나님은 긍휼을 베풀어 달라며 당신에게 나오는 자를 절대로 내치지 않습니다. 가인(Cain)처럼 자기의 의와 공로를 제물로 삼아 의기양양하게 하나님 앞에 나오는 자들이 바로 종교인들인데, 그런 자들은 하나님과 맞먹으려고 고개를 뻣뻣하게 치켜든 시건방진 놈들입니다. 가인처럼 자기의 의를 들고 나와서 하나님께로부터 의롭다는 인정을 받고자 하는 종교인들은 저주를 받아 마땅합니다. 군대에서는 겨우 한 계급 높은 선임에게라도 맞먹자고 기어오르면 숙도록 얻어터집니다. 하물며 피조물인 주제에 창조주 하나님의 뜻을 거스르고 자

기의 의를 빡빡 내세우는 건방진 자는 철장(鐵杖)으로 질그릇을 깨부수듯이 심판하는 권세(계 2:27)를 가진 우리 주님에게 박살이 나고야 맙니다.

하나님께서는 그리스도 예수 안에서 모든 인류의 죄를 다 없애 놓으셨습니다. 그리고 누구든지 하나님의 온전한 구원의 은혜를 사모하고 하나님이 긍휼을 베풀어 주실 것을 바라면서 하나님께 나오는 자라면, 하나님께서는 기쁨으로 안아 주시고 진리의 복음으로 지은 의의 옷을 입혀 주셔서 그의 모든 죄를 사해 주십니다. 누구든지 오직 예수 그리스도께서 완성시켜 주신 **하나님의 의를 믿음**으로 죄 사함을 받을 수 있습니다. "그런즉 (하나님의 구원은) **원하는 자로 말미암음도 아니요 달음박질하는 자로 말미암음도 아니요 오직 긍휼히 여기시는 하나님으로 말미암음이니라**"(롬 9:16)고 말씀하셨습니다. 죄 사함으로 말미암는 구원의 축복은, 우리가 간절히 원한다고 이룰 수 있는 것이 아니고 우리의 의를 이루려고 율법을 지키는 일에 힘껏 달음박질해서 일등을 한다고 주어지는 것도 아닙니다. 우리의 구원은 오직 하나님께서 우리를 불쌍히 여기셔서 당신 편에서 예수님을 통해서 우리의 구원을 완성시켜 놓으시고, 우리를 부르셨기에 얻게 된 **하나님의 선물**입니다. 그의 부름에 응답해서 하나님의 긍휼을 바라고 나오는 자에게는 누구든지 오직 믿음으로 그 완전한 하나님의 의를 얻게 하신 것이 **하나님의 "그 기쁘신 뜻"**입니다.

그러니 여러분은 "내가 예정을 입은 자인가?" 혹은 "내가 택함을 받았을까?" 하는 의구심을 버리고, 이제는 하나님이 여러분의 죄를 이미 다 없애 놓으셨음을 선포하는 **물과 피의 원형복음**을 믿음으로, 하나님의 은혜의 보좌 앞에 담대히 나아가기를 바랍니다.

우리를 모든 죄와 허물에서 온전히 구원해 주신 하나님을 찬양합니다. 하나님께서 우리에게 거저 주시는 그 은혜의 영광을 찬양합니다. **"물과 피로 임"**(요일 5:6)하신 예수 그리스도 안에서 진리의 원형복음을 믿는 모든 자들을 구원하기로 **"창세전에"** 예정하신 하나님 아버지를 찬양합니다.

할렐루야!

당신은 양입니까, 염소입니까?

"인자가 자기 영광으로 모든 천사와 함께 올 때에 자기 영광의 보좌에 앉으리니

모든 민족을 그 앞에 모으고 각각 분별하기를 목자가 양과 염소를 분별하는 것 같이 하여

양은 그 오른편에, 염소는 왼편에 두리라

그 때에 임금이 그 오른편에 있는 자들에게 이르시되 내 아버지께 복 받을 자들이여 나아와 창세로부터 너희를 위하여 예비된 나라를 상속하라

내가 주릴 때에 너희가 먹을 것을 주었고 목마를 때에 마시게 하였고 나그네 되었을 때에 영접하였고

벗었을 때에 옷을 입혔고 병들었을 때에 돌아보았고 옥에 갇혔을 때에 와서 보았느니라

이에 의인들이 대답하여 가로되 주여 우리가 어느 때에 주의 주리신 것을 보고 공궤하였으며 목마르신 것을 보고 마시게 하였나이까

어느 때에 나그네 되신 것을 보고 영접하였으며 벗으신 것을 보고 옷 입혔나이까

어느 때에 병드신 것이나 옥에 갇히신 것을 보고 가서 뵈었나이까 하리니

임금이 대답하여 가라사대 내가 진실로 너희에게 이르노니 너희가 여기 내 형제 중에 지극히 작은 자 하나에게 한 것이 곧 내게 한 것이니라 하시고

또 왼편에 있는 자들에게 이르시되 저주를 받은 자들아 나를 떠나 마귀와 그 사자들을 위하여 예비된 영영한 불에 들어가라

내가 주릴 때에 너희가 먹을 것을 주지 아니하였고 목마를 때에 마시게 하지 아니하였고

나그네 되었을 때에 영접하지 아니하였고 벗었을 때에 옷 입히지 아니하였고 병들었을 때와 옥에 갇혔을 때에 돌아보지 아니하였느니라 하시니

저희도 대답하여 가로되 주여 우리가 어느 때에 주의 주리신 것이나 목마르신 것이나 나그네 되신 것이나 벗으신 것이나 병드신 것이나 옥에 갇히신 것을 보고 공양치 아니하더이까

이에 임금이 대답하여 가라사대 내가 진실로 너희에게 이르노니 이 지극히 작은 자 하나에게 하지 아니한 것이 곧 내게 하지 아니한 것이니라 하시리니

저희는 영벌에, 의인들은 영생에 들어가리라 하시니라"(마 25:31-46).

주님께서 재림하실 때에 일어날 일들을 기록해 주신 마태복음 25장에는 열 처녀의 비유, 달란트의 비유, 그리고 양과 염소의 비유라는 세 가지 비유 말씀이 있습니다. 첫 번째 비유 말씀인 열 처녀의 비유는 슬기로운 다섯 처녀와 미련한 다섯 처녀를 대비시켜서, 누가 천국의 혼인잔치에 들어가는 슬기로운 신앙인이며 누가 미련스럽게 고집을 부리다가 신랑이신 주님께로부터 외면을 당하는 종교인인지를 말씀합니다. 이 비유 말씀에서 슬기로운 처녀들과 미련한 처녀들의 차이점은 그들이 기름을 예비했느냐의 여부입니다. 기름은 성령을 의미합니다. 그러므로 이 비유의 말씀은 죄 사

함을 받고 성령을 선물로 받은 성도만이 천국의 영생에 들어간다는 뜻입니다. 마음에 죄가 있어서 성령을 선물로 받지 못한 기독죄인들(Christian sinners)은 결코 천국의 혼인잔치에 들어가지 못합니다.

"**너희가 회개하여 각각 예수 그리스도의 이름으로 세례를 받고 죄 사함을 얻으라 그리하면 성령을 선물로 받으리니**"(행 2:38)— 예수 그리스도께서 "**물과 피로 임**"(요일 5:6)하셔서 우리의 모든 죄를 단번에 영원토록 없애 주셨다는 **진리의 원형복음**을 믿음으로 죄 사함을 받아야만 성령을 선물로 받습니다. 거룩하신 성령 하나님께서는 절대로 죄가 있는 더러운 마음에는 들어가시지 않습니다. "**죄 사함을 받아야 성령을 선물로 받는다**"라고 분명히 기록되어 있는데도 끝까지 자기 생각을 고집하는 미련한 처녀들은 주님이 오셔서 당신의 백성들을 공중 혼인잔치에 불러올리실 때에 휴거(携擧)의 은혜에 참여하지 못합니다. 사이비의 반쪽 복음을 끝까지 붙들고 자기 교단의 거짓 교리를 끝까지 옹호하며 "**눈물과 울음과 탄식으로 여호와의 단을 가리우게**"(말 2:13)한 기독죄인들(Christian sinners)에게는 한 번 닫힌 천국의 문이 결코 열리지 않습니다. 그들이 문을 열어달라고 아무리 두드려도 예수님께서는 "**내가 너희를 알지 못하노라**"(마 25:12) 하시며 천국의 문을 결코 열어 주시지 않을 것입니다.

둘째의 비유 말씀은 달란트의 비유입니다. 이 비유 말씀은 온전한 믿음으로 죄 사함을 받은 의인들은 복음을 전파하는 귀한 사역에 기쁨으로 자기의 삶을 드린다고 가르칩니다. 그러나 진리의 복음을 들었어도 구원에 들어가지 못하는 자가 있습니다. 어떤 이는 "**물과 피의 복음**"을 들어서 지식으로는 다 아는데 그 복음이 얼마나 귀한 것인지를 깨닫지 못하고 땅, 즉 자기 마음에 묻어 두는 자들이 있습니다. **"물과 피의 복음"**이 진리의 복음인 것을 깨닫고서도 자기가 현재 다니는 교회를 떠나면 많은 것을 잃어버릴까 두려워서 자기 마음에 복음을 딱 묻어 둔 자들이 그런 부류에 속합니다. 또 몸뚱이는 하나님의 교회에 두고 있지만 세상을 더 사랑해서 복음을 전파하는 일에 전혀 자기의 삶을 드리지 않는 이들도 이런 이들과 다를 것이 없습니다. 주님께서 주신 복음의 은혜를 땅, 즉 자기 마음에 묻어 둔 사람들은 천국에 들어가지 못합니다. 주님께서 다시 오시면, 그런 자들에게 **"이 무익한 종을 바깥 어두운 데로 내어쫓으라 거기서 슬피 울며 이를 갊이 있으리라"**(마 25:30)고 심판하십니다.

양과 염소를 나누시듯 의인과 죄인을 나누신다

세 번째 비유의 말씀은 양과 염소의 비유입니다. 주님께서 다시 오시는 날이 바로 인류를 심판하시는 날입니다. 그때에 주님께서는 모든 민족을 다 불러 모으시고 목자가 양과 염소를 가르듯이 전 인류를 둘로, 즉 의인과 죄인으로 나누실 것입니다. 목자(牧者)가 양과 염소를 구분하는 것은 식은 죽 먹기입니다. 양의 무리 중에 염소가 섞일 수 없고 염소의 무리 중에 양이 잘못 끼어 있을 수도 없습니다. 영혼의 목자장(牧者長)이신 주님께서 거듭난 의인들과 죄 사함을 받지 못한 죄인들을 정확하게 나누시고 의인들은 천국의 영생(永生)에, 죄인들은 지옥의 영벌(永罰)에 들어가게 하실 것입니다.

주님께서는 영생에 들어갈 의인들에게 **"내가 주릴 때에 너희가 먹을 것을 주었고 내가 목마를 때에 마실 것을 주었고 내가 나그네 되었을 때에 너희가 영접하여 주었고 내가 헐벗었을 때에 너희가 입혀 주었고 병들었을 때나 옥에 갇혔을 때에 너희가 돌보아 주었다"라고 칭찬하셨습니다. 하나님의 말씀은 "영이요 생명"(요 6:63)입니다. 하나님의 말씀은 영적으로 이해해야 합니다. 그런데 많은 사람들이 이 비유 말씀을 "아, 우리가 예수님을 믿지만 이렇게 선행을 많이 해야 되는구나! 주님께서는 선행을 많이 한 자들을 천국의 영생에 들어가게 하시는구나!" 하고 육신적인 차원으로만 해석하는 오류를 범하고 있습니다.

러시아의 문호(文豪)인 레프 톨스토이(Lev Nikolayevich Tolstoy)도 그런 부류에 속합니다. 그는 『사랑이 있는 곳에 하나님께서 계신다』라는 교훈적 단편 소설을 남겼습니다. 구두 수선공 마르틴은 소외된 사람들에게 작은 호의를 베풀었는데, 그의 꿈에 주님께서 찾아와서 마르틴을 칭찬하며 당신이 바로 보잘것없는 그들이었다고 알려주었다는 이야기입니다. 주님은 소외된 자들에게 실천적 사랑을 베푸는 자를 기뻐하신다고 톨스토이는 교훈한 것입니다. 그러나 하나님의 말씀은 영이요 생명입니다. 주님의 말씀은 우리의 영생과 구원에 관한 말씀이지 육신적으로 선을 추구하라는 말씀은 아닙니다. 만일 인간이 자기를 희생해서 남을 도왔다는 공로로 구원을 받는다면, 우리에게 예수님이 무슨 필요가 있겠습니까? 그렇다면 예수님은 우리의 구원과 아무 상관이 없습니다. 그리고 인간의 의를 추구하는 모든 종교에 구원이 있다는 종교(宗敎) 다원주의(多元主義)의 주장이 설득력을 갖게 됩니다. 가톨릭교회는 제 2차 바티칸 공의회 이후에 "교회 밖에도 구원이 있다"라고 선포함으로써 이미 종교 다원주의를 교리화했습니다. 세상 사람들은 그런 주장을 "진취적이고 열린 신앙"이라고 환영합니다. 그러나 성경은 **"다른 이로서는 구원을 얻을 수 없나니 천하 인간에 구원을 얻을 만한 다른 이름을 우리에게 주신 일이 없음이니라"**(행 4:12)고 기록하고 있습니다. 예수님을 믿지 않고서는 구원을 받을 수 없다고 성경은 분명히 선포합니다.

종교는 **행위**를 지향하고 신앙은 **믿음**을 지향합니다. 종교인은 사람에게 좋게 보이려고 선한 행위를 추구합니다. 그러나 참된 신앙인은 은밀한 중에 보시는 하나님께로부터 인정을 받고자 합니다. 그래서 예수님께서는 **사람들에게 좋게 보이려고** 금식이나 기도나 헌신이나 구제 등을 하지 말라고 경고하셨습니다. 하나님께서는 우리의 마음 중심을 보십니다. 하나님께서는 우리가 진정 진리의 복음을 믿어서 죄가 흰 눈같이 깨끗이 씻어졌는지, 우리가 진정 하나님의 구원의 사랑을 감사하며 하나님을 경외하는지를 살펴보십니다. 종교인들은 자기의 마음에 죄가 있으면서도, "내가 정성을 드려서 모든 예배에 빠지지 않았고 일면식(一面識)도 없는 사람에게 나의 콩팥까지 떼어 주었는데 설마 하나님이 나의 마음에 죄가 있다고 나를 모른다고 하실까?" 하고 생각합니다. 그러나 하나님께서는 사람의 마음 중심을 살피십니다. 하나님께서는 사람이 당신의 사랑을 받아들여서 마음에 죄 사함을 받았는지 여부를 살펴보십니다. 그리고 기독죄인들에게는 **"내가 너희를 알지 못하노라"**(마 25:12) 하시며 천국의 문을 결코 열어 주시지 않을 것입니다.

종교는 행위를 지향하고 신앙은 믿음을 지향합니다. 종교는 남에게 보이려고 행위로 하는 것이고 신앙은 하나님을 기쁘시게 하리고 마음으로 하나님을 경외하는 것입니다. 많은 사람들이 예수님을 믿습니다. 그런데 그들이 왜 예수님을 믿습니까? 여러분은 왜 예수님을 믿습니까? 우리는 "나는 왜 예수님을 믿는가?"라는 질문을 자신에게도 자주 던져야 합니다. 우리의 신앙생활의 목적은 너무나 분명합니다. 우리는 천국의 영생을 얻기 위해서 예수님을 믿습니다. 그리고 우리는 천국 영생을 얻었습니다. 하나님 아버지께서 당신의 외아들 예수 그리스도를 이 땅에 보내 주셔서 우리에게 값없이 천국 영생을 주셨기 때문에 우리는 하나님께 감사로 예배를 드립니다. **"감사로 제사를 드리는 자가 나를 영화롭게 하나니"(시 50:23)**라고 말씀하셨습니다. 하나님께서는 우리를 천국 영생에 들어가도록 넉넉한 은혜를 베풀어 주셨습니다. 우리는 **진리의 원형복음**을 마음으로 믿어서 의에 이르고 입으로 시인해서 구원에 이르렀습니다. 그래서 우리는 우리에게 임한 구원의 큰 은혜에 감사해서 하나님께 경배를 드립니다.

우리는 천국의 영생을 얻기 위해서 예수님을 믿습니다. 그리고 우리는 이미 천국의 영생을 얻었습니다. 주님을 올바로 믿는 사람은 영생을 얻었고 결코 심판에 이르지 않습니다. **"내 말을 듣고 나 보내신 자를 믿는 자는 영생을 얻었고 심판에 이르지 아니하나니 사망에서 생명으로 옮겼느니라"(요 5:24)**고 말씀하십니다. 그래서 우리는 참으로 행복합니다. 우리에게는 천국 영생이 이미 따 놓은 당상(堂上)입니다. 우리가 하나님 교회 안에서 믿음을 지키고 있기만 하면 천국 영생은 우리에게 따 놓은 당상입니다. 당상(堂上)이라는 말은 조선시대에 임금님은 높은 왕좌에 앉아 있고 신하들은 저 아래 높이가 다른 두 단 위에 서 있었는데, 윗단에는 정일품에서 정삼품까지의 벼슬아치들이 서고 아랫단에는 종삼품부터 종구품까지의 벼슬아치들이 섰던 데서 비롯된 말입니다. 당상에 서는 사람들을 당상관(堂上官)이라고 불렀으니, "따 놓은 당상"이라는 말은 어떤 사람이 대감의 반열에 들어갈 것이 확정되었다는 뜻입니다. 우리에게는 천국 영생이 "따 놓은 당상"입니다. 그래서 우리는 참으로 행복합니다. 우리는 진리의 원형복음으로 주님을 만났고 그 복음의 능력으로 우리 마음의 모든 죄가 흰 눈같이 씻어졌습니다. 거듭나서 죄가 전혀 없는 의인들만 천국 영생에 들어갑니다. 염소들, 즉 죄인들은 아무리 열심으로 예수님을 믿었어도 천국의 영생에 결코 들어가지 못합니다.

죄가 있으면 반드시 지옥에 떨어집니다

단순히 육신적인 시각으로 오늘의 말씀을 읽은 사람들은, "헐벗은 자들을 입혀 주고 굶주린 자들을 먹이고 병든 자들을 돌보아 주면 주님께로부터 칭찬을 받고 천국의 영생에 들어가는구나!" 하고 생각합니다. 하나님의 말씀은 영이요 생명입니다. 천국의 영생에는 죄 사함을 받은 의인(義人)들만 들어갑니다. 마음에 죄가 있는 자는 지옥의 영벌(永罰)에 떨어집니다. 하나님께서 당신의 아들이 완성한 의의 옷을 거저 주시는데도, 누더기 같은 자기의 의의 옷을 벗어버리지 않고 고집을 부리는 자들은 결국 지옥에 갑니다. 진리의 복음을 전해 주어도 믿지 않으며 옹고집과 회개치 아니하는 마음 때문에 죄 사함을 받지 못한 자들은 모두 지옥에 갑니다. "죄의 삯은 사망"(롬 6:23)이라고 말씀하셨고 "진실로 네게 이르노니 네가 호리라도 남김이 없이 다 갚기 전에는 결단코 거기서 나오지 못하리라"(마 5:26)고도 말씀하셨습니다. 죄가 호리(毫釐), 즉 털끝만큼만 있어도 죄인들은 지옥불을 면할 길이 없습니다. 죄가 있는 자가 천국 가는 일은 결코 없으며 의인들이 지옥에 가는 일도 또한 절대로 없습니다. 이것이 성경이 밝히 말씀하시는 심판의 대원칙입니다.

소외되고 고통받는 많은 이들을 육신적으로 돌보고 구제했다고 천국에 가느냐? 천만의 말씀입니다. **"너희가 여기 내 형제 중에 지극히 작은 자 하나에게 한 것이 곧 내게 한 것이니라"** 라는 말씀은 영적인 말씀입니다. 거듭난 자만이 진정으로 하나님께서 기뻐하시는 진리의 사랑을 나눌 수 있습니다. 하나님의 사랑은 영적인 사랑이고 **"진리의 사랑"** (살후 2:10)입니다. 하나님의 구원의 사랑을 입은 사람만이 다른 사람에게 구원의 사랑을 입힐 수 있고 영적인 사랑을 베풀 수 있습니다. **"보라 아버지께서 어떠한 사랑을 우리에게 주사 하나님의 자녀라 일컬음을 얻게 하셨는고, 우리가 그러하도다 그러므로 세상이 우리를 알지 못함은 그를 알지 못함이니라"** (요일 3:1). 하나님의 진리의 사랑은 거듭난 자의 마음에만 있습니다. 진리의 사랑을 맛본 자들만이 진리의 사랑을 행할 수 있습니다. 거듭나지 못한 기독죄인들은 의인들이 진리의 원형복음 안에서 누리는 평강과 기쁨을 알지 못합니다.

거듭난 의인들에게 선포하시는 영생의 축복

예수님께서 이 땅에 심판장으로 재림하셔서 전 인류를 심판하실 때에, 목자가 양과 염소를 분별하듯이 **의인과 죄인을 나누시고** 의인은 오른쪽에 죄인은 왼쪽에 세우십니다. 그리고 먼저 **"죄 사함으로 말미암는 구원"** (눅 1:77)을 받은 자들, 즉 거듭난 성도들이며 의인들에게 주님은 축복을 선포하십니다: **"내 아버지께 복 받을 자들이여 나아와 창세로부터 너희를 위하여 예비된 나라를 상속하**

라"(마 25:34). 주님은 그들에게 축복을 내리는 이유로, **"내가 주릴 때에 너희가 먹을 것을 주었고 목마를 때에 마시게 하였고 나그네 되었을 때에 영접하였고 벗었을 때에 옷을 입혔고 병들었을 때에 돌아보았고 옥에 갇혔을 때에 와서 보았느니라"**(마 25:35-36)고 주님은 말씀하셨습니다. 의인들이 "주님, 우리가 언제 주님을 선대 했습니까?" 하고 송구스러워 하자, 주님께서는 **"너희가 여기 내 형제 중에 지극히 작은 자 하나에게 한 것이 곧 내게 한 것이니라"**(마 25:40)고 말씀하셨습니다.

　이 세상에서 "주님, 저는 지옥에 가야 마땅한 자입니다. 저를 불쌍히 여겨 주십시오" 하고 주님께 긍휼을 구하는 **"심령이 가난한 자"**들이 있습니다. 이렇게 가난한 심령의 작은 자들에게 복음을 전해 주고 그들이 영생에 이르도록 영육간에 돌보아 주는 것이 **진리의 사랑**입니다. 하나님의 교회에 속한 성도들은 그렇게 **"지극히 작은 자 하나"**를 찾아가서 그에게 하나님의 사랑을 입혀 줍니다. 거듭난 의인들은 자기에게 임한 하나님의 사랑에 감동해서 자원함과 기쁨으로 영혼들에게 진리의 사랑을 베풉니다. 우리 의인들은 하나님의 의에 주리고 목마른 자들에게 진리의 말씀을 전해 주어서 그들의 영혼이 다시는 주리거나 목마르지 않고 그 배에서 생수의 강이 영원히 흘러나오도록 인도하고 돌보아 줍니다. 그들이 "주님, 저는 수치스러운 죄 덩어리입니다" 하고 괴로워할 때에, 하나님께서 아담과 하와에게 가죽옷을 입혀 주셨듯이, 우리 의인들도 그들에게 하나님의 **의의 가죽옷**을 입혀 주어서 헐벗은 그들의 괴로움을 덮어 줍니다. 그들이 죄의 병으로 고통스러워하며 신음할 때에 의인들은 신리의 복음으로 그들의 죄의 병을 깨끗이 낫게 해 줍니다. 그들이 죄의 옥에 갇혀 있을 때에 의인들은 그들에게 진리의 복음을 전해 주어서 죄의 감옥으로부터 그들을 석방시킵니다. 이러한 영적 사역은 거듭난 의인들만이 할 수 있습니다. 의인들만이 이렇게 **"지극히 작은 자들"**을 진리의 사랑으로 섬겨서 주님의 날에 칭찬과 상급을 받고 천국 영생에 들어갑니다.

거듭나지 못한 영적 소경들은 영의 눈이 어두워서 하나님의 말씀을 육신적으로밖에는 이해하지 못합니다. 어떻게 오늘의 본문 말씀이 소외된 사람들을 육신적으로 돌봐야 한다는 뜻입니까? 그런 뜻이 아닙니다. 요즘 UN 산하기구나 NGO 단체들이 아프리카 오지에서 오염된 물을 식수로 마시는 어린이들의 죽어 가는 모습을 보여 주면서 한 달에 만 원이면 그런 어린이 몇 명을 구할 수 있다는 TV광고를 자주 보여줍니다. 그런 선행에 참여하는 일도 귀한 일입니다. 우리는 길거리에서 죽어 가는 사람들을 돌보는 일에 일생을 바친 캘거다의 마더 데레사처럼 소외되고 고통받는 이들에게 자비의 손을 내밀어야 합니다. 그러나 그들을 육신적으로만 돌보는 일에 그친다면 그러한 선행은 큰 의미가 없습니다. 우리는 그들의 육신도 돌봐 주어야 하지만, 우리는 무엇보다도 그들이 천국 영생을 얻도록 그들에게 진리의 복음을 전해 주어야 합니다. **"하나님은 모든 사람이 구원을 받으며 진리를 아는데 이르기를 원하시느니라"(딤전 2:4)**고 기록되어 있습니다. 하나님께서는 그들의 영혼을 구원해 주기를 원하십니다. 그것이 하나님의 뜻입니다. 모든 사람이 그저 육신적으로만 배부르게 하고 문맹과 병에서 해방되도록 학교나 병원을 지어 주면 하나님의 뜻이 족히 이루어지는 것이라고 생각하십니까? 아닙니다. 거듭난 의인들은 하나님의 뜻을 온전히 알기에 **"진리의 사랑"(살후 2:10)**으로 그들을 거듭나게 하는 일에 온 힘을 쏟습니다.

하나님의 관심은 우리 영혼의 구원에 있습니다. 죄 가운데 태어난 모든 인생들은 잠시 동안 이 땅에서 살다가 영원한 지옥에 떨어지는 비참한 운명이기에, 하나님께서는 우리를 불쌍히 여기셔서 우리가 오직 믿음으로 영생의 천국에 들어갈 수 있도록 당신의 아들을 인류의 대속제물로 아낌없이 내어 주셨습니다. 하나님 아버지의 뜻을 좇아 우리를 구원하기 위해서 이 땅에 오신 예수님께서는 인류의 대표자인 세례 요한에게 안수의 형식으로 세례를 받으심으로 인류의 모든 죄와 허물을 단번에 담당하셨습니다. **"이제 허락하라 우리가 이와 같이 하여 모든 의를 이루는 것이 합당하니라"**(마 3:15)는 말씀에서, **"우리가 이와 같이 하여"**라는 말씀은, **"네(요한)가 내(예수님) 머리에 안수를 하고 나는 그 안수를 받아서"**라는 뜻입니다.

구약의 모든 속죄제사는 반드시 1) **흠 없는 제물**, 2) **안수**, 3) **피 흘림**의 세 조건이 충족되어야 했습니다. 예수님은 육신을 입고 오신 성자(聖子) 하나님입니다. 예수님께서는 흠 없는 제물로 오셔서 당신의 거룩한 육체로 **"한 영원한 제사"**(히 10:12)를 드리셨습니다. 예수님은 **"이와 같이 하여,"** 즉 인류의 대표자이며 아론의 후손인 세례 요한에게 안수의 형식으로 세례를 받으셔서, 우리의 모든 죄와 허물을 단번에 담당하시고 **"세상 죄를 지고 가는 하나님의 어린양"**(요 1:29)이 되셨습니다. 주님은 십자가 못 박히셔서 당신의 피로써 우리의 모든 죄와 허물을 다 갚아 주시고 마지막에 **"다 이루었다"**(요 19:30)라고 크게 외치신 후에 돌아가셨습니다. 하나님의 구원은 영원하고 완전합니다. 예수님께서 이 땅에 오셔서 **"물(세례)과 피"**(요일 5:6)로 이루신 구원의 사역은 완전합니다. 우리는 그토록 완전한 **진리의 원형복음**을 만났습니다.

진리의 원형복음은 예수께서 **"물과 피로 임"(요일 5:6)**하셨다고 증거합니다. 진리의 원형복음에서 **"물"**을 빼버리고 **"피"**만 믿는 반쪽짜리 복음은 사이비(似而非)이며 짝퉁 복음입니다. 예수님의 피만 믿어서는 당신의 마음에서 절대로 죄가 없어지지 않습니다. 저는 지금 예수님의 피만 믿는 이들에게 "당신의 마음에 죄가 정말 없어졌습니까?"하고 묻습니다. 양심적으로 한번 스스로 대답해 보십시오. 예수님의 피만 믿는 기독교인들의 마음에는 죄가 그저 있을 수밖에 없습니다. 그래서 기독죄인들(Christian sinners)은 모이기만 하면 **"눈물과 울음과 탄식으로 여호와의 단을 가리우게"(말 2:13)** 합니다. 기독죄인들(Christian sinners)이 그렇게 하는 것을 하나님께서 가장 슬퍼하고 탄식하십니다. 그들은 예수님의 사역을 무효화시키고 있습니다. 그들은 "예수님은 실패자다"라고 하나님께 도전하는 셈입니다. 그들은 "우리의 죄도 없애 주지 못했으면서 예수님은 뭐 하러 오셨냐? 우리가 새벽잠도 못 자고 눈이 빨갛게 되도록 날마다 회개 기도를 해야 하니 이게 무슨 고생이냐?"하고 하나님께 항변하는 셈입니다.

기독죄인들(Christian sinners)이 그렇게 하나님을 대적하는 것은 자기들의 고집과 회개치 아니하는 마음 때문입니다. 제발 하나님의 교회로 나와서 진리의 원형복음을 들으십시오. **"너희 목마른 자들아 물로 나아오라 돈 없는 자도 오라 너희는 와서 사 먹되 돈 없이, 값 없이 와서 포도주와 젖을 사라"(사 55:1)**고 주님은 오늘도 애타게 부르십니다. 원형복음의 강가로 나와서 진리의 말씀을 마음껏 마시고 먹으면 되는데, 반쪽짜리 복음인 **"예수님의 피만의 복음"**이 진짜 복음인 줄 알고 그렇게 고집을 부리고 있으니 참으로 안타깝습니다. 누구든지 자기가 지옥에 가야 할 죄인임을 시인하고

"물과 피의 복음"을 믿으면 의인으로 거듭나서 영생의 천국에 들어갑니다. 사람이 무슨 선한 행위를 해서 천국에 들어가는 것이 아닙니다. 믿음으로 죄 사함을 받은 의인들은 하나님의 은혜에 감사해서 자기들도 이 의의 복음을 다른 이들에게 전해 줍니다. 그래서 주님께서 오시는 날에 주님께로부터 칭찬을 받고 영생의 천국에 들어가는 것입니다.

죄인들에게 떨어지는 지옥 영벌(永罰)의 판결

주님께서는 이제 왼편에 세운 죄인들을 향해서 지옥 영벌(永罰)의 판결을 내리십니다. **"또 왼편에 있는 자들에게 이르시되 저주를 받은 자들아 나를 떠나 마귀와 그 사자들을 위하여 예비된 영영한 불에 들어가라"**(마 25:41). 지옥이 있습니까, 없습니까? 지옥은 분명히 있습니다. 지옥은 **"불과 유황으로 타는 못"**(계 21:8)입니다. 지옥에 어떤 자들이 들어갑니까? 죄 사함을 받지 못해서 마음에 죄가 있으면서도 끝까지 자기 고집을 꺾지 않고 진리의 원형복음(原形福音)을 배척한 자들이 지옥에 들어갑니다. 그들도 나름대로 예수님을 열심히 믿었습니다. 그들도 예수님의 이름을 높이기 위해서 나름대로는 희생의 수고를 많이 했습니다. 그런데 주님께서는 그들에게 **"너희는 내가 주릴 때에 너희가 먹을 것을 주지 아니하였고 목마를 때에 마시게 하지 아니하였고 나그네 되었을 때에 영접하지 아니하였고 벗었을 때에 옷 입히지 아니하였고 병들었을 때와 옥에 갇혔을 때에 돌아보지 아니하였느니라"**라고 문책하시며 지옥의 영벌(永罰)을 내리십니다. 그때에 그들은 "주님, 언제 우리가 그렇게 하지 않았습니까? 우리가 얼마나 봉사와 희생을 많이 했는지 주님도 아시지 않습니까?" 하고 항변할 것입니다.

"내가 주릴 때에 너희가 먹을 것을 주지 아니하였고"—외식하는 종교인들은 생명의 말씀을 알지 못하기 때문에 주리고 목마른 심령들을 먹여 살릴 수 없습니다. 어떤 의에 주리고 목마른 죄인이 거듭나지 못한 목사에게 와서 "목사님, 저는 마음의 죄 때문에 괴로워 죽겠습니다. 제가 그 모든 죄에서 구원을 받게 해 주십시오. 저의 모든 죄에서 해방되도록 저를 인도해 주십시오" 하고 물었다고 가정합시다. 그 거듭나지 못한 목사의 대답은 뻔합니다. "예수님의 십자가의 보혈이 당신의 모든 죄를 다 씻어 놓았습니다. 보혈의 능력을 믿고 기도하면 다 씻어집니다. 그런 믿음이 없거든 그런 믿음을 달라고 금식을 하면서 기도하십시오." 그렇게 한다고 마음의 죄가 없어집니까? 그렇게 굶주리고 목마른 심령에게 먹인 것이 무엇입니까? 그는 심령이 가난한 자에게 거짓말만 먹였습니다.

거듭난 하나님의 종들이나 성도들은 그토록 심령이 가난한 자를 만나게 되면 가슴이 벌렁벌렁 뛰기 시작합니다. "할렐루야! 하나님께서 나에게 복음을 전할 기회를 주셨구나!" 하고 온몸에 엔도르핀이 솟구칩니다. 그리고 "어디서부터 말씀을 전해 줄까?" 하는 생각에 입에 침부터 마르기 시작합니다. 그래서 먼저 물부터 한 주전자를 갖다 놓아야 합니다. 이제부터 진리의 말씀을 막 쏟아부어야 할 텐데, 생명의 복음을 세미하게 전하다 보면 물 한 주전자를 다 마실 때도 있습니다. 그런데 자칭 하나님의 종이라고 하지만 사실 하나님의 종이 아닌 자들, 즉 거듭나지 못한 거짓 선지자들은 그럴 수가 없습니다. 만일 어떤 이가 자기에게 "니고데모가 예수님께 와서 거듭남에 대한 말씀을 들었는데, 목사님, 거듭남이란 무엇이고 사람이 어떻게 거듭납니까?" 하고 묻는다면 그 목사는 가슴이 철렁 내려앉습니다. 자기가 모르는 걸 어떻게 가르쳐 주겠습니까? 그 질문만은 제발 하지 말았으면 싶었는데 바로 그 질문을 돌직구로 던지니 가슴이 철렁 내려앉을 수밖에 없습니다.

"목마를 때에 마시게 하지 아니하였고"—수가성의 여인은 늘 목이 말랐습니다. 그녀는 예수님의 말씀을 듣고 "주여, 다시는 목마르지 않는 물을 내게 주십시오"하고 간청했습니다. 거짓 선지자들은 야곱의 우물물이나 실컷 떠다 먹으라고 가르칩니다. 땅의 물을 먹는 자는 다시 목마릅니다. 우물에서 길어온 물을 비롯해서 이 땅에 속한 물을 마시면 잠시 갈증이 없어진 듯하지만 곧 다시 목이 마릅니다. 그래서 이 세상의 교회들은 늘 새로운 프로그램을 만들어 냅니다. 거짓 선지자들은 어떻게 하든지 새로운 프로그램이라도 만들어서 주리고 목마른 심령들에게 가짜 물이라도 먹이면서 최면(催眠)을 걸어서 잠시라도 영적 갈증을 느끼지 못하게 합니다. 그러나 그런 프로그램으로는 결코 영적인 갈증이 해갈되지 않습니다. 저도 진리의 원형복음을 만나서 거듭나기 전에는 성경 읽기 프로그램, 성경 쓰기 프로그램, 내적 치유 프로그램 등등 갖가지 프로그램들을 많이 해 보았습니다. 그런데 그런 프로그램을 하는 동안에만 잠시 무엇인가 이루어진 듯한 만족감이 있다가 제 심령은 다시 목마를 수밖에 없었습니다. 요즘 어떤 교단에서는 PBM이라는 프로그램을 한다고 어떤 목사님에게서 들었는데, 정말 기가 막힐 정도로 웃기는 프로그램입니다. 그 프로그램에서는 사역자들이 짝을 지어서 안수 기도를 하다가 상대방을 한 번에 넘기는 연습을 한답니다. 교인들을 한방에 넘기는 훈련을 하려면 차라리 소림사에 가서 장풍을 배우라고 하십시오. 거듭나지 못한 자들이 유치한 마귀의 짓거리를 가지가지로 하고 있습니다.

"나그네 되었을 때에 영접하지 아니하였고"—거듭나지 못한 기독죄인들은 영적 나그네들을 영접해서 영원한 안식을 줄 수 없습니다. 그들이 죄의 병에 걸린 자들을 치료해 줄 수 있습니까? 죄의 옥에 갇혀 있는 자들을 해방시켜 줄 수 있습니까? 거듭나지 못한 자들은 죽었다 깨어나도 영적 나그네들에게 진정한 안식을 줄 수 없습니다. 소경이 소경을 인도하면 둘 다 구덩이에 빠져 멸망합니다. 그들은 자기도 지옥에 가고 자기를 따르는 수많은 교인들도 다 지옥으로 끌고 갑니다. 그들은 주리고 목마른 자들에게 진리의 복음을 전해 줄 수 없습니다. 그런데 그들은 "우리가 언제 주님의 말씀을 준행하지 않았습니까?" 하고 주님께 대듭니다. 그들은 나그네를 영접할 수 없었습니다. 영원한 안식의 복음을 가진 하나님의 교회라야 영적 나그네들을 영접해서 진정한 안식을 누리게 할 수 있습니다. 하나님의 교회가 아닌 이 세상에 속한 교회들은 영혼들을 벗겨 먹기에만 급급합니다. 어떤 영적 나그네가 예배당에 들어오면, "금가락지를 끼고 있는 저 사람의 행색을 보니 돈이 좀 나오겠는데?" 하며 "여기 높은 자리에 앉으십시오" 하고 반색을 하지만, 비루한 차림의 영혼이 들어오면 "저기 구석에 앉던지 돌아가던지 좋을 대로 하시죠" 하고 다시는 그에게 눈길도 주지 않습니다. 그들은 삯꾼이고 양들을 잡아먹는 이리들입니다.

주님께서 다시 오셔서 의인들은 영생(永生)의 천국으로 죄인들은 영벌(永罰)의 지옥으로 보내신다고 성경에 명백하게 기록되어 있는데도, 마음에 죄가 있으면서도 "죄 사함으로 말미암는 구원"(눅 1:77)을 받지 않으려고 옹고집을 부리는 자들이 참으로 많습니다. 그들은 하나님 말씀을 농담으로 여기는 자들입니다. 소돔과 고모라 성(城)이 유황불에 멸망을 당할 때에도 롯의 두 딸과 정혼한 사위들이 "이 성은 내일이면 멸망한다"라는 하나님의 말씀을 농담으로 여겼습니다. **"죄의 삯은 사망"**(롬 6:23)입니다. 마음에 죄가 있으면 둘째 사망인 지옥에 떨어집니다. 이 말씀은 제가 지어낸 말이 아니라 진리의 말씀입니다. 우리 주님께서는 이 땅에 다시 오십니다. 그리고 주님께서는 목자가 양과 염소를 갈라놓듯이 영생의 천국에 들어갈 의인들과 영원히 꺼지지 않는 지옥불에 들어갈 죄인들을 갈라놓으실 것입니다. 그리고 죄인들은 지옥의 영벌에 떨어질 것입니다.

하나님께서는 우리 인생들을 지극히 사랑하셔서 당신의 외아들을 인류 전체를 위한 속죄제물로 보내 주셨습니다. 흠 없는 제물이 되기 위해서 처녀의 몸에서 육신을 입고 오신 성자(聖子) 하나님이 바로 예수님입니다. 예수님께서는 제사장이 기름부음을 받는 나이인 서른 살이 되셨을 때에, 고향 땅인 갈릴리를 떠나서 세례 요한이 세례를 베풀고 있던 요단강으로 가셨습니다. 그리고 여자의 몸에서 난 자 중에 가장 큰 자, 즉 **인류의 대표자인 세례 요한**에게 안수의 형식으로 세례를 받으셨습니다. 그때에 예수님께 세례 베풀기를 머뭇거리던 세례 요한에게 **"이제 허락하라 우리가 이와 같이 하여 모든 의를 이루는 것이 합당하니라"**(마 3:15) 하고 주님은 명령하셨습니다. 안수의 형식으로 베푼 **"그 세례"**(행 10:37)가 바로 세상 죄를 예수님께 단번에 넘긴 세례이며 주님의 구원사역의 출발점입니다.

주님께서는 받으신 세례와 십자가의 피로 우리를 모든 죄에서 온전히 구원하셨습니다. 그래서 사도 요한은 **"이는 물과 피로 임하신 자니 곧 예수 그리스도시라 물로만 아니요 물과 피로 임하셨고 증거하는 이는 성령이시니 성령은 진리니라 증거하는 이가 셋이니 성령과 물과 피라 또한 이 셋이 합하여 하나이니라"(요일 5:6-8)고 선포했습니다. 예수님께서 받으신 세례가 **"물"**입니다. 주님께서는 **"물과 피"**로 우리를 구원하셨지, 십자가의 피로만 우리를 구원하시지 않았습니다. **물과 피와 성령의 증거를 다 포함하는 복음이 진리의 원형복음**입니다. 주님께서 받으신 세례가 우리를 모든 죄에서 구원하신 사역의 출발점이며, 주님께서는 십자가의 피로써 우리의 죗값을 대신 지불하시고 돌아가셨다가 부활하셔서 우리의 구원을 완성하셨습니다. 그래서 사도 베드로도 **"물은 예수 그리스도의 부활하심으로 말미암아 이제 너희를 구원하는 표니 곧 세례라 육체의 더러운 것을 제하여 버림이 아니요 오직 선한 양심이 하나님을 향하여 찾아가는 것이라"**(벧전 3:21)고 선포하신 것입니다.

우리가 믿고 선포하고 있는 **"물과 피의 복음"**이 진리의 원형복음입니다. 여러분은 **"물과 피의 복음"**을 믿습니까? 이 복음을 마음으로 믿는 자는 죄가 없습니다. 자기가 죄 사함을 받고 의인(義人)이 되었다고 담대하게 외칠 수 있는 사람이 누구입니까? 이 진리의 복음을 마음으로 믿어서 거듭난 자들만이 "나는 의인입니다"라고 담대하게 외칠 수 있습니다. **"내 말을 듣고 또 나 보내신 이를 믿는 자는 영생을 얻었고 심판에 이르지 아니하나니 사망에서 생명으로 옮겼느니라"**(요 5:24). 거듭나서 의인된 우리에게는 심판 자체가 없습니다. 그래서 우리는 죽음도 두렵지 않습니다.

우리는 아무것도 내세울 것이 없습니다

우리가 의인된 것은 전적으로 하나님의 은혜입니다. 우리는 자랑할 것이 아무것도 없습니다. 주님의 무조건적인 구원의 사랑을 입은 우리 자신을 바라보면 유구무언(有口無言)의 심정입니다. 주님께서 의인들에게 "너희가 내게 이러이러한 일을 해 주어서 참으로 고맙다"라고 말씀하시자, 의인들은 "주님, 우리가 언제 주님께 그런 일을 해 드렸습니까?" 하고 쑥스러워했습니다. "주님, 아무것도 한 것도 없습니다"—죄 사함을 받은 의인들은 하나님의 은혜 앞에서 내세울 것이 전혀 없는 유구무언의 심령들입니다. 의인들이 혹시 어떤 귀한 일을 했어도, 그들은 주님께서 주신 은혜와 공급하신 능력과 물질로 주님을 조금 섬긴 것에 불과하다고 고백합니다.

그러나 거듭나지 못한 자들은 주님 앞에 내세울 것이 그렇게도 많습니다. 거듭나지 못한 종교인들을 만나면, 그들은 먼저 자기의 자랑 보따리부터 풀어놓습니다. "내가 이러이러한 사람인데 지금까지 이런저런 사역을 해 왔으며, 나는 온전한 십일조에서 한 푼도 떼어먹은 적이 없으며, 언제든지 개척교회만 찾아가서 섬겨서 그 교회가 자립교회가 되도록 도와주었으며……"—거듭나지 못한 기독교 종교인들은 그렇게 자랑할 것이 많습니다. 그런 사람들을 보게 되면, "아! 산더미같이 쌓아놓은 저 사람의 의가 언제나 깨어질까? 언제나 저런 착각과 미련과 고집이 벗겨질까?" 하는 탄식이 절로 나옵니다. "주님, 제가 언제 작은 자들에게 선행을 하지 않았습니까? 저는 아프리카 오지에 들어가서 빵 나눠주기 운동을 했으며, 우물 파주기 운동, 산동네에 연탄 날라주기 운동을 하다가 제 손이 이렇게 된 것을 보시지 않습니까? 심지어 제가 한쪽 콩팥도 떼어서 생면부지의 사람에게 주었으며 제가 문둥병 촌에 들어가서 저도 나병에 걸리면서까지 그들을 돌보아 주지 않았습니까?"—그들은 행한 일도 그렇게 많고 자랑할 것도 심히 많은 종교인들입니다. 자기의 의로 충만한 종교인들은 하나님께서 선물로 주시는 구원의 은총을 절대로 받지 못합니다.

　죄 사함 받은 의인들은 하나님 앞에서 유구무언(有口無言)입니다. "주님, 저희는 아무것도 한 일이 없습니다." 그냥 겸손 떨려고 하는 말이 아니라, 의인들은 마음이 진정 겸비합니다. 저도 주님 앞에서 자랑할 것이 아무것도 없습니다. 성취한 무슨 아름다운 일이 있다면 그것은 다 주님께서 주신 은혜로 말미암은 것입니다. 저는 한 일이 아무것도 없습니다. 그저 늘 주님께 감사를 드릴 따름입니다.

　자, 여러분은 양입니까, 염소입니까? 거듭난 성도들은 양입니다. 우리는 주님의 오른편에 선 의인들입니다. 이 책을 다 읽은 당신은 이제 양입니까, 염소입니까? 하나님 말씀 앞에서 정직하게 대답해 보십시오. 당신은 양입니까, 염소입니까? 당신의 마음에 아직도 죄가 있다면, 회개하고 이 진리의 복음을 믿으십시오. 그래서 여러분 모두가 양의 무리들에 끼어서 함께 천국 영생의 잔치에 들어가게 되기를 간절히 바랍니다.

　"물과 피의 복음"이 유일한 **진리의 원형복음(原形福音)**입니다.
　할렐루야!

"예수께서
신 포도주를 받으신 후 가라사대
다 이루었다 하시고
머리를 숙이시고
영혼이 돌아가시니라"
(요 19:30)

신앙담론집
종교인과 신앙인

2019 년 1 월 1 일 초판 인쇄

Copyright © 2019 by Uijedang Press
All rights reserved. No part of this publication may be reproduced, distributed, or transmitted in any form or by any means, without the prior written permission of the publisher.

발행처　도서출판 의제당
주소　제주특별자치도 제주시 계명길 10 (외도일동) 2 층

홈페이지　www.born-again.co.kr
　　　　　의제당.kr
블로그　pilgrim1952.blog.me
문의　uijedang@naver.com

Author　Samuel J. Kim
Editor　Tim J. Kim
Cover Art / Illustrator　Leah J. Kim
　　　　　　　　　　　　Eunyoung Choi

ISBN　979-11-87235-42-2　03230

가격　10,000 원